HUIZHAN 会展经济与管理

高等学校会展经济与管理专业
本科系列教材

大型活动策划与管理

（第2版）

赵伯艳 著

重庆大学出版社

内容提要

本书围绕大型活动策划与管理这一核心内容展开，既致力于从学理上探讨活动的概念、分类、属性、特点、功能、发展趋势以及活动市场的供给和需求、活动产业链等基本问题，同时，又致力于从策划和管理的操作角度，研究活动行业中的现实问题，系统介绍了活动市场调研、大型活动策划、大型活动的执行与管理、活动营销、活动赞助、大型活动风险管理、大型活动知识产权保护问题、活动财务管理、大型活动后勤保障、活动收尾和评估等关键环节。本书还辅以大量的案例研究来对各个研究专题加以说明，力图做到兼具体系性和实用性。

本书可作为高等院校会展类专业教学用书，也可作为系统了解活动策划与管理的入门参考书，还可作为会展行业、活动行业的培训用书。

图书在版编目(CIP)数据

大型活动策划与管理 / 赵伯艳著. -- 2 版. -- 重庆：重庆大学出版社，2022.8

高等学校会展经济与管理专业本科系列教材

ISBN 978-7-5689-3435-0

Ⅰ.①大…　Ⅱ.①赵…　Ⅲ.①文娱活动—组织管理学—高等学校—教材　Ⅳ.①C241.3

中国版本图书馆 CIP 数据核字(2022)第 112288 号

高等学校会展经济与管理专业本科系列教材

大型活动策划与管理

(第 2 版)

赵伯艳　著

策划编辑：尚东亮

责任编辑：尚东亮　赵　晟　　版式设计：尚东亮

责任校对：邹　忌　　　　　　责任印制：张　策

*

重庆大学出版社出版发行

出版人：饶帮华

社址：重庆市沙坪坝区大学城西路 21 号

邮编：401331

电话：(023) 88617190　88617185(中小学)

传真：(023) 88617186　88617166

网址：http://www.cqup.com.cn

邮箱：fxk@cqup.com.cn (营销中心)

全国新华书店经销

重庆市正前方彩色印刷有限公司印刷

*

开本：787mm×1092mm　1/16　印张：11.25　字数：283千

2016 年 7 月第 1 版　2022 年 8 月第 2 版　2022 年 8 月第 5 次印刷

印数：6 001—9 000

ISBN 978-7-5689-3435-0　定价：35.00 元

编委会

前　言

在美国、英国、澳大利亚等国家，活动管理已经作为一门学科而存在。近年来，我国活动行业（Event Industry）发展迅猛，然而，我国政府、公众乃至活动行业的从业者对活动以及活动行业的属性、特点、功能等方面的认知还不够系统和全面。相关的专家学者对活动的概念、行业属性等问题也是各执其词，尚未形成统一的意见。基于以上实际，本书既致力于从学理上探讨活动的概念、分类、属性、特点、功能、发展趋势等基本问题，同时，也致力于从策划和管理的操作角度，研究活动行业中的现实问题，并辅以大量的案例研究来加以说明，力图做到兼具体系性和实用性。

全书内容共包括 12 章，各章内容概述如下。

第 1 章对大型活动所涉及的基本概念和问题进行了概述。第一，对活动以及活动行业进行追本溯源，介绍活动行业的发展脉络；第二，分析了大型活动的概念和分类；第三，详细分析了大型活动所具有的目的性、非常规性、聚集性、独特性、劳动密集性、一次性、角色多样性、快速传播性、影响多重性等特点；第四，指出大型活动具有类型上的相互嵌套，专业性的日益增强，竞争不断加剧，策划求新求变，传播性、创意性和体验性更强等发展趋势；第五，系统介绍了大型活动所具有的体验功能、象征功能、营销功能、文化传承功能、旅游促进功能；第六，探讨了大型活动策划与管理的学科属性。

第 2 章从活动供给和需求以及活动产业链的角度介绍活动产业的市场范围和规模、活动需求的影响因素以及活动的需求结构、活动产业碎片化的本质属性、活动产业主体的全貌以及各种活动供应者的角色。从需求的角度看，无论是历史和现在，社区互动、社会结构塑造等社会因素一直是推动活动行业发展的关键动因，推动了庆祝活动、宗教活动、仪式活动和纪念活动的兴起和发展。除了社会方面的需求外，经济、政治、环境、慈善等方面的需求也是推动活动产业发展的重要原因。人们生活水平的持续提高、人群流动的便捷、人们受教育水平的提高都推动着活动产业的发展，公众高水平的人均可支配收入被更多地用在了旅游、酒店和娱乐活动中。活动管理公司的出现及其业务的拓展更加助推了活动业的发展，会议、展览、产品发布会等商业活动也在持续增加。从供给的角度说，活动市场供应的基本构架主要包括政府、行业协会、教育机构等公共部门以及市场中的活动管理公司。

第 3 章就活动市场调研的含义、意义、特点、内容、流程和方法等方面进行了分析。活动市场调研就是指运用科学的方法，有目的地有系统地搜集、记录、整理活动的市场信息和资料，分析活动市场的情况，了解活动市场的现状及其发展趋势，为全面认识活动市场，为进行市场预测以及为确定活动项目的主题、形式和规模提供客观资料的一系列完整过程。市场调研有利于活动主办方了解市场需求、开展市场预测、制定运营战略，有利于活动主办方顺利开展活动，有利于活动主办方提高自身的竞争力，有利于减少活动举办的阻力，有助于为其他相关主体提供必要的信息。活动市场调研具有针对性、客观性、科学性、经常性、时效性、经济性等特点。

第 4 章系统介绍了活动策划的含义、基本原则以及活动策划的关键环节。活动策划是指活动主办方依据活动举办的目标而对整个活动的主题、环节、创意等内容进行精心设计的行为过程，旨在保证活动的顺利进行、提高活动的效益、满足活动各利益相关者的需求。活动策划需要遵循目的性、可行性、创新性等原则。活动主办方的目标分析，活动参与者的需求调查，活动的可行性研究，活动主题的确定，活动风格和氛围的营造，活动方案的形成、论证和执行，活动的财务计划和资金额度，活动项目举办的时机和时间管理，活动场地的选择等构成了活动策划的关键环节。

第 5 章探讨了大型活动的执行与管理环节。一般来说，活动主办方都会设立执行委员会来执行和管理活动。小型活动、中型活动和大型活动的执行和管理在本质上并没有太大的区别，但三类管理活动在规模、技术复杂性、强度、策划的详细程度以及责任的分配与整合等方面存在一定的差异。大型活动执行的具体任务包括公共关系维护和对外沟通、供应商合作、宣传推广、赞助、风险防范、意外事件处置、现场秩序把控、志愿者和人员管理、物料管理等各个方面。活动的精彩纷呈展现在细节之中，而对细节的把控需要按照专业化的标准来进行规范和监控。聘用活动策划师或活动策划公司，根据目标客户的需求提供定制化的活动环节，与供应商进行持续而良好的沟通，做好人力资源管理，做好活动的审批工作等方面都是对活动进行精细化管理的要求。

第 6 章从微观和宏观两种角度介绍了活动营销。宏观意义上的活动营销是指机构以活动为载体来推进营销，通过介入重大的社会活动、策划和组织大型活动来提高机构及其产品、服务或品牌的知名度和美誉度的过程。宏观意义上的活动营销不仅对活动主办方具有很强的营销价值，对一个现代城市而言，其营销价值也是非常巨大的。微观意义上的活动营销是指活动的主办方或承办方通过各种媒介和方式进行活动开发、活动目标市场定位、活动定价、活动推广、活动促销以及场地选择等过程，其最终目的是吸引观众。确定活动的产品和特色，确定细分市场及其客户，分析消费者的决策过程，制订满足客户需求的计划，确定门票价格和入场券方案，推销活动项目都是活动营销的重要工作内容和步骤。

第 7 章强调了活动赞助金对大型活动的重要财政意义。赞助方和大型活动主办方之间平等的互惠关系是赞助行为发生的前提和核心关注点。在这种互惠关系中，活动主办方获得赞助资金或物品，赞助方借助大型活动的平台、影响力和社会效应获得展示或销售机会，获得客户群，进入目标市场，提高自身的形象和知名度，营造有利的发展空间。冠名赞助、联合赞助、媒体赞助、产品或服务赞助构成了丰富多彩的赞助形式。与之相应，活动的赞助方也会得到活动冠名权、活动指定用品权、特许销售权、标志使用权、活动转播权、产品展示权、活动广告机会、折扣或免费门票等不同级别以及组合的赞助回报。赞助方在选择是否赞助、赞助哪个活动以及具体的赞助形式时，除了要考察大型活动的特点、声望、竞争优势及其所能带来的展露潜力、客户群、分销渠道、娱乐与接待机会等收益之外，还会考虑赞助的成本以及资源投入问题。活动主办方在做赞助决策时也需审视活动是否能为赞助方带来收益，活动的利益相关方是否同意商业赞助，潜在的赞助方是否在业务范围、声誉和价值观上和活动主题相匹配，是否有不适合作为赞助方的机构，自身是否具有足够的推销赞助的资源等问题。最后，本章还探讨了活动主办方如何寻找和接近赞助方、活动赞助的评估和执行等问题。

第 8 章探讨了大型活动风险的含义、风险类型以及活动风险的识别、活动风险的评估、活动风险的预防和活动风险的管理等过程。活动风险是指当举办某一活动项目时，由于不确定性而导致活动中断、收益受损等可能性。活动风险管理就是对活动举办过程中的风险进行识别、评估、防范、应对以及监控的过程。活动风险的来源包括系统性风险和非系统性风险两种类型。系统性风险是指那些由于某些外力因素给活动主办机构带来经济损失的可能性，其具有一定的不可抗性，如自然灾害，以及战争、内乱、政权更迭、政府干预等政治风险，宏观经济发展态势以及活动市场环境变化等经济风险都属于系统性风险；非系统性风险是指活动运行过程中面临的风险，只要管理得当，此类风险相对容易规避。常见的活动运行风险包括运营风险、财务风险、合作风险、人为操作风险和技术风险等。此外，本章还总结了活动中经常出现的聚众滋事和犯罪活动风险、自然灾害、安全事故以及疾病风险、人群聚集风险、合作风险、员工和志愿者风险等常见风险，并探讨了各自的应对措施。

第 9 章就大型活动知识产权保护问题进行了探讨。大型活动知识产权包括两个层面，第一个层面是大型活动中现场使用物品的知识产权，包括参与活动的主体所拥有并带入现场的知识产权，如活动参与者带入活动现场用于展示和交流的文章、创新课题、研究成果，表演、展出物品的专利权和商标权等；另一个层面是活动主办方或承办方自身拥有的知识产权，包括活动的设计理念及其表现形式、活动现场搭建的设计方案与布置、活动的标志（Logo）以及活动名称等。当前我国大型活动知识产权的保护对象主要侧重于第一个层面，而对第二个层面的保护对象的重视程度不够。因此，对大型活动知识产权保护的范围要有全方位的理解。伪造和违规使用大型活动的名称和标志，对活动主题、吉祥物、设计方案等各个环节创意和设计进行剽窃或复制等行为都是侵犯大型活动知识产权的表现。《中华人民共和国著作权法》《中华人民共和国商标法》《中华人民共和国专利法》《中华人民共和国合同法》《中华人民共和国民法典》中都有涉及知识产权保护的相关条款。但是，相关法律对活动标志的保护不足以保护活动项目本身，对活动项目品牌以及相关设计的保护存在困难。大型活动的组委会可以采取申请商标注册、申请特殊标志登记、申请专利、申请作品登记、申请计算机软件登记、申请互联网域名注册、申请知识产权海关保护备案等多种措施来保护大型活动的相关知识产权。而对大型活动品牌本身的整体保护则更加复杂，除了大型活动的名称和标志外，策划理念和活动特色的完美结合形成了独特的无形资产，即"核心竞争力"，更值得保护。因此，在涉及大型活动项目品牌的使用、合作、交易等相关环节上，当事双方可以通过具体的协议、合同来加以规定，然后再依照《中华人民共和国民法典》对协议、合同进行约束。从长远考虑，也应制定我国大型活动品牌保护的相关行政管理规定和法律条款。

第10章探讨了活动的财务管理问题,活动财务管理对活动相关主体具有指导或参考意义、对活动执行者具有约束作用、对活动进程具有控制作用。活动财务管理的流程包括制定财政目标、制定财务预算、监控预算实施、调整预算方案、现金流管理、财务决算等一系列过程。大型活动的财务预算包括收入预算和支出预算两个组成部分。如何降低成本、提高利润是活动主办方极为关注的问题,运用科学的方法进行预算编制以减少预算误差,注重预算执行过程中的财务控制和调整,大量招募志愿者,积极寻求赞助是通行的做法。

第11章介绍了大型活动后勤保障方面的工作内容和注意要点。大型活动的后勤保障工作是大型活动成功举办的基石,不仅为活动举办提供必要的物质基础,还是衡量活动质量的标准之一。大型活动后勤保障工作具有社会性、经济性、服务性、时间性、复杂性、群众性等特点。依据大型活动的特点以及后勤保障工作的作用,大型活动后勤保障的主要工作包括:餐饮服务工作、住宿服务工作、交通物流工作、设备和技术支持等。

第12章研究了大型活动的收尾和评估工作。活动的收尾以及评估工作是最容易被展馆中心和活动组织者所忽略的,但事实上,这部分工作非常重要,不可轻视。具体来说,活动收尾工作包括:整理账目、支付账单、兑现薪资、更新职员绩效记录表、活动资产处理、从活动现场撤出设备、清理现场、召开新闻发布会、收集活动反馈、致谢等。大型活动评估是指外聘的评估机构或企业内部机构对大型活动项目的运营状况、实际效果以及参与各方的反应进行调查,搜集相关数据信息并进行分析,以期对活动的效果进行一个总体的把握,为以后的活动提供经验教训。活动评估能为活动主办方提供活动的相关信息,及时发现问题并不断加以改进,提高决策的科学性,为规范和完善大型活动提供参考,考核活动的目标是否完成。受活动规模的影响,活动评估也可以从小规模的项目层次的评估到地方性活动、地区性活动乃至全国性活动的评估。活动评估工作涉及的主体包括:所聘请的专业评估公司或公司内部的评估机构,活动的策划小组,活动的观众、赞助商、供应商等。

感谢重庆大学出版社编辑对本书出版和再版的关切和支持;感谢相关著作、论文、网站资料等参考文献的作者,他们的前期研究成果给了我很多写作的灵感,使我得以站在巨人的肩膀上前行。对研究成果引用的未尽之处,也敬请谅解。本书为大型活动的策划与管理这一议题搭建了一个研究内容方面的框架,但是,研究框架内的每一个子课题都需要随着活动行业的实践发展而进行更为深入的跟进研究。受本人学识所限,本书的行文中难免存在疏漏,恳请专家、读者批评指正。

赵伯艳

2022年3月

目　录

第1章 大型活动概述

【本章简介】

本章对大型活动所涉及的基本概念和问题进行了概述。第一，对活动以及活动行业进行追本溯源，介绍活动行业的发展脉络；第二，分析了大型活动的概念和分类；第三，详细分析了大型活动具有的目的性、非常规性、聚集性、独特性、劳动密集性、一次性、角色多样性、快速传播性、影响多重性等特点；第四，指出大型活动具有类型上的相互嵌套，专业性的日益增强，竞争不断加剧，策划求新求变，传播性、创意性和体验性更强等发展趋势；第五，系统介绍了大型活动具有的体验功能、象征功能、营销功能、文化传承功能、旅游促进功能；第六，探讨了大型活动策划与管理的学科属性。

长期以来,大型活动在人类社会发挥了重要作用。由于各种大型活动策划者和组织者不断地辛劳和努力,人们原本枯燥乏味的日常生活逐渐得以改变。尽管传统庆典活动有着极为严格的仪式,但是人们还是能够轻易地找到举办庆典活动的理由。在欧洲,尤其是在工业革命以前,日常生活经常被节庆和狂欢活动所点缀,这些活动经常和宗教有关,在社会生活中发挥着至关重要的作用。到了现代社会,圣诞节、复活节、万圣节等重要活动在欧洲仍然长盛不衰。即使在那些宗教不再像以前那么重要的国家,五朔节等与季节相关的古老节庆活动依然被保留了下来。如今,尽管各种各样的发端于宗教的狂欢和节庆活动被保存下来,但是对大型活动而言,宗教因素开始变得不那么重要了,举办大型活动的驱动力已经发生了很大的改变,形象展示、休闲娱乐、吸引游客和增加旅游收入等目的成了举办大型活动的动因。

案例一:五朔节简介①

五朔节是欧洲传统的民间节日,历史悠久,用以祭祀谷物神、树神,迎接春天的来临,在每年的5月1日举行,其传统内容是五月柱活动。人们先去山林搬回一棵高大的无花果树或杉树,把枝叶和树下部的树皮除去,再用花草、花圈、彩旗和彩带装饰好,将它竖在空旷的场地上。庆祝活动开始后,每人手拿一根与柱顶相连的彩带,围绕五月柱跳祭祀舞蹈,祈祷神灵保佑五谷丰登、子孙繁衍。五朔节中重要的活动还有选举象征春天的五月王后。当选的王后头戴花环,由游行队伍簇拥着穿过街道。五朔节前夕,在英国、法国、瑞典等的一些地区,人们通常会在家门前插上一根用花冠、花束装饰好的青树枝或栽一棵小树。少女们手持树枝花环,挨家挨户去唱五朔节赞歌,祝福主人。节日当天,欧洲各地人民都会举行游园会,欢庆在漫长的寒冬之后阳光普照大地,万物开始生长。

从大型活动发展历史的演变脉络过程可以发现,大型活动对日常社会生活基本结构的塑造具有重要影响,然而,这一点曾经被忽视,因为在过去,人们并没有深刻地理解大型活动的内涵、作用和运转方式。实际上,大型活动产业和其他产业有所不同,我们很难用金钱来衡量它的价值,这一方面是由于大型活动的范畴非常广泛,既包括奥运会这样的国际盛事,又包括结婚庆典等家庭活动;另一方面是由于大型活动既具有经济价值,同时又具有娱乐、纪念等社会价值。所幸的是,当前各国政府部门和行业组织以及众多企业都开始认识到大型活动的经济价值、社会价值和文化价值,活动行业迎来了发展的春天。时至今日,大型活动呈现出无边界、强功能、注重体验和立体呈现等现代风格。首先,活动"无处不在、无奇不有",呈现出无边界的属性。虽然活动无边界,但是活动管理的知识体系尚需构建;其次,活动作为一种驱动因素,在社会、企业甚至个人发展中具有特殊的作用,体现出多元化的超强功能。就个体而言,生活需要点仪式感!第三,活动更加注重体验性和立体呈现:以体验为策划导向,以呈现为结果衡量。

---

① 拉格洛芙. 尼尔斯骑鹅旅行记[M]. 杨芳如,译.北京:新星出版社,2013.

1.1 大型活动的含义

大型活动概念中的“活动”一词是一个具有特定含义的词汇,其对应的英文单词是“event”。从活动的属性来看,大型活动具有特殊性和非常规性,它不同于日常生活中的活动,具有很强的目的性,旨在满足特定群体娱乐、庆祝、休闲、挑战等需要,借以实现休闲和文化等方面的群体目标或机构目标。正是在这种意义上,大型活动与会展活动、特殊活动、休闲活动、节庆活动、节事活动等概念存在着范畴上的交叠。“活动”一词还具有动态性、过程性和可变性,为了保证活动最初目的的实现,要求活动举办主体对活动本身进行精心策划、流程监控和过程管理。

在现实中,活动类型纷繁复杂,活动规模可大可小,活动复杂性和不确定性程度不一。而活动人群的规模会增加活动的复杂性。尽管8人参加的生日会和80人参加的生日会在活动形式、活动流程等方面非常一致,但是又存在着很大的差别。8人参加的生日会家庭成员就可以组织,而80人参加的生日会恐怕就要雇用专业公司或专业人士来筹办,因为较大规模的活动对空间、设备、物料、人员的需求骤增,而这不是单个家庭的能力所能办到的。大型活动概念中的“大型”一词是一个用于表述体量、规模和影响的词汇,因此,大型活动在体量、规模和影响方面区别于一般活动。国务院颁布的《大型群众性活动安全管理条例》中所称的大型群众性活动,是指法人或者其他组织面向社会公众举办的每场次预计参加人数达到1 000人以上的下列活动:①体育比赛活动;②演唱会、音乐会等文艺演出活动;③展览、展销等活动;④游园、灯会、庙会、花会、焰火晚会等活动;⑤人才招聘会、现场开奖的彩票销售。

然而,从行业的角度出发,我们却很难给出一个定量的标准来界定达到何种体量和规模的活动才是大型的。因此,我们以对大型活动进行层次分类的方式来解决这个难题。参照约翰·艾伦对大型活动的分类标准,依据出席人数、媒体形象、基础设施、成本、利益等影响指数,我们将大型活动分为特大活动、重要活动、标志性活动、地区性一般活动四类,这样既能对大型活动进行较为全面的覆盖,同时又能具体而有针对性地展开分类研究。

分类标准	类型名称	典型代表
出席人数、媒体形象、基础设施成本、利益	特大活动	奥林匹克运动会;世界博览会;国际足联世界杯
	重要活动	澳大利亚网球公开赛;一级方程式赛车澳大利亚大奖赛
	标志性活动	里约热内卢狂欢节
	地区性一般活动	啤酒节等一般的地方节庆活动

第一类是特大活动(Mega Event),是指那些参与广泛、规模庞大,具有广泛的经济、社会和文化影响力,并在全球媒体中引起较大反响的活动。一般来说,特大活动有超过100万的受众,成本投入超过5亿美元,在功能上能为东道主带来声望、旅游、经济、媒体报道等方面的影响。一般来说,特大活动由一个国家的政府和非官方的国际机构共同组办。奥林匹克运动会、世界博览会、国际足联世界杯都是特大活动。第29届夏季奥林匹克运动会(2008年北京奥运

会)的参赛国家及地区有 204 个,仅参赛运动员就有 11 438 人,共有 60 000 多名运动员、教练员和官员参加了北京奥运会。

第二类是重要活动(Major Event),是指那些能吸引大量观众、媒体报道和经济利益的活动,其规模和影响略低于特大活动。顶级的国际体育锦标赛是典型的重要活动,如在墨尔本举办的澳大利亚网球公开赛和一级方程式赛车澳大利亚大奖赛。发端于 1903 年,在每年夏季七月举办的环法自行车赛也是一项重要活动,环法自行车赛是公路自行车运动界中的年度大赛,也可说是目前最受重视的自行车公路赛,其在法国以及有重要参赛队员的国家都有很高的收视率。

第三类是标志性活动(Hallmark Event),是指那些与一个地区的精神、习俗或风气息息相关,以至于它们成了这个地区的代名词,获得了广泛认知的活动,日益形成了传统、形象、吸引力和知名度等方面的重要影响。一般来说,标志性活动在当地重复举办,大多一年一次,其经济效益、社会效益、环境效益明显。活动期间,媒体对这类活动的关注度较高,给予很多报道。标志性活动经常以某一旅游景点、社区等目的地为依托,旨在为它们提高知名度、吸引力和收益,这类活动的成功依赖于其特有的属性所引发的公众关注。随着时间的推移,标志性活动逐渐和目的地融为一体。青岛国际啤酒节、中国洛阳牡丹文化节、哈尔滨冰灯节、潍坊国际风筝节、中国吴桥国际杂技节、大连国际服装节、宁波国际服装节、黄帝故里拜祖大典、中国曲阜国际孔子文化节、贵州火把节、广州洪梅花灯节、岳阳国际龙舟节、中国呼和浩特昭君文化节、四川自贡灯会、中国盱眙国际龙虾节、中国上海国际艺术节、杭州西湖国际博览会、中国豆腐文化节、南宁国际民歌艺术节等极具地方特色的知名节庆活动都具有标志性活动的特点。潍坊国际风筝节作为当地重大的政治、经济、外事和文化活动,曾被国际节庆协会(IFEA)评选为中国最具国际影响力的十大节庆活动,潍坊国际风筝节风筝牵线、文体搭台、经贸唱戏,搭起了一座连接潍坊与世界的桥梁,已然成为潍坊的一张城市名片。巴西的里约热内卢狂欢节是标志性活动中的典范,很多来自世界各地的人都知道狂欢节是里约热内卢生机勃勃和精力充沛的展现。

案例二:巴西里约热内卢狂欢节①

世界上许多信奉基督教的国家都有狂欢节,但论规模之大,参加者之众,内容之丰富,气氛之热烈,要首推巴西,而在巴西各大城市中,又以里约热内卢为最,因此被誉为"狂欢节之都"。每年的 2 月中下旬,巴西举国欢腾。届时,里约热内卢的大街小巷张灯结彩,彩旗飞扬,到处披上了节日的盛装。人们倾城出动,潮水般涌上街头,男女老少个个浓妆艳抹,尽情地扭动腰肢,挥动双手,大跳桑巴舞。各种音乐、舞蹈、戏剧演出和比赛此起彼伏。盛大的化装游行把节日欢庆活动推向高潮,大型彩车簇拥着选举产生的"国王"和"王后"领先开路,浩浩荡荡的队伍中,魔鬼、天使、美女、妖仙、武士、达官、贵人、黑奴等各种奇形怪状的打扮令人眼花缭乱,目不

① 小罗.奇妙的城市——里约热内卢[J].山西老年,2010(5);卡斯特罗.里约热内卢:狂欢者的都市[M].傅诗淇,关蓉,译.北京:新星出版社,2007.

暇接。观众为自己喜爱的人物喝彩叫好,投去鲜花和彩带。一年一度的狂欢节,淋漓尽致地表现出巴西人热情奔放的民族性格。里约热内卢是座迷人的海滨城市,那里的山山水水、滩滩湾湾真有说不尽的美,道不完的秀,巴西人把它称为“奇妙的城市”。里约热内卢风情万种,它让人百看不厌,只有身临其境,方可体味其中意境。

狂欢节上人们有犯罪般的刺激感,狂欢节一定程度上依赖于此而存在。狂欢节上才有的人群中的接吻、肌肤的亲密接触、没有内衣的服装。但是一段时间以来性解放给狂欢节莫大的打击。即使是裸体,人们也见怪不惊了。当怀旧的人们回想起过去的狂欢节而叹息的时候,桑巴舞校出现了。在白人中产阶级、艺术家和名人的支持下,舞校得到了长足的发展,变成了狂欢节的主要特色。1970年以后,他们挽救了狂欢节。只有亲临现场才可以真正欣赏到无数典礼之王的那种高雅的幽默以及旗手的优雅。击鼓的手可能有鲜血渗出,雕像般优美的桑巴舞蹈者身上可能汗流浃背。当狂欢节有从街道上消失的危险的时候,是乐队把里约狂欢节又带回来了。但是,乐队用管乐器,并且只演奏标准的旧狂欢节曲子。布罗克与此不同,他们只用鼓和声带来演唱他们自己创作的桑巴曲和马钦哈游行曲。这些曲子由于不会在广播或者电视上重播,所以他们可以畅所欲言,谈论自己想要的东西和反对的人。他们代表了淘气的幽默、批判的精神、嘲笑般的愚弄,这些都是这个城市的商标。布罗克的酝酿和诞生是里约生活方式的简史。每一支布罗克的背后都有一段友谊。发起人往往是五六个一年到头都一起喝酒闲聊的朋友,在郊区的酒吧中,在海滩上的小憩处,甚至一起踢过足球。

第四类是地区性一般活动。大多数活动都属于这类活动,活动项目管理者的职业生涯也是从运作这类活动开始并积累经验。一般来说,很多城市举办的啤酒节等群众性夏季休闲消暑活动就是地区性的一般活动。

从以上分析可以看出,在内涵上,大型活动是一个精心策划、有目的、有主题、有计划、有步骤地组织众多人参与的,并具有一定规模和影响力的社会协调行动。在外延上,大型活动多种多样、丰富多彩,只要达到特定的规模和影响,它可以是会议活动、展览活动、庆典活动、节庆活动、文体活动、拓展活动、景区活动、体验活动、休闲活动、营销活动、促销活动、演出活动、趣味活动、赛事活动、征集活动,等等。众所周知的博鳌亚洲论坛、达沃斯论坛、世博会、广交会、航空展、互联网大会、奥运会、世界杯、冰雪节、风筝节、电影节、啤酒节等定期举办、周期性举办的大型会议、展览、体育赛事活动和地方节庆活动都属于大型活动的范畴。

1.2 大型活动的特点

《*Successful Event Management*》一书指出大型活动具有独特性、即逝性、劳动密集性、时间的固定性、人际互动性、环境性、仪式和庆典性等特点。现将大型活动的突出特点加以阐释和归纳。

第一,大型活动具有鲜明的目的性。大型活动从策划到最终举办这一整个过程需要耗费大量的人力、物力和财力。比如,一个公司的开业庆典、周年庆典或上市仪式可能要花费数百万元的各项费用,工作人员还要付出很多辛苦劳动,才能产生预期的宣传效果。那么,组织者为什么要组织这样的活动呢？其首要目标当然是为了宣传企业形象以便吸引更多的顾客或股民关注。可见，没有目标的大型活动是难以想象的。一般来说，展览的目的主要是展示物品、促进销售、传播理念；会议的主要目的是共享信息和讨论问题；节庆活动的主要目的是庆祝和分享；文体活动的主要目的是娱乐和健身；景区活动的主要目的是休闲和体验；营销活动的主要目的是宣传和促销。因此，大型活动主题的选择、流程的设计等各个环节需要紧紧围绕组织所要塑造的形象以及所要传达的信息而展开。

第二，大型活动具有临时性和聚集性。一般来说，大型活动由临时的组委会组织临时的人群在临时的场地进行大规模的聚集。这种临时性和聚集性决定了大型活动具有高风险性。与举办一场大型活动相比，经营一家餐厅反倒会更加轻松，因为经营餐厅的风险能够被分散到各个经营项目和所有的客人身上，而举办一场大型活动则可能要聚集数百位各界要人和聚集各种媒体，要求后勤、灯光、音响等方面的完美支持。大型活动临时性和聚集性所带来的高风险性要求活动的策划者和组织者在可行性论证的基础之上进行周密的计划和安排，并作出风险预警和准备，防止聚众滋事、踩踏、火灾等事故发生。除了事故风险外，与一般的商业投资相比，大型活动还存在更大的投资风险。大型活动的举办往往需要在短期内投入较大的人力、物力和财力并高速运转，因此，财政风险是必须要在活动策划之初加以考虑的。

第三，大型活动具有独特性。大型活动最重要的要素就是它们的独特性，每一项活动都是不同的。独特性并不意味着同一类活动不可能重复举办，而是说每一场活动的参与人员、周边环境、观众或任何其他因素都会让这次活动变得有所不同。即使是婚礼这样频繁举办的活动，也是各不相同的，不同的主角、不同的举办地点、不同的客人等。然而，经过年复一年的积累，婚礼的形式或结构逐渐趋同。持续了几乎 1 200 年的古代奥运会每四年举办一次，或者在形式上简练到有 300 个重复的版本，但是每一届奥运会都是独特的，因为每届都有不同的运动员、不同的组织者和不同的观众。当然，随着时间的推移，奥运会的主要竞技项目也逐渐固定成型。

第四，大型活动具有劳动密集性。一项活动越复杂，越具有独特性，也就越有可能是劳动密集型的，这点体现在活动的组织过程和运作过程中。为了突出活动的独特性，需要制订更复杂的计划，传递更有效率的服务，以使活动与众不同。这也是许多活动主办方将活动项目外包给活动管理公司、餐饮企业或者其他类型活动供应者的原因。活动独特性的达成要求活动组织者、管理者与活动主办方之间高水平的沟通，花费更多的时间和精力，为了使活动顺利展开，实际操作部门也需要高水平的人员配置。对于一个 300 人的宴会不仅需要饮食服务员，也需要饮品服务员、厨房员工、衣帽间服务员、清洁员、门卫等后勤人员。工作人员的需求可能在确定的时间达到高峰。就宴会这个例子来说，峰值人员配置将会发生在服务时间段，但是准备阶段和闭餐阶段也需考虑用人问题。对于服务人员需求数量的评估，管理者可以根据以往的经验、顾客的数量、服务的类型、工作人员的经验和品质以及完成服务需要的时间甚至场馆的布局来预测。当然，对服务人员需求的估计无疑是非常困难的，拿举办运动会和举办公司年度郊游会相比，前者需要完全不同的工作人员，比如比赛选手、裁判、计时者等。

第五，大型活动具有一次性。上文说道，大型活动具有独特性，与之相应，大型活动也具有不同于日常活动的易逝性和一次性。大型活动的一次性意味着对大型活动的参与者而言，其在大型活动中的经历也往往是一生中唯一的体验，甚至会形成终生的记忆。无论是休闲活动、社交活动还是文化活动,其成功举办及其对参与者所激发的各种感受是非常珍贵的。大型活动的一次性对举办方来说也至关重要,其举办机会可能来之不易(说到这里,人们很自然会想起中国北京承办2008年奥林匹克运动会机会的来之不易),其举办成功与否对活动策划和运行团队的影响巨大。正是在这种意义上,有人将大型活动的筹办比作现场舞台剧,是不设安全网的高空钢丝表演,每一次都是现场直播,一次性完成,不存在彩排,一旦失误,大型活动的结果可能是无法承担的。由于大型活动不能推倒重来,其过程即是结果,因此,活动的策划者和组织者必须精心准备、严密操作,确保活动得以成功举办。大型活动的一次性还意味着举办活动所使用的许多物品都是一次性的,这就关涉到重复利用问题。例如,一个写有"×××和×××结婚纪念日快乐"的大横幅是个独特的物品,只能使用一次,而一个写有"结婚纪念日快乐"的横幅则有更多的使用潜力,并且会被重复利用。

第六,大型活动具有角色多样性。大型活动是一种社会性活动,参与的人数众多,所涉及的角色也很多样,不仅包括活动的主办方、承办方、协办方、支持方以及活动设备和服务供应商,同时还包括活动的赞助方、活动的消费者以及网络、手机、电视、报刊等大众媒体。活动的主办单位和承办单位作为一场大型活动的搭台者,负责大型活动的策划创意、全程执行、媒体推广、活动招商等一系列工作。大型活动的核心运作团队是否具有较高的专业水平以及丰富的经验对活动能否成功举办具有至关重要的影响。在大型活动的现场,还会有表演嘉宾、重要来宾、主持人等令活动熠熠生辉的"唱戏者",他们是活动平台上的主要角色,是活动的亮点,是活动档次高低的表征,也是吸引观众参与活动的重要因素,其角色意识以及表现力直接影响活动的效果。大型活动另一非常重要的参与角色便是观众,他们是活动举办的终极服务对象,是活动的出发点和落脚点。他们对活动的响应和参与直接影响活动的人气;他们对活动的评价也直接反映了活动举办的效果和水平,进而影响活动举办者的收益以及活动本身的声望。为避免大型活动人气不足的现象发生,在邀请出席人员时要打出余量,防止因部分人员无法出席而导致冷场。

第七,大型活动具有快速传播性。大型活动向人们集中传播了大量信息,其本身就是一种传播媒介。虽然大型活动与电视、报刊等大众传媒具有相似的传播功能,但是大型活动又有它自身的传播方式和传播特点。活动本身的参与者通过口口相传参与活动的信息和感受,同时,大型活动和传统媒体相互联动,产生叠加的传播效果。大型活动所联合的大众媒体是一种过滤器,同时也是一种放大器,无边界、全方位地传播大型活动现场的信息。大型活动备受关注,相关信息传播快速,因此,对活动项目管理团队来说,其举办的活动能否成功对其影响巨大,一旦现场出现瑕疵,相关消息将立即被传播出去,影响活动的声誉。因此,大型活动的快速传播性,一方面说明大型活动本身具有高速的传播功能;另一方面,要求活动策划者和执行者要关注大型活动的策划和现场管理。

第八,大型活动具有多重影响性。一项大型活动可能在社会文化、物质和环境、政治、经济和旅游等多个层面产生较大影响,这些影响既包括积极方面,又包括消极方面。在社会文化影响方面,大型活动一方面可能会促进参与者分享体验、恢复活力,形成社区自豪感、提高社区参与度,引进新理念和扩大文化视野;另一方面又可能会造成社区失去舒适性,引发不良行为或造成社区的负面形象。在物质和环境影响方面,大型活动一方面可能会加强环保意识、美化环境、改进基础设施、提升城市环境;另一方面又可能会造成环境破坏、噪声、拥堵和污染。在政治影响方面,大型活动一方面可能会提高城市或社区声望、吸引投资和关注度;另一方面也可能会导致公共财政资金浪费或因活动失败而声望下降。在经济和旅游影响方面,大型活动一方面会创造就业岗位,增加税收收入,带动本地旅游业发展;另一方面也可能会出现抬高本地生活成本,引发社区对本地旅游业发展的抵制等后果。大型活动影响的多重性要求活动的组织者和策划者在活动策划之初对大型活动的可能后果进行充分的预估,不仅关注大型活动的经济、旅游和财政影响,同时要兼顾大型活动的政治和环境影响,通过预警、计划和适当的干预促使正面影响最大化、负面影响最小化,保证活动的正面影响大于负面影响,并获得各方利益相关者对本次活动的理解和支持。

从大型活动的特点可以发现,大型活动具有较高的社会关联度,筹办大型活动需要大量的协调工作来整合资源并满足各方需求。

1.3 大型活动的发展趋势

作为一个行业,大型活动不仅呈现出上文所提及的同质化的一些特点,同时也展现出了一些新的发展趋势。尽管各个国家活动业发展的动力和环境不同,但是,互联网思维、创新、体验设计、全程参与等理念共同推动和塑造了全球活动行业的发展趋势。

第一,大型活动类型多样,相互嵌套。当前,大型活动的发展趋势已经不再是“展中有会、会中有展”那么简单,而是各类大型活动相互交叉和重叠,正是在这种意义上,活动业、会展业乃至旅游业已经密不可分。以展会为例,知名展会活动本身就是一种大型活动,但是,在展会过程中还会安排一些群众喜闻乐见的配套活动。这些配套活动作为一种非常重要的信息传播媒介,不仅为展会增加看点、提升人气,还促进了展会信息的传播。比如,在天津举办的历届夏季达沃斯论坛举办了友好城市市长圆桌会议、国际知名高校圆桌会议、青年科学家会议等多场平行会议。这些平行会议的召开,推动了国际城市之间、高校之间以及科学家之间的交流,使得达沃斯论坛的功能更加立体化和多样化。在近年来天津市政府经常举办的大型活动中,天津·台湾名品博览会、中国旅游产业博览会、中国·天津国际直升机博览会、中国(天津)信息技术博览会等大型活动均采取“以会带展”的模式,展览内容丰富,展品前沿,引发观展热潮。① 其中,中国旅游产业博览会主要包括10项活动,分别是:旅游产业博览会、国际旅游装备产业发展高峰论坛、智慧旅游高峰论坛、低空旅游发展研讨会、环渤海酒店文化发展论坛、环渤海房车巡游主题活动、旅游纪念品大赛、中国旅游拍客大赛、博览会专项活动、旅游活动嘉年华。中国北方国际自行车电动车展览会已成功举办20余届,呈现富有行业特色的主题活动一直作为展会组委会的一项重要工作。中国北方国际自行车电动车展览会的活动内容丰富多彩、活动主题活泼新颖,包括:中国大学生骑行文化发展论坛、骑游京津冀活动、“绿丝带”公益骑行活动、“华轮杯”第三届轻工技能大赛、电动车自行车创新产品时尚秀等。

第二,活动策划的专业性越来越强,出现了专门的活动策划师。当前,在大型活动的行业领域内,不仅有传统的活动策划公司,同时,活动策划已经发展成为一种职业,出现了专门的自

① 天津今年举办16个大型会展论坛 东亚运10月举行[N].每日新报,2013-03-22.

由职业者——活动策划师。与大型活动策划公司相比较,活动策划师展现出更大的灵活性,不会刻意在乎所服务对象的规模,并且尽其所能地为其提供更加精致的、富有创意的服务。一般来说,大型机构的人力资源部门、企业策划部门、企业文化部门、营销部门和工会都需要活动策划师来策划大型活动。从发展背景来看,活动策划师起源于20世纪末期的活动策划职业,21世纪初,发生在美国的9·11事件、发生在中国的"非典"疫情等突发事件令很多活动策划业务叫停,市场萧条迫使很多大的活动策划公司进行裁员,继而选择在活动策划、举办活动、现场主持的当口则聘用自由职业人。活动策划师不论是和活动策划公司合作,还是和服务对象直接合作,都需要与之进行不断地磨合,不仅要能与合作机构的销售、营销和采购人员愉快地对接,还要顺畅地和活动参加者等具体的服务对象打交道,以保证达到合作机构的服务标准并满足具体服务对象的要求。随着活动经济和体验经济的兴起和发展,活动策划师将有更加丰富的表现舞台,赛事活动,体验活动,婚礼、开业、宴请、聚会、年会、典礼、签字仪式等庆典活动,综合展销、展业展销、产品推广、品牌展示等会展活动,国内外传统节日等民俗活动,采访活动、危机公关活动等新闻活动为活动策划师提供了广阔的职业空间。

第三,活动策划领域竞争不断加剧,活动策划机构不断求新求变。鉴于大型活动的成功举办对个人、机构以及城市发展具有重要意义,活动策划(Event Planning)行业已经成为规模庞大的产业,这个产业和会展、广告、营销、公关、商务、传播等诸多领域相互交织在一起。随着活动策划行业的日渐成熟,活动策划领域内的竞争日益激烈,顾客对活动策划公司和活动策划师的要求也越来越高,活动策划的硬成本也不断提高。在这样的行业发展背景之下,活动策划公司发展出新的战略,从配合客户需求到主动出击培育和拓展潜在客户,将自己的专业服务、专业知识、专业技能推销给客户,以使客户认识到这些能使活动项目产生令人满意的效果,达到预期目标。此外,活动策划行业的业务开拓方式也悄然发生着变化,许多活动策划公司和酒店、度假村、会场建立长期的合作关系,通过多次合作,获得更多的优惠(协议价)。活动行业环境的改变要求活动主办方在做活动策划和管理时要保持较高的适应性。比如,一个国家相关安全政策的变动会影响活动的安全要求和机场的安检,要求格外注意活动设计、物流管理和活动现场的安全要求。活动策划者和管理者要加强对恐怖袭击的警惕意识,大型场馆和活动现场均需要提高安防等级。除了安全政策变动之外,科技的发展和应用、多媒体演示的日渐复杂、保险以及保护客户免遭经济损失的政策变动等都会给活动带来更多的挑战,因此,活动策划者需要格外注意相关细节的安排。活动策划者要重视对互联网的利用,采用线上渠道和线下渠道的全方位营销模式,注重内容营销和关系营销。在激烈的竞争之下,活动策划公司要避免自己打垮自己,避免公司高层违反职业道德、不恰当的活动支出、不得体的商务礼仪等负面消息和活动瑕疵登上媒体头条。随着活动行业的发展,活动产业的发展模式将从小规模经营发展到集约化经营,品牌战略、营销战略、合作战略、多元化产业链发展战略将成为主流。

第四,活动策划更加注重创意性、体验性、互动性和传播性。一成不变的活动形式逐渐被人们所厌烦,定制式的、个性化的、体验性的、极富创意性的活动形式越来越被人们所青睐,这类活动因其话题性大、关注度高、互动性强,也更加具有传播性。活动的创意与创新主要表现在活动概念、活动形式及活动内容的独特性与新颖性上。活动的体验感是活动设计和执行中非常关键的一个点,即使是一个传统的会议场合,听众在听,讲者在讲,在这个过程中也要注重受众能在其中获得什么体验和感受。无论是对活动内容的设计还是形式的设计,都要以受众的体验为前提加以考虑。活动策划专家也越来越倾向于把营销预算更多地投放到体验环节的设计中来，提升活动的体验空间和体验效果，最终提升活动的品味和主办方的形象。活动的互动性既体现为活动主办方和受众的互动，又体现为各种活动参加者之间的互动，这种面对面的互动使得活动体验是直观的、丰富的、深刻的。尤其是与其他传播和营销方式相比，线下活动的最大特点就在于结合感性和理性，以交互的、感性的、情感的方式促进主办方和受众之间产生共鸣、促进各类活动参加者之间的深度沟通，让受众和活动参加者在主动体验与互动中获得良好的感受。活动的创意性、体验性、互动性相互叠加，共同助推了活动作为一种传播平台的信息传播效果。活动传播平台通常是以创新、直观、多元化、互动式和体验式的特点和方式实现传播效果的最大化。活动传播平台与广告一样强调创意的力量，但是又比一条广告传播的内容丰富得多，其信息表达的方式和可以运用的传播介质也多得多，可以达到立体化、全方位的传播效果。无论在时长还是物理空间上，一个活动的传播介质都是丰富多样的，既包括活动参加者的口口相传和自媒体直播，又包括现场邀约媒体的立体化报道，因此能够传播的信息量非常大。与活动的创意性、体验性、互动性、传播性等发展趋势相适应，活动策划的重点也是围绕创意创新、互动体验、精准传播这 3 个方面。精准传播即对目标受众及传播诉求的精准定位。通过对传播主体和受众这两个终端的分析，通过精准地把握传播主体和受众的需求，为传播主体的诉求以及受众的行为习惯和吸收信息的方式之间搭建一座桥梁，定制活动内容，让受众能够更清楚、更明白地理解传播主体的需要，并被传播内容所影响。所以，精准传播就是根据多元化的传播诉求确定相应的活动概念及参与者，结合丰富的传播介质及体验式的传播内容，以最直观有效的方式将信息传递给最需要的群体，从而达到精准有效的传播效果，实现传播价值的最大化。

案例三：创意和细节成就完美婚礼

据天津市婚庆行业协会统计，2013 年“五一”小长假期间，津城共有超过 8 000 对新人完婚。越来越多的新人崇尚节俭办喜事，不讲排场重创意。被市婚庆行业协会评为“五星级”婚礼策划人的张越说：“以前的婚礼不少都是重婚宴轻典礼，更多是亲朋好友在一起聚餐，司仪主持典礼后，新人逐桌敬酒；但如今大家都更重典礼的形式和内容，要求让人过目不忘、久久回味，吃得如何反而退居其次。”记者观摩了一场他主持的婚礼，在典礼现场微电影、沙画、激光舞俱全，新人在温婉的背景音乐声中讲述爱情故事，整场婚礼宛若一幕浪漫的舞台剧，个性化的创意更让人久久回味。典礼后的婚宴则采取半自助方式，酒水菜品按需取用，杜绝浪费。根据目前预订情况，今年 5 月婚礼旺季中，全市将有 3 万对新人举办婚礼，花费在 20 万元以上的高端婚礼数量较去年同期的 300 场减少了一半，而一场婚礼的消费水平，也由去年的 8 万元到 12 万元，缩减至今年的 6 万元到 10 万元。新人们不重排场重创意，反映出随着节俭之风日益深入人心，新人和家长们更加注重精神体验和心灵感受。①

新人们都希望通过婚礼留下终生难忘的美好记忆。但在婚礼举行过程中，有哪些细节应

① 刘超.办喜事不讲排场重创意[N].今晚报，2013-05-02

该注意？策划婚礼过程中，新人首先要有想法，其次要与婚庆公司和司仪提前沟通好细节，这样才能打造完美婚礼。要谨记婚礼当天的主角是新人，而不是司仪。婚礼过程中，典礼的时间最好不要短于30分钟，否则会给来宾一种空洞无味感。但也不能长于40分钟，避免出现“婚礼有人看，司仪没人听”的情况。时下，许多新人都希望自己的婚礼简约但不简单，以免自己和亲人太劳累。不少婚礼举行过程中，许多细节是完全可以省略的，如杯塔、烛台、蛋糕，这些非常流于形式。新娘换装也是可以缩减的细节，有的新娘准备了四五套衣服，但由于每次换装都要换头型，导致刚换两三套衣服嘉宾就已离场的情况。在选择换装套数时，要根据预计婚礼举行的整体时间、喜宴桌数来安排。①

1.4 大型活动的功能

大型活动具有多重功能。从现场效果来看，大型活动具有体验、象征、纪念、娱乐、休闲等功能；从扩散效应来看，大型活动具有带来人气、提升品牌影响力、提高声望、传承文化、整合资源、促进旅游和经济发展的功能。

第一，大型活动具有体验功能。大型活动的直观性、互动性较强，这无疑会增强其体验性。观看一场体育竞技赛事，欣赏一场音乐会，参加一场庆典活动都能够给人带来快乐的体验，同时，人们在活动中能够分享这种体验。对于促销类体验活动而言，如车展中汽车的试乘试驾环节，为潜在顾客提供了一个通过直接观看、触摸来体验产品的平台和机会。银行、保险、时尚产品和奢侈品销售等行业的公司越来越注重以举办体验活动来促销。现代城市也越来越重视活动营销。

第二，大型活动具有象征功能。仪式和庆典是很多大型活动的关键要素，这样的大型活动不仅发挥着文化传承的作用，而且具有很强的象征功能。此类活动不胜枚举，比如颁奖典礼、加冕仪式、开幕式、工程落成典礼等。虽然有些古老的仪式已经不太具有现代意义，但是现代活动仍然要保持一定的“传统”要素，尽管这种要素可能体现得并不明显。

第三，大型活动具有营销功能。以营销效果为例，大型活动不仅集广告、促销、公关、推广等众多的营销手段于一体，而且整合了品牌营销、关系营销、数据营销，打破了传统营销方式，运用一种非常规的产品信息传递手段，努力获得更加强烈、更加实效的传播效果，开辟了营销的蓝海。除了以公司为主体的活动营销，旅游目的地也特别重视活动营销，借举办大型活动来提高城市的知名度和吸引力，促进旅游。国际知名的慕尼黑啤酒节、戛纳电影节以及中国本土的上海电影节、哈尔滨冰雪节和消夏节、青岛啤酒节等节庆活动都能在活动期间以及活动之后很长的一段时间吸引来自世界各地的游客，这些活动也日益成为提升当地城市品牌影响力的推手。

第四，大型活动具有文化传承功能。为特殊群体举办一场大型活动，能够给这个群体带来满足感，并增加全社会对这个群体的关注和认同。大型活动所宣传的理念、留下的文化遗产都非常珍贵。残疾人奥林匹克运动会是专门为残疾人举行的世界大型综合性运动会，体现了“心

---

① 胡智伟.细节成就完美婚礼[N].今晚报，2013-04-29

智、身体、精神"的和谐统一。如今，招募和使用志愿者是大型活动举办过程中的惯常做法，这对推广志愿服务理念，倡导奉献、友爱精神是非常有利的。同时，志愿者队伍不仅是展现志愿精神的载体，同时也是传递志愿精神和活动理念的重要载体。

第五，大型活动具有促进旅游的功能。成功举办的大型活动有利于提升旅游目的地的形象，塑造其品牌，助推旅游目的地列于全世界的旅游地图之中，增强当地居民的自豪感，最大限度地利用现有的公共设施。大型活动对克服旅游的季节性问题具有很大的作用，其不仅有助于在旅游旺季给游客带来愉悦体验，对旅游目的地而言，其在旅游淡季的效用更为突出，成为淡季吸引游客的一大法宝。

当然，由于城市容量有限，大型活动的短期高聚集性也可能为社区带来交通拥挤等负面影响，这些潜在的负面影响需要在活动设计之初加以预警和处理，并对活动进行细致的规划和管理，以此赢得社区居民的支持。

案例四：2014 美丽天津"十一"黄金周系列旅游活动①

2014 年"十一"黄金周期间，天津市旅游系统为了让广大市民和来津的中外游客共享金秋津城美景，结合天津市深厚的历史文化底蕴、城市建设成果以及新景观、新线路和秋季旅游特色，会同各区县旅游部门推出了以"近代中国看天津"文化游、都市博览游、海河风光游、滨海休闲游、山野名胜游为主要内容的国庆长假系列旅游活动。具体包括：以第十一届五大道旅游节系列活动、石家大院民俗游等为重点的"近代中国看天津"文化游；以第七届中国·天津妈祖文化旅游节嘉年华晚会、2014 天津欢乐谷第二届国际魔术节、天津市第四届国学文化节等为重点的都市博览游；以津湾广场开街五周年系列活动、魅力海河观光游、海河摩天轮游等为重点的海河风光游；以航母主题公园金秋最美的邂逅——多彩"俄罗斯"、极地海洋世界国庆系列活动、龙达集团国庆农业嘉年华等为重点的滨海休闲游；以蓟县渔阳金秋旅游节、津南秋季旅游文化节、八仙山第三届"仙山金秋红叶美　层林尽染醉游人"红叶观赏节、东丽区金秋采摘节等为重点的山野名胜游。

大气洋气的都市魅力，清新亮丽的津城秋景，激情动感的旅游活动，异彩纷呈的休闲项目，给前来津城旅游的每一位宾客带来无限的欢乐和美好的回忆。

案例五：大型活动的象征意义

香港回归前夕，某公司在广州举行一场港澳青年大联欢活动，对媒介很早就发布了一个信息，说我们要在港澳青年联欢开幕式上举行一场象征性的仪式，由广州、香港、澳门青年领袖交换旗帜，结果很简单的失误造成很大的事故。工作人员把已经做好的旗帜放到办公室，没有带到现场，结果现场按流程进行，检查道具时才发现，这面旗帜没有带到现场，结果现场被迫取消

① 2014 美丽天津"十一"黄金周系列旅游活动[N].天津日报，2014-09-30.

了这个环节的活动。现在跟1984年、1985年的社会环境不一样,那时候是非常敏感的问题,马上就有新闻媒介尤其是香港的新闻媒介关心是不是政策变了?这是一件非常遗憾的事情,是一个深刻的教训。此外,中英两国政府香港政权交接仪式也充分地印证了大型活动所具有的象征意义。

1997年6月30日午夜至7月1日凌晨,中英两国政府香港政权交接仪式在香港会议展览中心新翼五楼大会堂隆重举行。6月30日23时42分,交接仪式正式开始,中方国家主席江泽民、国务院总理李鹏、国务院副总理兼外交部部长钱其琛、中央军委副主席张万年、香港特别行政区首任行政长官董建华,英方查尔斯王子、首相布莱尔、外交大臣库克、离任港督彭定康、国防参谋长查尔斯·格思里,同时步入会场登上主席台主礼台。1997年7月1日零时,中华人民共和国国旗和中华人民共和国香港特别行政区区旗在香港升起。零时4分,中华人民共和国主席江泽民庄严宣告:根据中英关于香港问题的《联合声明》,两国政府如期举行了香港交接仪式,宣告中国对香港恢复行使主权。中华人民共和国香港特别行政区正式成立。经历了百年沧桑的香港回归祖国,标志着香港的发展从此进入一个崭新的时代。零时12分,香港政权交接仪式结束。

案例六:天津夏季达沃斯论坛的影响

夏季达沃斯论坛,即世界经济论坛新领军者年会,既是世界500强企业与最有发展潜力的增长型企业之间的高峰会议,又是各国和地区政府间的高峰会议。2012年夏季达沃斯论坛在天津召开,不仅活动本身取得了成功,对天津而言,也全方位地展现了天津魅力,推动了天津发展。

第一,天津借助举办夏季达沃斯论坛之机,扩大了对外交流与合作。一方面,成立了天津全球成长型企业协会,借助达沃斯这一国际平台,促进30家天津全球成长型企业与世界先进的企业学习交流,以便天津的企业更好地走出去,参与更高层次的国际合作与竞争。另一方面,天津跟世界各方面的宾朋好友见面、交流,推进招商引资、扩大开放。联合利华、韩华集团、LG项目等一批世界500强的公司和大项目通过达沃斯的平台引进,落户津门,这些大项目、好项目落户津门,为天津的城市经济发展注入了活力,对天津长远的经济发展,特别是外资外贸的开发、开放产生了重要的积极影响。

第二,展示了天津经济发展的新成果。论坛筹委会在论坛举行期间精心设计安排了工业游考察活动,向各国与会嘉宾充分展示天津市近年来的经济社会发展成果。工业游的各个点位或是空客天津生产基地、天津港集团等在天津对外开放和国际交流合作当中具有代表性的企业,或是在新材料、新能源、电子设备、生物医药、高新技术等方面具有代表性的企业。工业游活动展现了天津推进滨海新区开发、开放,大力发展战略性新兴产业所取得的成果。为达到工业游活动的考察效果,天津夏季达沃斯论坛筹备办公室多次会同相关单位,在实地考察和研究论证的基础上,确定天津夏季达沃斯论坛工业考察点位和路线,不仅要突出支柱产业,还要兼顾企业的可看性与互动性、交通情况、周边环境、沿途景观、考察者心理等各方面因素。

第三,为展现天津丰厚的文化底蕴提供了很好的平台。夏季达沃斯论坛在天津的定期举办，使得它已经成为天津发展的一张名片。2012 年夏季达沃斯论坛会场内设置了主办城市展示区域，精心设计了一座主雕塑、六座副雕塑，将天津 60 位著名艺术家精心制作的作品向与会代表展示，并赠送给与会的重要嘉宾。

第四，带动了天津旅游业的发展。2012 年夏季达沃斯论坛组织中外宾客畅游天津海河和名胜古迹等丰富多彩的文化游，增加了中外宾客对天津旅游环境的了解和认识。

第五，促进了公众参与，提升了公民意识。2012 年夏季达沃斯论坛组织和鼓励市民朋友知晓、参与达沃斯。2012 年夏季达沃斯论坛开展了"市民代表走进达沃斯"的公开选拔活动、"达沃斯与天津寻找津城之美"活动、"达沃斯走进大学生"系列活动，在社会上引起了较大的积极反响，扩大了市民对达沃斯论坛的参与度，提高了市民对达沃斯的了解度，提升了市民的综合文明素质和国际化视野，激励市民为举办城市的新发展、新进步贡献力量。

第六，通过举办夏季达沃斯论坛，发现和培养会展业专业人才，使天津会展业的领军人才脱颖而出，并不断提升服务的能力和水平。同时，培育一批高水平的会展企业，提升会展领军企业的国际化水平。

案例七：博鳌亚洲论坛的价值

"博鳌亚洲论坛"作为一个非官方、非营利、定期、定址、开放性的国际会议组织，以平等、互惠、合作和共赢为主旨，立足亚洲，推动亚洲各国间的经济交流、协调与合作，致力于通过区域经济的进一步整合，推进亚洲国家实现发展目标。"博鳌亚洲论坛"同时又面向世界，增强亚洲与世界其他地区的对话与经济联系。截至 2013 年，博鳌亚洲论坛已成为亚洲以及其他大洲有关国家政府、工商界和学术界领袖就亚洲以及全球重要事务进行对话的高层次平台。博鳌亚洲论坛由菲律宾前总统拉莫斯、澳大利亚前总理霍克及日本前首相细川护熙于 1998 年发起。博鳌亚洲论坛是在经济全球化进程加快和亚洲区域经济合作迅速发展的背景下成立的。从 2002 年开始，论坛每年定期在中国海南博鳌召开年会。海南省琼海市博鳌镇作为博鳌亚洲论坛的永久举办地址，不仅自身享受到博鳌亚洲论坛这一对外开放平台所带来的各种效益，而且这些效益还辐射到整个海南省，推动了海南省城市设施的完善以及旅游、会议、餐饮、酒店等行业的发展，促进了海南省的招商引资和对外经济交往，成为海南走向世界的一座桥梁。经过多年发展，博鳌亚洲论坛在以下几个方面凸显出其重要价值：首先，博鳌亚洲论坛已经成为海南一个对外开放的重要窗口，成为世界了解海南的一扇窗口，成为海南的一张名片，展示了海南的风采，提高了海南在国际上的知名度和美誉度。其次，博鳌亚洲论坛推动了海南省旅游业的发展。博鳌亚洲论坛是海南最具特色的旅游广告，它向世界各地的游客宣传了海南这个旅游目的地，带动了旅游业发展。最后，博鳌亚洲论坛推动了海南省会议业的发展。博鳌亚洲论坛打破了海南单一观光旅游的传统格局，推动了高端会展、商务、度假旅游设施的建设和完善，树立了海南国际会展目的地、国际海滨度假休闲旅游地的新形象。

案例八：中国国际动漫节的产业带动功能

中国国际动漫节由国家新闻出版广电总局、浙江省人民政府主办，杭州市人民政府、浙江新闻出版广播电影电视局和浙江广播电视集团承办，是唯一国家级的动漫专业节展，也是目前规模最大、人气最旺、影响最广的动漫专业盛会，先后被国家“十一五”和“十二五”文化发展规划纲要列为重点扶持的文化会展项目。

中国国际动漫节自2005年落户杭州以来，每年春天固定举行，它以“动漫的盛会、人民的节日”为宗旨，以“专业化、国际化、产业化、品牌化”为目标，以“国际动漫，美丽杭州”为主题，内容包括会展、论坛、商务、赛事、活动五大板块等50多个品牌项目。2015年第十一届中国国际动漫节共吸引78个国家和地区参展、参会、参赛，137.29万人次参观，项目金额和现场销售额共计148.46亿元人民币，被评为“中国最具影响力”的动漫节展。

连续十一年成功举办的中国国际动漫节，有效汇聚了全国动漫产业的信息流、资金流、人才流，正在成为推动民族动漫产业发展的重要平台；连续十一年成功举办的中国国际动漫节，有效搭建了中外动漫文化交流的平台，正在成为推动中国动漫走出去的重要桥梁；连续11年成功举办的中国国际动漫节，有效激发了海内外动漫爱好者的创意和热情，正在成为人民群众尤其是青少年喜爱的重要节日。[①]

中国国际动漫节对杭州市动漫产业的带动作用是惊人的。2004年，浙江省影视动画作品产量几乎为零，杭州甚至还不能生产一部完整的动漫游戏原创作品。2005年，首届动漫节后的一年间，杭州的动漫企业从50家发展到60余家。2005年，全市共立项动画片29部3 131集，生产14部共752集，计8 100多分钟，一跃成为排在广州之后的全国第二，占全国总数的20%。2006年，杭州动漫企业数量为85家，其中影视动画生产企业43家，漫画企业2家，游戏企业22家，衍生产品开发企业18家。立项动画片共有49部2 457集51 469分钟，企业市集原创生产的动画片共21部585集1.1万分钟，动画片年生产量位居全国第三。截至2007年年底，杭州拥有动漫企业113家，从业人员1万余人，动画片年产量达1.5万分钟，在全国城市中居第四位。在2007年度国家广电总局推荐播出的国产优秀动画片中，杭州动漫企业创作的优秀动画片共有7部作品获得推荐，推荐数量居全国各省市第一位。到2009年，杭州动漫企业已增加至145家。据统计，2010年前三季度，全市共有在册动漫企业202家。全市全年原创动画产量共计27 409分钟，占全国总产量的16%，位列全国各大城市第一位；杭州获国家推荐的优秀动画片共计8部，占全国总数的16%，同样位列全国各大城市第一位；动画片《郑和下西洋》、舞台剧《宋城千古情》等4部作品获得了全国“五个一工程”奖；杭州市政府还被评为“2009年度支持中国动漫游戏产业发展——模范政府”。作为杭州动漫龙头企业——浙江中南集团卡通影视有限公司，全年签订的海外销售合同额占全国动漫企业自行出口交易额的80%，销往全球65个国家和地区，位居全国各动漫企业之首，被评为“国家文化产业出口重点企业”。2009年，杭州市动漫企业营业收入共计4.38亿元，比2001年增长19.6%，利润总额达8163万元人民币。

① 中国国际动漫节官网.

2010年，杭州市全年共生产动画片42部2 491集共计35 008分钟，同比增长28%（前三季度，杭州市共完成动画片1 257集共计15 680分钟，完成漫画14部，完成游戏491款。实现营业收入总计115 924.87万元，其中出口收入约2 700万元人民币，衍生品收入3 629.89万元，版权收入1353万元，利润总额51 143.17万元，上缴税金14 460.01万元）。《乐比悠悠（教育系列）》《秦时明月之诸子百家》《秦时明月之笑闯江湖》《历险小奇兵》《蓝巨星和绿豆鲨》等5部作品被广电总局推荐为2010年度优秀动画片（前三季度），广电总局公布的2009年度少儿精品发展专项资金及国产动画发展专项资金项目扶持名单中，中南卡通、宏梦卡通、漫奇妙、时空影视、九越数字5家企业的7部作品入围，分别获得3个一等奖、3个二等奖和1个鼓励奖，取得国家奖励198万元，占全国优秀国产动画片项目专项扶持资金的1/4以上，成为最大赢家，再次彰显了杭州动漫的强劲实力。2010年，盛世龙图公司制作的动画电影《梦回金沙城》代表中国成功入围第83届奥斯卡金像奖，中国国际动漫节被国家广电总局和中国动画学会评为"中国最具影响力的动漫节展"，杭州高新区动画基地获得全国唯一的"最佳动画产业基地奖"。至2011年，杭州共有在册动漫企业270家，动漫企业总数同比增长30%，从业人员超过2万人。全年共生产原创动画片近38 000分钟，其中45部共计34 606分钟获得动画片发行许可证，动画片产量连续三年位居全国各大城市之首。共完成漫画作品930部，同比增长32倍，其中手机漫画增长迅速；制作完成游戏734部，同比增长17%。2011年，全市共有5部动画作品入选国家广电总局年度国产优秀动画片，占该类别的17.8%；共有6部杭州产游戏作品入选国家新闻出版总署的第六批"中国民族网络游戏出版工程"，数量居全国第一；杭州产动画电影《梦回金沙城》荣获"华表奖"优秀动画电影奖；《梦回金沙城》《子不语》和宏梦卡通公司的"虹猫蓝兔"品牌以及漫画家夏达分别获得"中国文化艺术政府奖首届动漫奖"。2012年年初，全市6部作品入选国家文化部评定的"2011年度国家动漫精品工程"；12部杭州产动画片获得2011年度国家广电总局优秀动画片推荐，推优动画作品总量连续两年名列全国各大城市之首。

案例九：北京新年倒计时庆典暨北京高端旅游推广活动的立体功能①

由北京市旅游发展委员会主办，北京北奥盛典国际文化发展有限公司承办的北京新年倒计时庆典暨北京高端旅游推广活动已经连续举办四届：2012年在北京天坛公园举办；2013年在颐和园举办；2014年在八达岭长城举办；2015年在北京奥林匹克中心区主会场、北京延庆八达岭长城分会场和张家口崇礼分会场三地同步联动举办，汇聚起三地群众对新年和对北京申办2022年冬奥会的热情和期待。"倒计时"活动以电脑灯、LED灯、激光灯为主要表现形式，在零点来临的时候，点亮长城，形成光柱，照亮夜空。为宣传当地旅游资源、体现北京民俗文化，当地民间表演团体还在活动中穿插表演了舞龙、舞狮、竹马、旱船等节目。除了驻华使节、驻京旅游机构代表、旅游行业代表参加活动之外，每年的"倒计时"活动还会吸引大量的中外游客、中外大学生以及市民群众参加。此次活动通过电视转播、新闻资讯、专题报道、网络推广、微博

① 历年相关活动信息详情请参考北京旅游网.

直播等多种形式,在世界范围内进行广泛宣传,推介北京旅游资源,与世界人民共庆新年。

丰富多彩的新年倒计时活动,已经成为世界上一些主要城市迎新年的通行做法,吸引了全球关注。不同城市在举办倒计时庆典的过程中,也体现了不同风格,如纽约时代广场的水晶球、巴黎埃菲尔铁塔的灯光、伦敦大本钟的钟声与伦敦眼上的烟火等,而北京自2012年开始先后在天坛、颐和园成功举办了新年倒计时活动,收到了良好效果,成为向世界发出的一张极具影响力的“城市名片”,受到全球广泛关注。

在北京新年倒计时庆典暨北京高端旅游推广活动项目策划之初,北京市旅游发展委员会对本次倒计时庆典做了“七个一”的整体定位——创立一项独具特色的旅游文化创意活动,大力宣传“人文北京、科技北京、绿色北京”理念和“爱国、创新、包容、厚德”的北京精神;举办一场新颖精彩的新年午夜盛典,彰显北京迈向世界一流旅游城市的实力;打造一张展示北京全新形象的名片,让全世界人民感受北京的热情和活力;创建一个北京永久的旅游传统活动品牌,增加北京的旅游聚合力;搭建一个北京亮相全球的崭新舞台,展示北京作为文化之都的文化内涵和底蕴;增加一个北京冬季全新的旅游热点,拉动年末北京高端旅游创新增长;创造一个全球媒体瞩目的传播焦点,吸引全世界目光聚焦北京。

案例十:2022年北京冬季奥运会与大国外交

2022年2月4日晚8点,万众期待的北京2022年冬奥会正式开幕,这一时间点恰逢中国农历新年。新春伊始,正当千家万户同庆团圆,国际社会瞩目北京,中国“冬奥外交”势如破竹、先声夺人,可谓“开年即巅峰”。习近平主席同重要外国元首、政府首脑和部分国际组织负责人举行了20余场双边会晤,风云际会间发出携手向未来的团结最强音。

除了官方外交,北京冬奥会还展现了中国人民的热情好客和中国源远流长的传统文化,促进了中外民间交流。北京冬奥会是全世界冰雪运动员的节日。由于恰逢春节,世界各地的运动员们在北京充分感受到了我们的奥运文化、冰雪文化和春节文化。冰墩墩,一墩难求,成为冬奥会历史上最受欢迎的吉祥物,中国传统建筑成为雪上项目的赛道设计元素,受到广泛好评。中国美食、中国功夫受到运动员热捧,中国节日让运动员尽情享受。更多的运动员把中国元素印在雪板上,装进口袋中,把北京冬奥记忆永留心中。北京冬奥会就是一场国际交流的盛会,一场传统文化与奥林匹克精神和合共生的乐园。

北京冬奥会同样是一场最高水平的竞技盛会,传承了奥运精神,促进了中国体育产业发展。突破极限,创造佳绩,在赛场上,每一个运动员都是英雄。中国代表团创造了参加冬奥会以来的最好成绩,中国竞技体育夏强冬弱的问题大幅得到改观,在实现带动3亿人参与冰雪运动目标的基础上,北京冬奥会的成功举办继续推动群众冰雪运动的发展,“竞技体育强,群众体育弱”的问题持续得到改善。可见,诸如冬奥会这样的特大活动,其功能必定是多元的。奥林匹克运动承载着人类对和平、团结、进步的美好追求。中国承办奥运会,在筹办冬奥会的六年时间里,齐心协力,攻坚克难,秉承着绿色、共享、开放、廉洁的办奥理念,全力克服新冠肺炎疫情的影响,让梦想成真,真诚兑现了对国际社会的庄严承诺,彰显了大国的责任担当,北京冬奥会团结了全世界。

1.5 大型活动策划与管理的课程属性

活动管理的知识可以从3个维度来看:要素、时间、职能。如果以要素来安排课程,可以称为“活动策划”,内容包括:目的、目标、形式、定位、名称、主题、时间、地点、人员、交通、接待、餐饮、现场布置、活动流程,等等;如果以时间来安排课程,可以称为“活动项目管理”,内容包括:立项、计划、预算、工作分配、资源分配、筹备、现场准备、现场管理、离场管理、事后评估,等等;如果以职能来安排课程,可以称为“活动管理导论”,内容包括:计划管理、时间管理、财务管理、人力资源和志愿者管理、信息管理、沟通管理、营销管理、供应商管理、合同管理、运营管理、风险管理,等等。也可以再加上一个“持续”的维度,称为“活动战略管理”,内容包括:活动的使命和模式、环境分析、活动的品牌和战略定位、活动的传承战略、活动的运营战略、活动的营销战略、活动的商品化战略、活动的全球化战略、活动组织者的整合和外包战略、活动组织者的并购战略、活动的组织治理和文化,等等。大型活动策划与管理作为一门课程,一般会兼顾时间和重要的职能这两个维度,一方面以时间顺序,依照活动开展前的市场调研、策划、立项,到活动执行中的筹备、现场管理,再到活动的离场管理以及后续评估来对活动加以研究和介绍;另一方面,对活动管理所涉及的活动运营管理、活动财务管理、活动风险管理、活动营销等重点职能内容加以介绍。

【要点和进一步的思考】

1.活动的起源是什么?时至今日,活动行业经历了怎样的发展脉络、呈现出什么样的时代特征?

2.能否在内涵上给大型活动的概念做清晰的界定?你如何界定?

3.我们可以依据何种标准对大型活动进行分类?

4.依据大型活动的属性进行分类,大型活动可以分为哪些类型?

5.依据大型活动的出席人数、媒体形象、基础设施、成本、利益等影响指数,可以将大型活动分为哪几种类型?分别是什么?

6.什么是特大活动?能否举例说明?

7.什么是重要活动?能否举例说明?

8.什么是标志性活动?能否举例说明?

9.标志性活动具有哪些普遍的特点?

10.什么是地区性的一般活动?能否举例说明?

11.如何理解国务院签署的《大型群众性活动安全管理条例》中所称的“大型群众性活动”?

12.大型活动具有哪些特点?这些特点要求我们在策划和管理大型活动时需要特别注意些什么?

13.如何理解大型活动的独特性?

14.大型活动具有什么样的发展趋势?

15.近年来,明星婚礼越来越引人关注,这些明星婚礼有什么样的共同点和差异性?未来婚礼的发展趋势是什么?

16.大型活动具有什么样的功能?

17.如何理解大型活动的体验功能?能否结合体验活动来举例说明?

18.如何理解大型活动的象征功能?能否结合就职典礼等活动来举例说明?

19.如何理解大型活动的营销功能?能否结合产品发布会、顾客答谢活动来举例说明?

20.如何理解大型活动的旅游促进功能?能否结合景区活动、系列旅游活动来举例说明?

21.如何理解大型活动的文化传承功能?能否结合传统节庆活动来举例说明?

22.大型活动对城市发展具有哪些影响?

23.我国大型活动的总体发展态势是什么?

24.我国大型活动发展中存在什么样的问题?

25.我们所生活的城市有哪些政府主导型展会?政府主导主办展会的意义是什么?

HUIZHAN
会展经济与管理

第2章 活动产业

【本章简介】

从活动供给和需求以及活动产业链的角度介绍活动产业的市场范围和规模,活动需求的影响因素以及活动的需求结构,活动产业碎片化的本质属性,活动产业主体的全貌以及各种活动供应者的角色。从需求的角度看,无论是历史还是现在,社区互动、社会结构塑造等社会因素一直是推动活动行业发展的关键动因,它推动了庆祝活动、宗教活动、仪式活动和纪念活动的兴起和发展。除了社会方面的需求外,经济、政治、环境、慈善等方面的需求也是推动活动产业发展的重要原因。人们生活水平的持续提高、人群流动的便捷化、人们受教育水平的提高都推动着活动产业的发展,公众高水平的人均可支配收入被更多地用在了旅游、酒店和娱乐活动中。活动管理公司的出现及其业务的拓展更加助推了活动业的发展,会议、展览、产品发布会等商业活动业也在持续增加。从供给的角度说,活动市场供应的基本构架主要包括政府、行业协会、教育机构等公共部门以及市场中的活动管理公司。

活动产业具有很长的产业链条，其内容和范围都很广泛，涵盖着大量细分行业，本章以下内容将对此进行阐述。

2.1　活动市场需求

多种原因促成了活动业的迅速发展。人均可支配收入的持续增加，对传统文化的再认知和复兴以及总体上持久的和平环境增强了人们去旅游、体验新思想和享受娱乐及文化活动的可能性。当然，对于单个活动的组织者来说，他们可能并不会过多地关注影响活动需求的宏观因素，而是更关注活动参与者和参观者的个人动机及其满足度，以确保活动举办的成功。

2.1.1　了解活动市场需求的意义

一个特定的行业或者市场有其特殊的规模，人们期待能对活动产业加以量化：首先，通过量化分析，我们可以评估活动产业对一个城镇、地区乃至国家的重要意义和影响；其次，通过测量所获得的数据有助于规划活动所需的基础设施建设数量和布局；最后，数据对于从事活动管理的组织和投资人以及运营活动的政府部门进行活动需求的预测是十分必要的。然而，相对于产品需求预测而言，对于特定活动项目的需求预测是很难的。这很大程度不仅是由于活动参与者的动机难以预测，还由于活动需求可能受制于许多对组织者而言不显而易见的因素，比如潜在活动参与者在活动期间缺乏可支配收入。这些隐秘的、难以预测的因素会直接影响潜在活动参与者对活动的参与，这增加了预测活动参与人数的困难。

2.1.2　活动市场大小和规模测度的困难

当我们勾勒活动发展的市场图景时，实际上我们是在建造一堵墙。目前，我们所拥有的只是几块砖，不足以修建这堵墙。活动市场是如此多样且分散，以致将活动业看作一个整体是非常困难的。活动的分散性表现在活动类型包括商业活动、私人活动、志愿活动、慈善活动等，其主办主体也是多样的，这导致统一收集数据很困难。现有的一些对活动出席率的数据记录是非常零星的，仅仅为主办方等机构内部所享用，大多数活动报告数据的精准度也是有限的。尽管德国等国家已经在进行与会者数据的统计以便于举办与旅游相关的节庆活动，但总体而言，活动数据的收集面临一系列的困难：首先，缺乏数据收集的基本框架。收集大型活动的基础数据时需要有一个一致性的框架，这样后期的数据比较才有可行性，这也正是学术机构和产业专业组织所致力于构建的框架目标，但是关于活动产业整个规模和范围的基础框架的构建可能还需要很长时间才能建立起来；其次，大型活动数据的收集需要依赖大量的人力、物力和财力资源，还需要权威部门的大力支持；最后，如上所述，活动碎片化的本质特点也加剧了建立统一数据测度的框架以及收集数据的实际困难。总之，即便研究者一直对测量活动市场的大小和规模孜孜以求，但是由于活动业碎片化的本质属性以及数据获取的困难，对活动市场进行定量的测量将是收效甚微的。

2.1.3 如何进行活动市场调查

那究竟该如何测量活动市场的大小和规模呢？答案有两个：一是对活动市场进行细分；二是对活动市场的地域进行限定，然后围绕每个细分市场或每个具体的地域来进行测度，在此基础上对活动市场进行总体估算。从微观角度而言，一旦某项具体的活动被确定下来，调查人员还可以对活动市场的各个方面进行分析：什么类型的人有可能参加活动，往届活动有哪些类型的人参加过；活动参加者可能的媒体习惯和他们参加活动的动力；活动参加者出席或参与活动能获得哪些收益。对以上问题的解答有助于我们对活动进行策划和营销。在初步的市场调查之外，还需要持续跟进五个方面的数据收集，即参观人数、参观人员的花费、参观者的参与行为、广告效果、参观者的满意度。无论如何，我们需要冷静地认识到，我们仅仅对活动市场中的一小部分活动进行了测量和评估，大多数活动的需求、投入、产出、影响都没有被很好地测量出来，尤其是那些分散的、自发的、个体性的活动。活动统计数据无疑非常重要，这就要求活动组织者和活动管理公司能够记录更多的综合数据和关键数据，并且将其公之于众，以便于提升活动产业在公众中的形象，助推相关设施、服务、培训、营销、推广等规划和计划的制订。

2.1.4 活动需求的决定因素和动机

从历史发展的角度来看，社区互动、社会结构塑造等社会因素一直是举办活动的重要动因，推动了庆祝活动、宗教活动、仪式活动和纪念活动的兴起和发展。在现代社会，这些决定因素同样存在，并且活动的举办仍然由社会和消费心态等因素决定。尽管科技飞速发展使人们的生活更加便利，但是人们仍然对人际互动有着强烈的需求，对社区有着高度的依赖。除了这些关键的社会需求以外，活动举办的动因还包括经济、政治、环境、慈善等方面的需求。人们生活水平的持续提高、人群流动的便捷、人们受教育水平的提高都推动着活动业的发展，公众高水平的人均可支配收入被更多地用在了旅游、酒店和娱乐活动中。活动管理公司的出现及其业务的拓展更加推动了活动产业的发展，会议、展览、产品发布会等商业活动也在持续增加。

微观而言，举办活动的动机具有直接动机和间接动机两种，主人举办宴会的直接动机是招待朋友，而间接动机则可能是通过招待客人来展示自己的社会地位和身份。举办体育比赛的直接动机是为当地运动员提供一个竞技的机会，而间接动机则可能是为有相同兴趣爱好的人提供一个共享平台，并借此为运动俱乐部筹资。由此可见，对于大多数活动而言，其举办的动机非常多元。参加活动的动机也比较多，社交、旅游、娱乐等都是潜在的动机。活动参加人数的影响因素非常多元，它可能是门票的价格以及出席活动所涉及的交通费用等，也可能是临时的事务导致其不能参加活动。因此，虽然了解参加活动的动机有助于预测活动参加人数，但是，却不能受限于动机，还要考察影响潜在活动参加者最终是否参加活动的更多因素。

2.2 活动市场供应

与汽车业、银行业等传统行业相比,活动业经常不被看作一个行业,这主要是由于活动业具有碎片化的特征,也就是说活动业包含的范围比较广、相对分散且难以测量。此外,与传统行业相比,活动业并不总是受利润驱动,除了商业性活动之外,活动业还包括大量的私人活动、志愿活动、慈善活动和宗教活动。个人和机构为了娱乐、塑造和谐的邻里关系、为社区做贡献等目的而纷纷举办和参与活动。当然,活动类型的多样性并不能表明商业性的活动业不存在,它也在不断发展和扩张,并且不断注入更专业化的力量,不断增多的活动管理公司(Event Management Company, EMC)和专业性活动的涌现便是明证。活动业不是凭空产生的,它发端于旅游和接待行业,直到近30年,它才作为一个独立产业而引人注目。活动产业的发展还带动了相关产业的发展。高端客户答谢活动、聚餐活动、接待活动、竞技活动、文化活动、体育活动等多样化的活动需要大量的配套服务支持,这无疑会推动餐饮、住宿、交通、礼品等相关产业的发展。实际上,围绕展览会、会议、大会、节庆、婚庆、体育赛事、演唱会、狂欢会、派对、游行、集会、筹款活动、公益活动、品牌活动等各种活动类型,已经形成比较完整的产业链,组织者、专业组织者、场地提供商、目的地管理公司、场地寻找商、活动制作者、活动装饰公司、活动服务公司、酒店、餐饮等各种活动参与者涉入其中,构成了活动产业。[①] 从供给的角度说,活动市场供应的基本构架主要包括政府部门、行业协会、教育机构等公共部门以及市场中的活动管理公司。

2.2.1 公共部门

欧洲很多国家的旅游部门、贸易部门、工业部门等政府部门都对推动活动的发展起到了非常重要的作用。比如,英国旅游局(British Tourist Authority, BTA)通过对本国旅游和会展活动的开发和营销而促进活动产业的发展,荷兰旅游和会议委员会(The Netherlands Board of Tourism and Conventions, NBTC)通过收集活动的信息并促进和支持某些活动而推动活动业的发展。此外,国家和地方的贸易协会和行业协会等专业化团体是推动活动业发展的重要主体,活动组织者协会(AEO)、欧洲城市营销协会(ECM)、国际节庆活动协会(IFEA)都是很好的例子。最后,开设会展经济与管理、活动管理相关专业的综合性大学等教育机构也是推动活动产业发展的重要促进者。

案例:荷兰旅游和会议委员会

有大量的基础性和公共部门类型的组织参与到特殊活动中以及相关的旅游、休闲及会议活动中。这些组织的范围从国家政府旅游管理部门到较小的志愿者个人及团体,它们为了提供或营销活动而建立。荷兰旅游和会议委员会是一个国家级旅游组织,它的目的是向国内及

① 刘春章.事件产业、活动产业与会展产业有何不同?[EB/OL].活动策划家微信公众号,2015-12-30.

国外的游客营销荷兰。它特别关注荷兰旅游和活动的市场营销。

荷兰旅游和会议委员会位于莱德斯亨丹,它拥有超过12个国家的全球网络办公室,包括比利时、德国、意大利、法国、西班牙、英国、印度、中国、日本以及美国等国家。荷兰旅游和会议委员会共拥有160名员工。2009年,荷兰政府为了保持荷兰旅游和会议委员会的运营,对它的补贴金已经达到1 650万欧元。

荷兰旅游和会议委员会的主要目的是营销荷兰,促进荷兰境内的休闲和商务旅行活动。它的营销策略是区分目标市场,并通过一种人们所熟知的产品市场合作伙伴关系的机制来赢得目标市场的参与和支持。具体来说,通过打造"荷兰国家的乐趣"或者"荷兰城市风格"等休闲市场以及"荷兰——灵感"等商业市场来促进人们的观光旅游。每一年荷兰旅游和会议委员会倡导一个主题或者国际活动,它的目的是创造荷兰"品牌"的更大影响、产生积极的公共关系并引起新闻报道。

2009年,荷兰举办名为"荷兰艺术城"的国际性活动,阿姆斯特丹、乌德勒支、鹿特丹以及海牙等四个最大的城市携十个主要的博物馆参与了这次大规模艺术文化活动。例如,在乌德勒支市(一个以建筑、购物和娱乐出名的城市),其中央博物馆和凯瑟琳修道院博物馆都设有特殊的展览,包括艺术、绘画、历史手稿、建筑与设计展等。这些展览通过相关活动加以丰富,包括每月在不同的地点举行的以音乐、舞蹈、戏剧以及电影为特色的"文化周末"活动。

2.2.2 商业性的活动组织

活动越大型和越复杂,其所需要的产品和服务越多,对后勤和技术支持的要求也就越高,活动管理公司、活动制作公司、活动餐饮公司、专业活动策划师和组织者不可或缺。

1)活动管理公司

活动管理公司的业务范围包括产品发布会、晚餐舞会、主题联欢会、慈善活动、体育比赛等。当某个组织专注于自身的核心业务时,它可能就没有员工去组织特殊活动,这就需要另外一个活动组织者、公司或者机构来为它做这件事。而组织特殊活动这项任务经常会比较复杂,要求兼具经验和时间的活动管理公司来承担才会收到良好的效果。尤其是当活动组织者对高端客户活动或者商务接待有较高要求的时候,活动管理公司的价值和存在意义便凸显出来。例如,一场产品发布会对于专业设计和创新有着较高的要求,活动管理公司的优势在于他们可以利用自己的专业知识、想法以及经验将产品发布会的专业性和创新性体现出来。对于举办主题晚餐活动而言,活动管理公司的价值也同样存在,它几乎拥有任何组织者活动主题表达的相关知识和物料,包括活动主题和菜单的设计、活动环节的策划以及专业道具、特效灯光、娱乐舞台、服装的提供。特殊类型活动的创造是十分复杂的,需要特别仔细地策划和成本预算。活动管理公司和顾客之间需要认真地讨论活动主题的选择和活动细节的安排。活动的实现非常依赖于场馆以及设施的性质(例如厨房甚至卫生间的位置)、场馆的大小及其设计风格以及停车场、电力和通道的可用性。而所有这些物品的安排与使用都在活动管理公司的专业知识范围内,因此,顾客没必要亲自去承担组织一场活动所需的繁重工作,只需简单地雇用活动管理公司来承办活动。

2)活动制作公司

高端的客户庆祝活动、巡回演出、大型竞赛或产品发布会,都需要专业技术设备和专业知识。组织这类标志性的、引人注目的高调活动需要的能力往往远远超出一般组织者的能力。因此,这类活动越来越多地出自专门的活动制作公司。活动制作公司有能力为高端活动提供一系列的技术组合支持,其提供支持的范围从活动设计到人员的培训。一个制作公司很可能承担以下大多数或者全部活动:

①项目管理。当整个大规模的活动被组织者授权给制作公司,那么制作公司就相当于一个承包商(特别是遇到一些需要搭建临时或永久建筑的活动)。

②设计。为保证活动高品质地呈现,制作公司需要提供包括布景和背景幕的设计、舞台、灯光和所有的音视频支持。

③场地管理。例如,一个组织可能希望借用一个特别的场地,比如城堡或开放可供参观的豪华古宅来举办活动,而利用这些场地需要专业技术,但是这些场地本身却没有专业的技术,需要引入制作公司来对场地加以利用和管理。

④参加者或观众控制,包括从最简单的票务和安保到提供高端客户席位的预订或住宿的分配。

⑤技术支持,包括提供或租用技术设备来为活动提供电脑图表、幻灯片或视频。

⑥展示者和演讲者的培训,不仅包括基本的训练而且还包括编剧和视频制作。

3)活动餐饮公司

对餐饮需求的满足可能是活动管理工作最重要的投入之一,这囊括了活动参加者、观众以及工作人员所需的各种饮料和茶点。餐饮的供应主要有三种方式:由内部工作人员提供(也就是组织者或者场馆方);由场馆雇用的长期承包商供应;由场馆进行临时安排(比如,在一个乡村集市,村庄可能有厨房,但是没有餐饮提供者运营它,因此,必须找一个承包商或者当地食品供应者提供,对于这种情形餐饮安排必须提前做好决定)。

餐饮经营者提供产品和服务的范围依据他们的规模以及服务类型的不同而不同。上文提到的活动管理公司最初也是从餐饮经营者发展过来的。国际性餐饮经营者主要承包一些像国际航空展、体育比赛、VIP 晚餐等重要的且规模大的活动,只有它们能够满足慕尼黑啤酒节、温布尔登网球公开赛、巴黎航空展或者奥运会这些大型活动复杂而大规模的餐饮活动的需求。较大的餐饮公司承包商提供许多场馆内部的餐饮服务,也提供会议、展览或者其他活动包括公司接待活动的餐饮服务。小型的、独立的餐饮供应者也占有一些较小的会议市场份额。在价格限制的餐饮市场部分,例如慈善活动,有一些小型的餐饮提供者,他们以自助餐的形式提供基础性的但是却非常适宜的服务。这种为小型活动提供餐饮的机构可能没有侍餐服务,也就是说餐饮的提供通过一次性餐具而得以完成,组织者简单地安排好这些餐饮供参加者和顾客享用。食堂、快餐店、超市和面包店通常通过简单的运输、现场付款的方式提供这种没有服务的自助餐饮。活动组织者根据活动的目标、活动的参加者、活动规模、餐饮要求的复杂性来选择以上餐饮承包商中的任何一个,甚至是以上 3 类餐饮公司的组合。

4)派对策划者和专业活动组织者

除了上文提到的机构主体外,较小的组织或个人也愿意提供活动的相关服务,比如派对策划者和专业的活动组织者,其主要是面向私人活动市场,为派对、庆典、婚礼、纪念日等活动提供服务。并不是所有的人都有时间或者愿意花费精力去组织他们自己的活动,他们更愿意花钱请专业的策划者或组织者来帮忙处理所有的计划、组织、运营和管理等活动细则,以便所有的事情都可以顺利进行,这是派对策划者和专业活动组织者存在的理由。

5)展览组织者(组展商)

有些场馆提供内部的服务,但是有的则是依靠展览组织者提供相对完善的服务。商业运作的展览其展览组织者又称组展商,组展商收益的主要来源是参展商支付的参展费,组展商收取了参展商的参展费,就要为参展商提供物有所值的服务。组展商作为业内令人惊喜的且已经趋于成熟的一部分已经存在了好多年,他们已经具备活动项目策划与管理的专业知识,他们的职能是为大型的展览活动提供从策划到管理的一次性服务。

6)展览会主场服务商

展览会主场服务商就是展览会现场管理与服务的承包商和代理商,一般来说就是专业会展服务公司,它由展览组织者指定而对展览会现场实行全方位管理、协调和服务,它在展览会的组织者与场馆、参展商和观众之间架起一座"桥梁"。展览会主场服务商承担的主要职责是提供展览会现场的管理与服务,组织、协调各类展务工作,具体包括:展览工程施工搭建、展览器材与物品租赁、布展和撤展、安全保卫、交通客流疏导等,即除去展览会的策划、宣传、招展、接待之外的几乎全部展务工作。

对于展会活动而言,现在最主要的服务商包括:展位承建商、展品运输代理商、展会旅游代理商,他们在展览会中与参展商和专业观众发生最直接的关联,其服务水准是参展商和观众对于一个展览会配套服务是否全面、专业最直接的评判依据,直接影响到展商和观众对本次展览会的评价。

展位承建商。展会的展位承建既是一项专业性很强的工作,也是一项关系到展会形象和声誉的重要工作。随着会展行业内部专业分工的日益细化,许多展会组织者和办展机构都不再直接承担展会展位的搭建工作,而是把这项工作交给专门从事展会展位搭建的展位承建商,由他们来负责展会展位的具体搭建,自己则致力于搞好展会的招展招商和组织管理工作。这样,在举办展会时,办展机构基本上都要事先选择一到几家展位承建商来具体负责这项工作。展位承建商一般都有自己的设计师队伍,可以根据参展商的不同要求制订出不同的展台设计方案,然后再进行施工搭建。可以说,现在的展位承建商已经转变成了专业的展位展台设计搭建服务公司。他们不仅对办展机构负责,还要对有展位搭建要求的参展商负责。观众对展会形象的第一印象是从展会展位效果上得来的,展会展位外观设计效果的好坏,在很大程度上会影响到展会的整体形象和参展商的展出效果。展位承建商的工作对展会很重要,参展商很多时候都将它所提供的服务看成是展会本身所提供的服务,把展位承建商的工作看成是展会组展工作的有机组成部分,将展位承建商的工作失误当成是展会组织者工作的失误,将展位承建商工作的成功归功于展会主办方的成功。从这个意义来说，展位承建商的工作效果和服务水平完全可以影响到参展商对展会的看法和认知，展位承建商完全是展会办展机构的一个缩影。因此，选择好的展位承建商至关重要。当然，也有一些知名的大参展商选择自己安排展台的设计和搭建。

展品运输代理商。参展商的展品只有安全及时到达展会现场才能按原计划布展和展出，展品运输是一项涉及参展商能否按时布展和展出的重要工作，也是展会筹备过程中的一项重要工作。当然，展览运输不只是运输展品，它还可能要运输展架、展具、布展用品和道具、维修工具、宣传资料以及招待用品等。与展位承建工作一样，展览运输也是一项专业性很强的工作，办展机构往往无力亲自进行，而是指定一些专业的运输公司来负责展品运输工作。从展会组织者的角度看，展览运输主要包括两个环节：来程运输和回程运输。

展会旅游代理商。一般来说，参展商和观众不会将在参展旅游时得到的服务与展会割裂开来，他们往往把参展旅游看成展会的一个有机组成部分，将参展旅游服务看成展会服务的一部分。大多数办展机构都倾向于把参展旅游的有关业务委托给专业的旅游公司去安排，自己则专门搞好展会的组织和管理工作。由于参展商和其他客户往往把参展旅游看成展会的一部分，因此办展机构会根据客户的来源或者旅游线路的不同，分别指定一个海外旅游代理和一个国内旅游代理；如果某家旅游公司实力特别强，也可以把海外和国内旅游业务都交给它来经营。参展旅游不仅仅是旅游，它还包括交通、住宿和餐饮等一系列问题，如参展商和其他客户往返机票的预订、展会期间和展会前后的住宿等。

7)活动支持商

活动支持商是活动组织者与艺术家、演艺人员之间的合作桥梁。此外，活动支持商的工作可能还包括确定场地、预定日期、处理合同条款、根据广告和票务进行活动营销、获得执照许可、安排设备支持等。大多数活动支持商都会承担一定的风险，比如确保支付演员或者团体的表演费用，在抽取部分门票出售利润的同时也承担售票亏损的风险。

8)技术服务和多媒体提供商

为了满足需要，技术服务也被引进到活动产业。虽然说小的酒店、大帐篷等小场地所用到的设备和技术支持较少，但是，很多场馆都需要技术或设备的支持。很多公司可以为举办特殊活动和大型活动提供投影仪、幻灯机、视频播放器、多媒体设备、视频墙等设备的租用和技术支持，甚至提供相应的培训。此外，复印店可以复印客人的名片、票据、讲义，也可以制作徽章等物料。视频制作公司有自己的记录方法、声音编辑以及制作设备，它们也经常被活动组织者雇用来记录会议。

2.3 中国的活动产业

根据活动内容的不同，国际著名学者 Getz 把经过事先策划的活动(Planned Events)分为以下 8 种基本类型：①文化庆典，包括节日、狂欢节、宗教事件、大型展演、历史纪念活动等；②艺术娱乐活动，主要包括音乐会、文艺展览、颁奖仪式和其他表演；③会展及商贸活动，如会议、展览会/展销会、博览会、广告促销、募捐/筹资活动等；④体育赛事，主要包括职业比赛、业余竞赛和商业性体育活动；⑤教育科学活动，包括研讨班、专题学术会议、学术讨论会等；⑥休闲活动，包括演唱会、游戏和趣味体育、娱乐事件；⑦政治/政府活动，包括就职典礼、授职/授勋仪式、贵宾 VIP 观礼、群众集会；⑧私人活动（个人庆典，如周年纪念、宗教礼拜等，社交事件，如私人舞会、家庭聚会、同学/亲友联欢会等）。欧阳国忠在《大活动大营销》一书中指出：中国的活动产业包括会展产业、节庆产业、婚庆产业、体育赛事产业、演艺产业以及衍生产业。

2.3.1 会展活动产业

国内外越来越多的会展城市和会展品牌逐渐兴起，北京、上海、广州等一批会展城市已经崛起，中国进出口商品交易博览会（广交会）等知名展会对当地住宿、娱乐、消费的拉动作用日益明显。在德国、美国等发达国家，会展产业相对成熟，产业链完整。德国的法兰克福国际图书展、汽车博览会等都具有全球影响力，成为行业发展的风向标，展具设计、展台搭建、展馆装饰、票务、媒体推广、食宿、交通等配套服务都非常完善。总体而言，与会展业发展成熟的市场相比，我国会展产业还处于发展的上升阶段，展会的品牌建设、冠名合作、订单促成、会展成果开发、个性化服务提供等都存在一定的提升空间。

2.3.2 演艺活动产业

除了会展业之外，北京、上海、广州等城市的演艺活动产业也很发达。中国的演艺活动产业有逐步向二线城市、三线城市拓展的发展趋势。演艺产业包括演唱会、实景演出、选美活动等。与会展业的发展形态类似，中国的演艺活动产业主要以门票收入、赞助等方式获取经济收益，也还没有形成真正的产业链。未来的演艺活动产业，也应朝着全面整合演艺上下游资源的方向发展，通过举办选秀活动、对艺人的包装、策划举办巡回演唱会等环节发掘最大收益。近年来兴起的实景演出在全国各地如火如荼地展开，比如《印象·刘三姐》《印象丽江》《印象西湖》《印象海南》《印象大红袍》《印象普陀》等。实景演出可以拉动当地的旅游产业发展，游客白天看风景，晚上看演出，这样就能将旅游的“吃、住、行、游、购、娱”六要素全部激活。近年来，各种选美大赛活动风生水起，比如，“新丝路模特大赛”通过挖掘、培养和推出世界名模，与著名服装品牌深度合作，为服装品牌做形象代言，发布新款服装服饰等方式运作和拓展活动项目的产业链、提升活动的影响力。模特大赛在开发艺人产品的多元产业价值方面还有很大的空间：如何将模特大赛与开办模特学校、举办模特培训相对接？如何将优秀模特队伍在北京国际服装周、上海国际服装周、江苏国际服装节、大连国际服装节、宁波国际服装节等地方政府节庆平台上发挥更大效用？如何将模特产业与时尚类杂志、电视栏目等媒体产业相结合？

2.3.3 婚庆产业

未来婚庆产业的发展，更多的是朝着服务机构的规模化、品牌化，服务类型的多样化，服务内容的个性化，服务质量的精细化等方向发展。婚庆的策划、婚庆的执行、婚庆的购物、婚庆的旅游和婚庆的婚纱摄影摄像等每个环节都蕴含着巨大的商机。完整的婚庆产业应该是这样一个产业链条：一对新人到一个婚庆机构后，他们能够得到一套非常具有个性化的婚庆套餐服务方案。从婚礼邀请函的制作到婚庆的布展，从婚庆所用的道具到邀请婚礼主持人、嘉宾、证婚人，从走红地毯到婚姻宣誓，包括最终制作出一个完美的 VCR，都需要一套量身定制的服务产品群出现。

2.3.4 体育赛事产业

体育赛事产业的经济效益是非常巨大的，如 2010 年世界杯足球赛所获得的收益是 40 亿美元。另外，F1 汽车大赛等国际著名赛事都获得了相当高的经济收益。但在中国还缺乏这类能高水平运作体育赛事的机构和产业，体育赛事产业在目前的中国仍处于起步阶段。在体育赛事的产业链中，从体育赛事转播权的售卖、广告赞助、俱乐部、体育明星打造，到体育的培训学校、体育用具生产、供应，这一系列业务都可加以开发。

2.3.5 节庆产业

节庆活动的举办既可以带动旅游和消费，又可以带来人气、提高关注度，还能通过节庆活动，筹划打造出一系列衍生产品。奥运会、世博会等大型活动都有自己的吉祥物。吉祥物、纪念品等附加产品的开发不仅能带来人气，还能带动这些产业链的发展。哈尔滨冰雕节、舟山沙雕节、潍坊国际风筝节等独具地方特色的知名节庆活动更要着力思考为游客参与活动后提供哪些纪念品，留下哪些记忆。

2.3.6 活动衍生服务业

活动衍生服务业包括活动用具租赁服务、活动礼品服务、场地服务、票务代理服务、活动名人经纪服务、活动招商服务，等等。下面就以活动用具租赁服务和活动礼品服务来加以说明。活动器具包括常用大型专业设备和小用具。常用大型专业设备，如演艺灯光、音响、大型智能舞台、烟雾效果机、LED、摇臂等现场录制设备、电视转播车、热气球、航拍无人机、围栏、豪华婚礼车等。活动小用具包括用于启动仪式的各种用具、礼炮、高流明投影仪、对讲机、演出服装、舞台道具以及大型活动中防降雨的大批量雨衣、雨伞等。当前很多活动提供的礼品都很常规，缺乏特色，而活动礼品最好实现定制化。活动礼品可分为赠送给普通参会人员的礼品、特邀贵宾的礼品和用来抽奖的礼品 3 种类型。每种礼品最好都与该次活动有关联并具有实用性，这样才能体现稀缺性和特色，才能给人留下深刻印象，为活动添彩。比如，有的培训活动给上千名参会人员赠送的礼品是文化衫和活动纪念章，不同类型的参会者身着不同颜色的文化衫，就坐于不同的区域。工作人员穿的文化衫也有颜色的区分。这样的礼品既实用，又能方便活动现场管理，成本还不高，可谓一举两得。再如，有的活动给嘉宾定制的礼品是印有嘉宾名字的瓷杯或时尚电子产品，嘉宾看到后温馨之情油然而生。也有活动将书画家请到现场，给重要嘉宾赠送字画礼品，这样既在活动中推广了书画家，又为嘉宾赠送了一件非常有价值的礼品。

除了以上内容外，要想对活动产业有更多的了解，可以关注活动产业的发展历史以及现状、活动的经济社会和环境影响、活动产业链及各节点的业态和结构、活动产业的发展趋势、活动的全球协会和组织、活动的职业认证和能力标准、活动的职业伦理和职业精神、活动绿色化与社会责任、活动产业相关的法律和法规、活动产业的国际化等问题。①

【要点和进一步的思考】

1.如何理解活动产业碎片化的本质属性?

2.了解活动市场需求的意义是什么?

3.活动市场大小和规模测度的困难及其解决途径是什么?

4.如何从活动供给和活动需求的角度理解活动产业的市场范围和规模?

5.活动的需求结构是什么?

6.推动活动产业发展的重要原因包括哪些?

7.从供给的角度说,活动产业有哪些供应主体?

8.中国的活动产业都包括哪些模块?

---

① 刘春章.活动管理的课程设置与定位[EB/OL].活动策划家微信公众号,2015-07-24.

第3章 活动市场调研

【本章简介】

本章就活动市场调研的含义、意义、特点、内容、流程和方法等方面进行了分析。活动市场调研是指运用科学的方法,有目的、有系统地搜集、记录、整理活动的市场信息和资料,分析活动市场的情况,了解活动市场的现状及其发展趋势,为全面认识活动市场,为进行市场预测,以及为确定活动项目的主题、形式和规模提供客观资料的一系列完整过程。市场调研有利于活动主办方了解市场需求、开展市场预测、制订运营战略,有利于活动主办方顺利开展活动;有利于活动主办方提高自身的竞争力;有利于减少活动举办的阻力;有助于为其他相关主体提供必要的信息。活动市场调研具有针对性、客观性、科学性、经常性、时效性、经济性等特点。

案例一："史上最成功江门车展"如何炼成

2012 年"五一"期间，由江门日报社、中国江门网和江门市爱车协会主办的 2012 中国（江门）"五一"国际车展取得巨大成功，创下江门车展的多项历史纪录，一周以来持续成为市民关注的热门话题。在规模上，主办方通过大力招商，共吸引了 35 家汽车整车品牌厂商参与此次车展，几乎囊括了江门所有在售的主流汽车品牌，参展品牌数比往届增长了 40%，初步具备了办成一个大型品牌车展的规模。更让人欣喜的是，本次车展最终吸引了法拉利、玛莎拉蒂等国际顶尖汽车品牌参展，成为超豪华汽车品牌在江门的首次集体亮相。

在招商形势一片大好的情况下，主办方和支持单位中国移动大手笔为此次车展准备了上千份礼品，并启用大黄蜂、游艇为此次车展助阵。

由于豪车多、亮点多、活动多、礼品多，主办方宣传到位，本次车展最终取得了超乎预期的效果。两天时间里，10 多万市民走进五邑华侨广场欣赏名车靓女，各参展车商总共卖了 550 多辆车，可谓人气、销量双丰收，本次车展也屡屡被参展商和市民评价为江门史上最成功的车展、江门史上人气最旺的车展。

"五一"国际车展带来的不仅是车展效应，还影响了本地车市。本月以来，江门汽车 4S 店的到店成交率有了明显提升。"到店的消费者比上月同期明显增长，而且到店量订单转化率也很高。"多位本地 4S 店的负责人说，相比平时 30%~40%的成交率，车展期间本地 4S 店的成交率上涨至 60%~70%。

本次车展取得巨大成功的原因在于主办方在办展前对市场做了深入研究和准确把握，顺利举办一个展会需要研究宏观市场环境，也需要把握微观环境；需要合理定位，也需要正确选择举办时间、地点；需要政府、主办方、协办方、赞助方、参展商、观众等多方面来配合进行，也需要对多个方面进行协调。由于举办车展所选择的时间和地点适合，定位合理，促销活动适宜，因此，江门市 2012 年"五一"国际车展取得了巨大成功。

3.1 市场活动调研概述

市场调研是营销活动的起点，它通过一定的科学方法对市场把握和了解，通过搜集、整理、分析市场信息，以期对各个行为主体的相关活动进行指导。无论是行业展会、地方性商贸洽谈会、艺术文化展，还是经 BIE（Bureau of International Expositions，国际展览局）认可举办的大型博览会，其成功的关键都在于严密的计划和细致入微的先期准备工作。我们评论一个大型活动项目是否应当举办或运行，首先要考虑市场是否需要，任何活动项目举行之后，内容主题如果不符合市场需求，类型、规模不恰当，投入越多，浪费就越多。由于市场调研结果不准确或者没有进行市场调研，一些大型节事活动项目缺乏经济效益或社会效益，造成极大的人力、财力、物力的浪费。市场调研的重要性由此可见。那么，什么是市场调研？它的特点有哪些？具体的方法又是什么？

3.1.1 活动市场调研的含义

活动市场调研(Event Market Research)就是指运用科学的方法,有目的地系统搜集、记录、整理活动的市场信息和资料,分析活动市场的情况,了解活动市场的现状及其发展趋势,为全面认识活动市场、进行市场预测以及为确定活动项目的主题、形式和规模提供客观资料的一系列完整过程。

3.1.2 活动市场调研的特点

1)针对性

市场调研不是盲目的,必须找出要解决的问题,明确调研对象,然后针对问题有目的、有重点地进行。在任何一次大规模的市场调研之前,都必须进行探测性的市场调研,以明确调研的重点。

2)客观性

市场调研的一个很重要的特点就是客观性,因此要尊重市场调研的结果,不因个人喜好而对调研结果进行更改,这样的调研结果才具有实际意义。

案例二:上海技术展示交易会

1994年在德国汉堡举办的上海技术展示交易会取得圆满成功,这是上海首次到发达国家单独举办的科技类展览会,以展示上海部分高新技术、推出新颖实用技术产品为主题内容。展会举办时,与上海展厅相邻的一个大展厅举办的是有14个国家与地区参加的亚洲产品博览会,上海科技展展团领导十分担心上海的展会下不了台,没想到在开幕后令德国观众眼睛为之一亮,交易和合作洽谈活跃,当地媒体连声称赞,在德国汉堡举办的上海技术展示交易会的成功,还表现在技术与产品的交易与合作成果上,展示交易期间的合同金额达2 000多万美元,后续接洽活跃。上海在发达国家举办的技术展示交易会何以会受到如此欢迎,其中一个原因就是尊重市场调研结果,赴汉堡的上海技术展示交易会一年前开始筹备。开始时,征求汉堡市内相关单位的意见,了解参展意向和喜欢的展品。在此基础上,又征求德国在沪机构的意见。接着,筹备小组又赴德国调研。最后,市场调研的结果显示,潜在的观展者更希望在展会上看到新技术和新产品,而不是工艺品和土特产。最后,展会展出的展品综合了市场调研的结果,对原计划进行了较大幅度的调整,最终受到了欢迎。

3)科学性

为保证调研结果的真实可靠,必须采用科学的调研方法,综合运用统计学、数学、心理学、经济学、管理学、会计学、市场营销、计算机技术等相关知识,对所调研的市场信息进行定量和定性分析。当然,市场调研的结果与客观实际之间往往存在一定的偏差,这取决于调研者本人的能力与素质以及整个调研计划的合理性。在调研过程中,要力保调研结果的科学性。

4)经常性

市场调研贯穿于活动项目的始终,从活动项目的初期选题立项、活动策划、活动执行到活动总结和评估,大大小小的市场调研贯穿其中,为整体活动项目的顺利开展提供相关信息。

5)时效性

市场调研的结果反映的是在某一时期市场的状况,对某一时期的活动具有指导作用,市场环境瞬息万变,离开特定时期,部分信息或全部信息就会失去作用。

6)经济性

我们都是在特定的时空和条件下进行市场调研。受制于时间、人力以及财力,我们开展市场调研一般只能遵循"满意"原则,而不可能达到"最优"的理想状态,这就是市场调研所要遵循的经济性原则,既要追求尽可能真实有效的调研结果,同时,又要考虑到调研的成本。

3.1.3 活动市场调研的意义

一场大型活动的举办需要经过分析、计划、实施以及评估等多个阶段,管理者在每个阶段都需要相应的信息,而市场调研正是获取这些信息的重要来源。市场调研在活动管理中的意义与功能主要体现在以下几个方面。

1)有利于活动主办方了解市场需求,开展市场预测,制订运营战略

大型活动举办得成功与否,要看它能否满足市场需求,适销对路。主办方可通过科学的市场调研,掌握相关的市场信息,了解市场的未来走势,制订运营战略。

2)有利于活动主办方顺利开展活动

活动主办方通过市场调研,获得相关的市场信息,可以选择合适的活动项目,进行活动策划,开展活动营销,保证活动的顺利进行。

3)有利于活动主办方提高自身的竞争力

主办方通过市场调研了解同行业的竞争对手,了解对方的营销策略及其他市场动态,不断吸取经验教训,提高自身的竞争力。国内典型的案例是北京国际汽车展、上海国际汽车展和广州国际汽车展三大车展之间的较量。要想在行业竞争中长盛不衰就必须了解彼此的定位和差异,取长补短。

案例三:国内著名的三大车展

北京国际汽车展览会以创办时间早、最具权威性、规模盛大、参展商阵容强大、知名品牌齐全、展品品质高端、新颖、国际化程度高、文化底蕴厚重、媒体关注度高、观众数量众多等鲜明特色而享誉海内外,素有"中国汽车工业发展风向标"之称。迄今为止,北京车展在国内车展中依然在参展商质量、展品档次和水平、记者、观众数量等方面保持着多项纪录,成为与世界顶级车展比肩而立的品牌汽车展会。全球著名的汽车跨国公司、顶级品牌制造商、零部件厂商都把北京国际汽车展作为提升企业形象和品牌,展示其科技实力的大舞台。每逢展会期间,国内外汽车业的各路巨擘与数以万计热情如潮的海内外观众会聚一堂,人们就是冲着北京车展规模大而来的。2014 年 4 月 20 日至 29 日,第十三届北京国际汽车展览会(Auto China 2014)在北京中国国际展览中心盛大举行。本届北京国际汽车展是世界上最大的车展,共有 14 个国家和地区的 2 000 余家厂商参展,共展出车辆 1 134 辆,全球首发车 118 辆,其中跨国公司全球首发车 31 辆,亚洲首发 45 辆,概念车 71 辆、新能源车 79 辆,刷新了历届北京国际汽车展览会的纪录。同时,商用车及零部件企业也集中展示了最新的科技产品以及零部件工业的发展趋势。本届北京国际汽车展不仅仅是一次产品技术的集会,也是全球汽车行业的大聚会。"汽车让未来更美好"是 2014 北京国际汽车展的主题,汽车作为人类智慧和现代化工业与科学技术的结晶,延伸了人类生活的时间和空间,提高了人们的生活质量,推动了社会文明的发展进程。

上海国际汽车展的突出特点是技术先进,国际巨头的参展阵容强大,亚洲或全球首发的车型以及概念车的数量均是国内车展少见的。全球首发车型的多少是体现车展实力的关键指标之一。在历年上海车展上,有不少车型都是全球首发或亚洲首发。以"创新·升级"为主题的第十六届上海国际汽车工业展览会于 2015 年 4 月 29 日在国家会展中心(上海)圆满落下帷幕。本届上海车展吸引了 18 个国家和地区的 2 000 家中外汽车展商参展;展出总面积超过 35 万平方米;展出整车 1 343 辆,其中全球首发车 109 辆,新能源车 103 辆,概念车 47 辆,亚洲首发车 44 辆。4 月 20 日、21 日两天为媒体日,各大汽车厂商召开了 104 场新闻发布会。车展期间,来自 44 个国家和地区的 2 150 家中外媒体 1 万余名记者竞相报道了车展盛况。本届车展共吸引参观者 92.8 万人次。1985 年上海国际汽车展初次亮相,是中国最早举办的专业国际汽车展览会,展出面积 1.5 万平方米,2015 年上海国际汽车展恰逢其创办 30 周年,走过 30 年的上海车展折射了一个时代的变迁,也见证了中国汽车工业的崛起,更成为上海的一张城市名片。在本次车展正式举行前夕,作为上海国际车展唯一官方论坛的"2015 上海国际车展第四届高峰论坛"于 4 月 19 日在上海威斯汀酒店举行。本届车展呈现出以下特点:第一,高峰论坛聚焦产业新常态。以"创新·融合——营造智能互联汽车产业新生态"为主题的本届论坛,吸引了行业领导、中外汽车企业高管、专家学者以及驻沪使领馆、商会等 400 余人出席。会议聚焦当下"互联网+汽车"这一最热话题,传递出中国汽车智能化提速信号。第二,中外车企集体发力。自主品牌显示不凡实力,上汽、一汽、东风、长安、广汽、北汽六大汽车集团,以及奇瑞、华晨、吉利、长城、比亚迪等知名民营汽车品牌全力参展。无论从产品设计还是技术革新,无不显示出中国汽车工业的自信和巨大潜力,势头丝毫不逊于海外品牌,成为中国车企向世界展示中国品牌的窗口。与此同时,欧系、日系、美系等著名车企高层亲临站台,揭幕新车发布,足以证明中国这个全球最大的汽车市场依然充满吸引力。第三,智能互联汽车备受关注。为积极顺应"互联网+"的变革大潮,无人驾驶汽车、智能互联汽车在今年的展会上频频高调亮相。上汽与阿里、北汽与乐视、宝马与百度等跨界联手。伴随互联网技术深刻变革着传统汽车制造业,采用互联网思维造车已然成为业界共识。第四,新能源汽车引人注目。103 款新能源车的精彩亮相,拉开了新能源汽车在本届车展上竞相争艳的帷幕。作为中国汽车产业转型升级的关键环节,中国新能源汽车市场快速增长苗头已然显现。随着其市场化进程的提速,将使整个行业发展渐入佳境,让汽车的新能源梦想不再遥远。

由于在国内汽车行业中影响巨大的日本三大车商纷纷扎根广州,广州国际汽车展的影响力正日益增强。广州的优势在于汽车市场以及后市场的领先。广东境内以广州为核心辐射的城市群之间便利的高速公路网是众多省外自驾游的朋友所羡慕的。地处珠三角,邻近港澳地区,广州的改装、音响甚至越野等汽车后市场比起其他车展来看发展得更快一些,这些都是广州得天独厚的优越之处。因此,广州国际汽车展的阵容逐年丰富和壮大是不无道理的。2015 年 11 月 29 日,第十三届中国(广州)国际汽车展览会(以下简称"广州汽车展")圆满落下帷幕。历时九天的展会共吸引观众 635 541 人次。本届广州汽车展以"新科技、新生活"为主题,聚焦环境保护、节能降耗,将绿色车辆技术与可持续发展理念相融合,汇聚行业力量,共同演绎了一场创新科技的年度汽车盛宴,呈现出以下几个方面的特点:第一,展会品质保持高水准。本届广州汽车展参展总面积达 22 万平方米,参展企业达 603 家,其中乘用车企业 85 家,电动车企业 22 家,汽车零部件及用品企业 496 家,共展出车辆 1 000 辆,全球首发车 36 辆,其中跨国公司首发车 7 辆。1 730 家海内外媒体的 8 491 名记者参与报道了展会盛况。在中国汽车产业进入新常态的形势下,作为全国三大顶级国际汽车展之一,被誉为"中国汽车市场风向标"的广州汽车展受到了国内外车企的高度重视,各大车企纷纷以集团形式参展,带来最前沿、最重量级的汽车产品,展示了各种先进的智能互联车辆技术,为汽车市场的健康发展注入持续的动力。第二,电动汽车题材引关注。以电动汽车为代表的新能源车辆技术将成为未来汽车行业的发展趋势已然得到了汽车行业的普遍认可。2015 年上半年发布的《中国制造 2025》正式确定了新能源汽车十年发展路线图,最新发布的国家"十三五"规划再次提出"实施新能源汽车推广计划,提高电动车产业化水平"。从 2012 年国务院发布《节能与新能源汽车产业发展规划》到 2015 年"十三五"规划,发展新能源汽车已经上升为国家战略。国家对新能源汽车的扶持力度不断加强,相关部委先后出台了多项利好的支持政策并具体落到实处,为新能源汽车的发展注入了强劲动力。在此大背景下,第二届广州国际电动汽车展览会受到车企的高度关注,纷纷以更高规格参展,展会规模比上一届扩大一倍,达 20 000 平方米。包括保时捷、奔驰、宝马、奥迪、通用、大众、丰田、雷诺、东风、长安、广汽、上汽、北汽、比亚迪、奇瑞、吉利、华晨、长城、江淮、启辰、知豆、特斯拉等品牌在内的国内外主流电动汽车领导企业均携最新电动汽车产品参展,共展出车辆 60 余辆,囊括了市面上主流电动汽车产品。第三,汽车生活馆引领潮流。2012 年开始以专业化运营的广州国际汽车零部件及用品展览会作为广州汽车展的重要组成部分,依托广州汽车展的优势资源,紧密贴合市场,以专业化、人性化、精细化的办展理念与时俱进,不断创新。随着我国汽车保有量突破 1.5 亿辆,与汽车生活服务相关联的汽车后市场呈增长态势。本届广州国际汽车零部件及用品展会除了传统的以主机厂配套及通用件生产企业参展外,更单独开辟了以用车服务为主题的“汽车生活馆”,馆内按用车需求分别设置了汽车电子区、汽车用品区、汽车美容区、汽车养护区、汽车音响改装区、超级大卖场等专区,吸引到了汽车后市场众多领导品牌参展,受到了车主的广泛关注。本届展会特设的“汽车生活馆”,是全国首例在大型综合性汽车展览会上专门创设的汽车生活服务题材展区,旨在搭建汽车后市场各领域与消费者零距离沟通的高效服务平台,让汽车后市场各品牌走进消费者的生活,让广大车主“享受车生活,爱上车生活”。第四,重量级论坛活动同期举办。展会期间共有 20 余场内容精彩的论坛及相关活动同期举办。以电动汽车为主题的“2015 广州国际电动汽车产业峰会”和“首届‘选择美国’暨电动汽车联合论坛”纵论电动汽车产业未来发展;以车联网为主题的“中国汽车互联网+创新大典”畅谈汽车互联网+时代中孕育的趋势和机遇;以后市场为主题的“2015 汽车售后生态链高峰论坛”则重点聚焦维修、保养、改装、二手车、O2O 服务等领域,深度探讨售后增值服务开发及生态链打造等。广州汽车展秉承服务行业的理念,始终坚持“高品位、国际化、综合性”的定位,持续关注并与汽车行业共同发展。十三年来,广州汽车展见证了中国汽车工业跨越由小到大的成长期,步入由大到强的产业变革期,跟随国际汽车工业技术革新迈向新征程。

北京国际车展的主办方是中国机械工业联合会、中国机械工业集团公司、中国国际贸易促进委员会、中国汽车工业协会。上海国际汽车展的主办单位是中国汽车工业协会、中国国际贸易促进委员会上海市分会、中国国际贸易促进委员会汽车行业分会,特别支持单位是中国机械工业联合会。广州国际汽车展览会的主办单位是广州市人民政府、广东省经济和信息化委员会、中国对外贸易中心、中国机械工业联合会、中国汽车工业协会。从主办单位可以看出,虽然三大汽车展的主办单位各不相同,但是却也有相互交叉,以上三大汽车展的错位经营可以想见。同时,三大汽车展的举办时间和举办地点也是差异化和错位化的。北京国际车展每逢双年的 4 月在北京中国国际展览中心等地举行。上海国际汽车展每逢单年的 4 月在上海新国际展览中心或国家会议中心(上海)举行。广州国际汽车展虽然是每年举办一次,但是举办时间是 11 月,举办地点是中国进出口商品交易会展馆。

4)有利于减少活动举办的阻力

无论大型活动举办时间是长还是短,一般都会对举办地的普通市民在工作、休息、学习、交通、餐饮、卫生、安全等方面造成影响。而居民表现的是热情好客还是消极抵触,对活动会产生完全不同的影响。因此,活动主办方应在市场调研中考虑到居民的态度,营造举办活动的最佳外部环境。

5)有助于为其他相关主体提供必要的信息

市场调研是一个活动主办方与当地政府、相关的行业协会、参展商、供应商、广告代理商、普通市民互动和沟通的过程。市场调研有助于吸纳活动利益相关者的意见,促进其参与和支持活动,并为之答疑解惑,消除他们的后顾之忧。

3.2 活动市场调研的内容

很多大型活动的成功举办都说明市场调研的重要性。市场调研的内容十分广泛,主要包括活动市场环境调研、活动市场需求调研、活动营销调研等方面。

3.2.1 活动市场环境调研

1)政治法律环境调研

经济活动必定会受到国家政策的影响,如果在市场调研中不对国家政策加以了解,搜集到的信息就是不完整的。以会展为例,许多会展中心以及大型活动的举办都离不开举办地政府部门的支持,尤其是"广交会"等大型展会,受到国家进出口政策的影响,对海外企业参加展览会产生较大的影响。相关的政策法规调研主要包括产业政策、产业及区域发展规划、海关的相关规定、市场准入规定、知识产权保护的规定等。除此之外,也应对当地的地方政府法规和政策进行一定的了解。

2)经济环境调研

在举行大型活动之前需对举办地的经济发展状况,同行业的市场占有率状况,相关行业的配套设施状况,居民的收入水平、消费水平、物价水平、物价指数等进行调研。

3)社会文化调研

科技文化方面的调研主要是对活动举办地的大学分布情况、居民受教育程度、文化习俗、社会审美、宗教信仰情况等进行调研。比如,一些国际性的大型活动需要翻译人才和大量的志愿者,这都依赖于专业人才和高等院校的支持。

4)交通便利程度调研

现在举办大型活动过程中出现的一个很大的问题就是交通拥挤以及交通不便,所以在选择举办活动地点的时候,需要考虑当地的交通状况。

5)自然环境调研

自然环境主要包括地理位置、气候条件、地质地貌等。通过对地理环境的调研,进一步了解其对活动的影响。2013 中国国际太阳能十项全能竞赛(SD 中国)在大同市太阳宫举行,此次活动选在大同的重要原因之一就是考虑到大同的自然条件。国际太阳能十项全能竞赛(Solar Decathlon, SD)是由美国能源部发起并主办的,以全球高校为参赛单位的太阳能建筑科技竞赛。目的是借助世界顶尖研发设计团队的技术与创意,将太阳能、节能与建筑设计以一体化的新方式紧密结合,设计、建造并运行一座功能完善、舒适、宜居、具有可持续性的太阳能居住空间,从而证明单纯依靠太阳能的住宅,一样可以是功能完善、舒适而且具有可持续性的居住空间。希望通过比赛加快太阳能界国际化的产学研融合与交流，推进相关技术的创新、发展和商业化。自2002年开始，大赛在美国本土和欧洲成功举办了6次，吸引了来自美国、中国，欧洲等国家和地区的100多所大学参加比赛，展示了世界最新能源技术成果。每届比赛现场都有几十万的民众参观，美国能源部部长朱棣文亲自为获奖团队颁奖。SD中国由中国国家能源局、美国能源局主办，财政部、住房和城乡建设部联合主办，团中央学校部支持，北京大学承办。2013年中国国际太阳能10项全能竞赛在大同举办，以"光照未来·世界大同"为主题。大同是"福地宝城"，是国务院首批公布的全国24座历史文化名城之一，中国优秀旅游城市，享有"中国煤都"之美誉；是世界遗产地城市、古代雕塑艺术之都、龙壁之城、休闲夏都、园林城市、环境保护模范城市。大同市位于山西省北部内、外长城之间，地处黄土高原东北边缘地段。东与河北省相连，北隔长城与内蒙古自治区接壤。山环采凉，水抱桑干，长城界其北，雁塞峙其南，西眺朔漠，东瞻幽燕，屏三晋，拱京师，自古为边陲重镇，素有"塞上明珠"之美称。

3.2.2 活动市场需求调研

需求调研是活动市场调研的核心部分，其最终目的是分析在一定时期内、一定价格水平上，目标受众中愿意并能够参与活动的人数及其消费潜力。活动市场需求决定市场购买力，是保证活动主办方实现利益最大化目标的有力保证。活动市场需求调研的内容包括：经济发展水平，居民的收入水平、消费水平，可接受的价位，以及他们参与活动的动机是什么（人际交往、文化动机、地位和声望动机、业务动机）。

3.2.3 活动营销调研

1）对产品或活动的调研

产品是企业市场营销组合的首要因素，一个企业要在激烈的市场竞争中占有一席之地，抢占市场份额，首先要有适销对路的产品，所以企业需要对自身原有的旧产品进行调研，分析它是否还有继续生产的必要，还要调研现在市场上哪种产品的口碑比较好，是否要开发新产品。对活动管理公司或其他类型的活动主办方而言，一个个活动项目就是产品，要调研已有活动项目的市场反响和市场占有率、同类活动项目之间的竞争程度、新活动项目的商机等等。

2）价格调研

价格是商品同货币交换比例的指数（或者说是价值的货币表现）。它是商品的交换价值在流通过程中所取得的转化形式，是市场中最活跃、最敏感的因素，同时也是一种竞争手段。活动主办方在定价过程中，需要考虑的因素包括：开发活动的成本、入场券购买者可以接受的价位、同类活动的价格水平等因素。

3）宣传方式调研

无论是举办活动还是销售产品，首先得把活动或产品介绍给客户，让客户对活动或产品有一定的了解,从而激发潜在客户的购买欲望。活动的宣传方式主要有:广告、直邮或派发、人员推广、新闻发布会、媒体传播、网络营销、代理销售、各种印刷品、公共宣传等。在选择宣传方式时要考虑目标受众的媒体习惯,这样才能达到最终的宣传效果。根据广告成本高低,各种宣传方式的成本标准是不一样的,所以在宣传前要进行调研,保证以最低的成本达到最好的宣传效果。

3.3 活动市场调研的流程

市场调研通过各种调研手段,有目的且系统地收集、记录和整理有关的市场信息及资料,客观地反映市场态势,为全面认识市场、进行市场分析和预测以及举办活动的相关利益主体进行科学决策提供依据。市场调研是企业制订营销计划的基础。企业开展市场调研可以采用两种方式:一是委托专业市场调研公司来做;二是企业自己来做。企业可以设立市场研究部门,负责此项工作。因为活动涉及的利益相关者众多,所以活动市场调研是一项细致而复杂的工作。概括而言,活动市场调研可以分为3个基本阶段:调研准备阶段、调研实施阶段、调研信息处理阶段。

3.3.1 调研准备阶段

在调研的准备阶段,首先必须找出要解决的问题,确定此次调研的目标,明确相关的限制条件,有针对性地制订调研方案。

1)找出问题,明确目标

市场调研的目的在于为企业或活动的相关利益主体进行科学决策提供依据。调研人员必须明确调研的目标和范围是什么,找出相应的问题,如产品的销量、活动宣传效果、活动参观群体及人数、观众可以接受的价格,他们参加活动的动机是什么,等等。在调研准备阶段,活动主办方还可以进行小规模的试探性调研,以验证调研目标是否需要调整。

2)拟订计划,制订方案

为了保证调研目标的实现,需要制订调研计划,简单来说就是“5W1H”分析法,具体包括What(调研对象)、Why(调研目标)、Who(调研人员安排或调研机构选择)、When(调研时间安排)、Where(调研地点)、How(调研方法的选择)。由于时间、经费等各方面的限制,所以并不存在最好的调研,在设计调研方案的时候应优先考虑有效性原则。

3.3.2 调研实施阶段

调研的实施阶段是整个调研的核心部分,需要花费时间、精力去搜集相关信息和数据,这就需要选择合适的调研方式。本书按照第一手资料调研法和第二手资料调研法来加以分析,具体内容在后文加以阐述。

3.3.3　调研信息处理阶段

1）整理信息

在充分占有现成资料和信息的基础上，根据既定目标的要求，剔除不符合要求的信息，对有用的信息进行整理。如果采取定量分析，还会用到 SPSS 等数据分析软件，这就需要进行编号整理；如果采取定性分析，还需要进行归类，为后期的分析做准备。

2）分析信息

在对现有的信息进行分析时，可采用定性分析与定量分析相结合的方法。定性分析是主要凭分析者的直觉、经验，研究分析对象过去和现在的延续状况及最新的信息资料，对分析对象的性质、特点、发展变化规律作出判断的一种方法。定量分析法主要有比率分析法、趋势分析法、结构分析法、配对比较法，进行定量分析时可以借助 SPSS 等数据分析软件。调研人员通过了解、分析市场的现状与趋势，得出相应的结论。

3）撰写报告

市场调研的最后一个阶段是将调研分析结果用文字、图表的形式转化成书面调研报告。一般的市场调研报告都要求简洁、清晰。针对调研报告使用者的不同，调研报告的写作要求也不同。如果是用于学术研究，应该使用学术语言；如果是用于普通公众观看，则需要有趣味性、通俗易懂；如果是要提交给政府官员，则应当着重突出相应的对策；如果是行业决策者，则应当根据特定的调研目标，得出相应的结论。当然不管报告使用者是谁，调研报告的格式都包括：封面、目录、简介、调研结论摘要、报告正文、附录。

3.4　活动市场调研的方法

在进行市场调研过程中，搜集信息的方法是多种多样的，包括观察法、实验法、访谈法、问卷调研法，在本书中将这些方法按搜集一手资料和二手资料来区分。搜集一手资料主要有四大方法：观察法、问卷调研法、访谈法、实验法；搜集二手资料主要是从公司内部和外部查找现有的资料。

3.4.1　搜集第一手资料法

第一手资料（firsthand data），也叫原始资料，是指调研者自己经过搜集整理和直接经验所得。它包括文献资料（指原创的）和实物资料、口述资料。第一手资料是持资料的人最先接触的资料，而且具有高度保密性。第一手资料的实证性、生动性、可读性、准确性、科学性、直接性都较高。

1)观察法

观察法是指研究者根据一定的研究目的、研究提纲或观察表,用自己的感官和辅助工具去直接观察被研究对象,从而获得资料的一种方法。

根据观察者是否参与被观察对象的活动,可分为参与观察法与非参与观察法。参与观察法是指观察者加入被观察群体中去,在与被观察对象的共同活动中进行观察的一种方法。非参与观察法是指调研者以旁观者的身份对调研对象所进行的观察。

在运用观察法进行市场调研的过程中,对调研人员的要求是极高的。调研人员的态度倾向、事业心、责任心、工作作风、知识、经验、生理、心理等各方面的因素都会影响到调研结果的准确性和有效性。所以在选择调研人员时应考虑他们的思想素质、知识水平和观察能力,在条件允许的情况下,也可以对他们进行相关技能的培训。

观察法能获得具体、生动的感性认识和真实可靠的第一手资料,适用于对那些不能够、不需要或不愿意进行语言交流的社会现象进行调研,而且简便易行。但它也有相应的不足,比如不能进行大样本观察,有时空条件的限制,观察结果具有一定表面性和偶然性,主观意识资料难以收集,受调研者主观因素影响较大,误差不可避免地存在,需要花费较多的人力和时间。

所以在采用观察法进行市场调研时应注意以下几点:应选择合适的时间、典型的地点,尽量减少对被观察者的影响,对调研人员进行相关技能的培训。并且应该注意有些调研并不适合运用观察法,尤其是在调研样本比较大的情况下。

2)问卷调研法

问卷调研法也称问卷法,它是调研者运用统一设计的问卷向被选取的调研对象了解情况或征询意见的调研方法。总之,问卷调研是以书面提出问题的方式搜集资料的一种方法,它包括发送问卷法、邮寄问卷法、网络问卷法、留置问卷法。

(1)发送问卷法

发送问卷是由调研员直接将问卷送到被访问者手中,并由调研员直接回收的调研形式。这种方法简便易行,但是由于该种调研方式是直接接触被调研者的,所以调研的样本范围受限,只适用于小样本的调研。另外,被调研者不一定会认真填写,这就会导致无效问卷增多,在调研过程中尤其考验调研人员的素质以及沟通能力。

(2)邮寄问卷法

邮寄问卷法是指调研人员将印制好的调研问卷或调研表格,通过邮局或快递公司寄给选定的被调研者,或将问卷刊登于报纸、杂志上,由被调研者按要求填写后再寄回来;调研人员通过对调研问卷或调研表格的整理分析,得到市场信息的一种调研方法。

邮寄问卷法优点是调研区域广、费用低、匿名性较好;缺点是时效性差、问卷的回收率较低。对于时间充裕、经费较少、名单和地址比较清楚的调研需求,可以采用邮寄调研法。可以采取一定的措施来提高邮寄问卷的回收率,比如事后跟踪、附带小礼品或邮资、由权威机构或权威人士帮忙等。

(3)网络问卷法

网络问卷法是将问卷发布在网上,被调研对象通过 Internet 完成问卷调研。网络问卷调研一般有两种途径:一种是将问卷放置在 www 站点上,等待访问者访问时填写问卷,如 CNNIC 每半年进行一次的“中国互联网络发展状况调研”就是采用这种方式。这种方式的好处是填写者一般是自愿的;缺点是无法核对问卷填写者的真实情况。为达到一定问卷数量,站点还必须进行适当宣传,以吸引大量访问者。另一种是通过 E-mail 方式将问卷发送给被调研者,被调研者完成后将结果通过 E-mail 返回。

网络问卷法的好处是:费用低,匿名性较好,辐射范围广,反馈及时;缺点是:容易遭到被访问者的反感,有侵犯个人隐私之嫌。因此,用该方式时首先应争取被访问者的同意,或者估计被访问者不会反感,并向被访问者提供一定的补偿,如问卷红包,以消解被访问者的抵触情绪。

(4)留置问卷法

留置问卷法是指问卷由调研人员当面交给被调研者,说明回答方法后,留给被调研者,由其自行填写,再由调研人员定期收回。该方法的优点是费用低、对被调研者的影响较小;缺点是无法保证问卷的准确性和有效性,存在收不回来问卷的可能性。

3)访谈法

访谈法是指通过询问的方式向被调研者了解市场情况的一种方法,它主要包括:面谈法、头脑风暴法、德尔菲法、电话访问法。

(1)面谈法

面谈法又称当面询问法,是指调研人员通过面对面口头交谈的方式向被调研者了解市场情况的调研方法。面谈法形式多样,比如街头拦截、上门拜访、举行座谈会、专家访问等。在参加一些大型活动时,参与的观众目的不一,知识结构也不一样,所以在活动现场进行调研是一个很好的方法,样本选择比较多样,有一定的代表性。

面谈法的优点是调研人员能够直接与被调研者接触,有较强的可控性和较大的伸缩性,拒答率很低,调研对象的适用范围广;缺点是时间、人力、资金成本较高,被调研者受现场环境的影响,有可能会避开某些敏感话题,不敢表达自己的真实想法,同时这种方法对调研人员的专业素质要求较高。

(2)头脑风暴法

头脑风暴法(Brain Storming)分为直接头脑风暴法(通常被简称为头脑风暴法)和反向头脑风暴法(也称质疑头脑风暴法)。直接头脑风暴法是在专家群体决策基础上尽可能激发创造性,产生尽可能多的设想;反向头脑风暴法则是对直接头脑风暴法提出的设想和方案进行逐一质疑,探索其现实可行性的方法。头脑风暴法可以使参与者对活动主题进行充分详尽地讨论,以便活动主办方对活动策划、活动宣传以及活动参与者的需求和满意度进行调研。

(3)德尔菲法

德尔菲法是指按规定的程序,采用匿名的反复函询方式,征询专家小组成员的意见,经过预测小组的统计分析,进行再一轮的专家函询,反复几轮之后专家的意见基本趋同,从而得到一个比较统一的预测结果,供决策者参考。该方法适用于对活动市场总体情况的预测,比如就计划新开发的活动项目前景向相关专家咨询。

(4)电话访问法

电话访问法是现代市场营销中最常见的一种方式,它可以与被调研者在短时间内进行接触,成本较低,但是这种方法对调研人员的综合素质要求较高,要有一定的专业知识、随机应变的能力以及良好的沟通能力和语言表达能力。运用这种方法进行调研时应做好充分的准备,注意把握打电话的语气、时间、内容,并做好相关的记录。

电话访问法的优点是信息反馈快、辐射范围广、费用低;缺点是调研内容的深度不及其他调研方法,难以判断准确性和有效性,不能使用视觉帮助。

4)实验法

实验法是指控制某一自变量,通过对比实验,研究其对因变量产生的影响。比如控制产品价格、产品成本、宣传力度等某个变量,通过对比实验,研究其对产品销量产生的影响。实验法适合新产品的开发以及销售过程中改变销售计划的市场调研,其优点是结果真实、客观,有较强的说服力;缺点是影响因素较多,工作量大。

实验法的步骤如下:根据调研主题提出假设,确定自变量→进行实验设计,确定实验方法→正式实验,观察记录→整理分析,编写调研报告。

3.4.2 搜集第二手资料法

二手资料是相对于原始资料而言的,在时间、资金、人力有限的情况下,可以采用搜集二手资料。因为在活动中遇到的这些问题并不是前所未有的,所以只需找到相似的案例,搜集相关信息,就可以起到事半功倍的效果。

二手资料的来源包括企业的内部资料和外部资料,内部资料有会计账目和销售记录,企业之前的市场调研报告等;调研人员也可以从企业的顾客名单、销售人员报告、代理商和经销商的信函、消费者的意见以及信访中找到有用的信息。外部资料是来自企业外部的资料,包括政府机构、行业协会以及相关的行业网站、专业调研公司、科研机构和文献(如报纸、杂志)上的相关信息。

二手资料调研法的优点是成本较低,节省时间、经费;缺点是准确性、相关性不足,不具有代表性,需要调研人员主观判断。除此之外,也应该注意二手资料的时效性,有些资料已经过时,可能已经不适应调研需求。所以调研人员在搜集二手资料的过程中,应进行筛选、分析,得出自己的结论。

3.5　调研报告

调研报告是整个调研工作，包括计划、实施、收集、整理等一系列过程的总结，是一种沟通、交流形式。撰写调研报告的目的是将调研结果、战略性的建议传递给管理人员或其他担任专门职务的人员，供其决策参考。因此，准确分析调研结果，认真撰写调研报告，明确给出调研结论，是报告撰写者的责任。

调研报告的格式包括：封面、目录、简介、调研结论摘要、报告正文、附录。

3.5.1　封　面

调研报告的封面要求简洁工整，主要内容包括调研的题目、调研的用户、调研的组织者、调研日期。如果调研报告属于机密文件，还应该在左上角明确注明并写上编号。

3.5.2　目　录

一份标准的市场调研报告应该使用目录或索引形式列出报告所分的主要章节和附录，并注明标题、有关章节号码及页码，一般来说，目录的篇幅不宜超过一页。

3.5.3　简　介

简介主要介绍调研的基本情况，说明调研的背景、调研对象及内容，简要介绍调研的方法，以及在信息分析中采用的分析方法、数据分析软件等，目的是让调研报告的使用者对调研的背景以及相关信息有个大致了解。

3.5.4　调研结论摘要

调研结论摘要是对此次调研的总结，必须针对调研内容，概括调研的基本结论，提出解决问题的创新性建议，不必赘述相关的细节部分，只是给报告使用者一个结论摘要，让他们在短时间内把握调研结论的精髓。

3.5.5　报告正文

正文是市场调研报告的主体部分，这部分必须详细论述，包括从问题的提出到得出的结论等内容，以及在调研过程中运用的调研方法。

3.5.6　附　录

附录是指与调研内容相关的必须附加说明的部分，它是对正文的补充说明，包括数据汇总表、调研问卷、访谈记录、原始资料背景材料和必要的工作技术报告，例如为调研选定样本的有关细节资料及调研期间所使用的文件副本等。这部分是调研论证的依据，每份附录都应该有相应的编号，便于使用者浏览。

活动市场调研报告的基本结构①

结构要素	主要内容	备 注
封 面	市场调研题目	
	市场调研用户	
	市场调研组织者	
	市场调研日期	
目 录	报告的各章节名称及页码	
简 介	项目背景、人员构成等	
调研结论摘要	调研主题的意义	
	调研的主要结论	
	调研的基本方法	
	提出创新性建议	
报告正文	市场背景的详细介绍	
	调研主题和纲要说明	
	调研过程与方法的详细说明	
	调研的基本结论	
	建设性意见和建议	
附 录		各种参考资料

【要点和进一步的思考】

1.什么是活动市场调研？
2.活动市场调研的意义是什么？
3.活动市场调研具有什么样的特点或要求？
4.活动市场调研的内容是什么？
5.活动市场环境调研具体要调研哪些环境？
6.什么是活动市场需求调研？
7.活动市场需求调研的内容包括哪些方面？

① 王春雷，陈小连.活动：原理、方法与案例[M].北京：清华大学出版社，2013.

8.活动营销调研包括哪些方面?
9.活动市场调研的流程是什么?
10.在活动市场调研的调研准备阶段需要做什么?
11.在活动市场调研的调研结果处理阶段需要做什么?
12.活动市场调研的方法有哪些?
13.活动市场调研的一手资料法具体包括哪些方法?
14.活动市场调研的二手资料法具体包括哪些方法?

HUIZHAN
会展经济与管理

第4章 大型活动策划

【本章简介】

本章系统介绍了活动策划的含义、基本原则以及活动策划的关键环节。活动策划是指活动主办方依据活动举办的目标而对整个活动的主题、环节、创意等内容进行精心设计的行为过程，旨在保证活动的顺利进行，提高活动的效益，满足活动各利益相关者的需求。活动策划需要遵循目的性、可行性、创新性等原则。活动主办方的目标分析，活动参与者的需求调查，活动的可行性研究，活动主题的确定，活动风格和氛围的营造，活动方案的形成、论证和执行，活动的财务计划和资金额度，活动项目举办的时机和时间管理，活动场地的选择等构成了活动策划的关键环节。

一般组织的日常架构并不适合临时组织大型活动,大型活动更适合专业组织来策划。活动策划首要思考的问题是由谁来组织活动、活动的主题思想是什么以及活动本身是否具有可行性。一旦有了可行的想法,活动策划便开始了。

4.1 活动策划的含义

没有经过策划的活动是偶发事件,所有的大型活动都是经过策划的。尽管大型活动具有非常规性的特征,但是活动的组织和管理本身却是有规律的。由于活动具有非常规性和复杂性,策划对成功举办活动就更加重要。人们常常将活动策划与活动创意划等号,甚至认为活动策划就是想一个活动主题或者一个活动口号。而实际上,活动策划不是一项单一的工作,而是一个有计划的,以创造性的方法解决复杂具体问题的过程。我们知道,一场活动的预算、资源、时间、目标等都是有明确限制的,活动策划就是要保障活动在预算、资源、时间、目标等限制范围内得以顺利进行,并最大限度地实现其活动效果,达到活动的预期目标。因此,活动中所有过程和因素都应该被考虑在策划范围内,既要考虑如何通过策划保证活动的最佳投资收益率,又要加入自己独树一帜的创意。在活动策划时还应该关注活动怎样执行,节目的编排与流程,哪些工作是重点,哪些因素是可控的,哪些因素是不可控的,通过无数次沟通以及充分地预警把活动做好。我们要意识到,无论策划方案多好,它都不能脱离实际,策划方案对活动来说是一种参照而不是羁绊。从这个意义上说,策划过程本身比策划方案更重要,我们在策划过程中发现问题、风险和机会,并通过策划控制过程,实现预期结果。

所以,活动策划本身也是一个涵盖内容很丰富的概念,广义上的活动策划,不单单指活动的创意。总体而言,活动策划是指活动主办方根据活动举办的目标对整个活动的主题、环节、创意等内容进行精心设计的行为过程,旨在保证活动的顺利进行、提高活动的效益、满足活动各利益相关者的需求。

4.2 大型活动策划的基本原则

活动策划要回答为谁策划、活动目标是什么、拥有哪些资源、如何突出特色等基本问题。这些问题贯穿活动策划的始终,也就决定了活动策划应遵循的基本原则。良好的活动策划既要满足活动利益相关者的需求、实现活动的目标、突出新理念,又能保证活动方案切实可行。因此,在制订活动理念、勾勒活动总体框架和方案的时候需要权衡活动目标、创新意识与可行性的关系。与之相应,活动的目的性、可行性和创新性构成了活动策划的基本原则。

第一,活动策划要具有目的性。目的性原则要求活动策划要围绕活动目标,深入调研,积极运作。活动策划的主题、内容和形式与活动目的高度关联、密切衔接。例如,某一活动的主旨是推销高端楼盘,主办方可以举办邀请名人参加的客户推广活动,高端的休闲生活主题将名人和楼盘客户连接起来,增加了活动的情趣,提升了客户参与的热情。此外,活动策划还要加强活动前、活动中和活动后的环节设计和衔接,以此来表现和传达活动目的。在活动前要进行活动预热，吸引潜在活动参与者；在活动中，要加强细节设计，将活动主题展现出来；在活动后，要加强对活动的总结和宣传。

第二，活动策划要具有可行性。为了保证活动的可行性，在正式策划之前活动策划团队要做深入的调查研究，识别需求，形成恰当的活动定位和活动战略。在此基础之上，还要进行合理的工作安排，形成合理的运筹规划，保证任务描述、流程设计的合理性。此外，活动策划的可行性还要求活动策划团队从可资利用的资源出发，保证活动策划方案的执行和宣传推广都具有相应的人员、财力和物资资源保障，并制订相应的风险评估和预防机制。

第三，活动策划要具有创新性。创新性原则要求策划团队要抓准热点，活动主题要突出并符合时代发展潮流，活动内容要新颖。富有新意的活动策划有助于吸引目标受众对活动的参与，并激发和调动参与者在活动中的情绪，营造良好的活动氛围，助推活动目的的达成。活动主题、活动内容、活动环节设计、活动形式都可以是激发创新的源泉。活动策划团队可以采用头脑风暴、创意大赛、有奖征集等方式获得创意灵感。目的性原则、可行性原则是活动策划的根本，而创新性原则则有助于为活动增色，是实现活动特色化和差异化的重要王牌。如果能将别人想不到、不敢想、想到却做不到的活动成功地运作，那必将会获得巨大的回报，这要求活动的操盘者兼具策划能力和执行能力。创意上的含金量、形式上的突破都将直接影响到活动策划的质量优劣，活动定位与活动可行性则根本决定了活动执行的成效。

除了目的性、可行性、创新性3三个基本原则之外，活动策划还要遵循效益性原则和规范性原则等。效益性原则要求活动策划团队要考虑活动的经济效益以及活动的社会效益和生态效益。规范性原则要求活动策划的形式和内容要遵纪守法、符合国情，同时要与国际管理制度和水平接轨。

案例一：2022年冬季奥运会开幕式和闭幕式的创意和文化表达

2022年2月4日，大年初四，立春，第二十四届冬季奥林匹克运动会开幕式在北京国家体育场“鸟巢”盛大开幕。有约1.5万名观众来到鸟巢，与演员、奥林匹克大家庭成员和运动员一起参加开幕式。科技赋能艺术是本次开幕式的一大亮点。开幕式综合运用人工智能、AR、裸眼3D等多种技术，整个鸟巢超大地屏首次实现全LED影像，以取代传统的地屏投影，画质达到16K。很多网友表示，被开幕式上的科技感惊艳到了。在这场开幕式上，有这样的一些瞬间，让网友们频频高呼震撼！①

瞬间一　24节气倒计时

北京冬奥开幕式开场，将中国美景、传统诗词和冰雪运动结合在一起，用二十四节气进行了一场美轮美奂的倒数。本届冬奥会开幕恰逢中国“二十四节气”中的“立春”。冬奥会开幕式以24节气倒计时视频开场，把最后一秒钟留给了立春，焰火打出了“立春”“SPRING”字样，寓意各国朋友共同迎接一个新的春天。紧接着，上演第一个节目“立春”。393名年轻人站在

① 毫无疑问！这是一场属于中国人的浪漫！[EB/OL].新华网，2022-2-4；10个瞬间！中国人的浪漫惊艳世界[EB/OL].央视新闻，2022-02-05；冬奥开幕：14年过去，我们不再向世界解释“我是谁”[EB/OL].中国新闻周刊，2022-2-5；北京冬奥会开幕式背后的那些创意和黑科技[EB/OL].活动汪微信公众号，2022-02-07.

代表春天的花朵绽放于纯净的冰面中心上，每人手持一根长9.5米的发光杆，通过矩阵表演，表现绿草丛生、春暖花开，在诗意和温暖中，蒲公英吹散，将种子播撒于世间，空中亮起灿烂的春天焰火。立春是一年中的第一个节气，这代表着一年的时光轮回，也代表人与自然和世界相处的方式，用它来倒计时体现中国人对时间的理解。在24节气倒计时视频里，每一个节气都配有一句脍炙人口的诗词，向世界展示着中国风格和中国气质。巧的是，中国有24个节气，北京冬奥会是冬奥会历史上的第24届，开幕式当天是2月4日。主创团队也在开幕式上将数字浪漫化进行到底，开幕式在20:04开场，中国代表团在24分出场。

瞬间二　普通的中国人传递国旗

伴随着《我和我的祖国》乐曲响起，一面五星红旗在一群少年儿童手中缓缓展开，再由各行各业的代表、国家功勋人员、56个民族的代表手手相传将国旗传递给升旗手。这些普通人用手手相传的方式，表达人民和国旗之间的情感，表达“我和我的祖国”之间的感情就像浪花和大海。

瞬间三　五环破冰而出

历届奥运会开幕式上，五环展示都是组委会展现新意的重要环节，本次北京冬奥会开幕式，通过激光雕刻呈现的“冰雪五环”堪称科技感与艺术感的完美结合。据悉，“五环破冰”创意是早在2019年张艺谋导演就确定的。一滴冰蓝色的水墨从天而降，幻化为黄河之水，倾泻而下，犹如“冰瀑”。整个画面的意境来自中国古老的诗句“黄河之水天上来”。翻腾的浪涛最终凝结为一片晶莹剔透的冰雪天地，一方巨大的水从冰面中升起，凝固成冰。过往23届冬奥举办城市的历史随着环绕全场的24道“激光刻刀”的雕琢闪回其上，最终定格为“2022中国北京”。随后，冰球运动员与影像冰球击打互动，冰球在视频空间中反复撞击后，整块冰立方渐渐碎裂，一个晶莹剔透的冰雪五环破冰而出，这一行为过程被定义为“破冰”。“破冰”的行为在中国文化中代表打破隔阂、化解矛盾、走近对方、互相理解。

五环破冰而出这个惊艳世界的创意从构想到落地克服了诸多的挑战。为了中国文化的创意性表达，张艺谋导演团队研究了上千种中国的门窗和吉祥纹样。承载视觉效果的“冰瀑”钢结构成品高约60米，用钢量1 000多吨，有6 000多根构件。“冰瀑”的后期集成系统、升降系统、LED显示屏等，都要在钢结构装置上架设，对于组接焊缝和安装误差要求极为苛刻。

瞬间四　敞开“中国门”迎客“打开窗口看中国”

开幕式上，运动员走过冰雪雕刻的“中国门”和“中国窗”。这些门和窗全部取材于中国各地经典传统门窗图案。“中国门”寓意中国人民敞开大门欢迎全世界的朋友相聚冬奥。运动员脚下的“中国窗”表达“打开窗口看中国”的寓意。

瞬间五　中国队，入场！

中国队身披中国红入场是开幕式中最让人激情澎湃的瞬间，鲜艳的五星红旗与冰雪五环同框。钢架雪车女将赵丹和速度滑冰名将高亭宇担任中国代表团开幕式旗手，高高举起的五星红旗迎风飘扬。伴随着《歌唱祖国》的伴奏，“鸟巢”现场沸腾、掌声雷动，热烈的氛围让网友直呼“最美不过中国红”！

瞬间六　“燕山雪花大如席”

“构建一朵雪花”的主题贯穿了整场开幕式。现场引导员手中的引导牌是一朵“雪花”。每个代表团象征着奥林匹克大家庭的一片小雪花，每个代表团的冬奥会“小雪花”引导牌在橄榄枝的连接下变成了大雪花。最终,“燕山雪花大如席”在“鸟巢”上演。雪花装置是用中国结和橄榄枝编织而成,宽为14.899米,内部有96个中国结的小雪花,周围加上了6条橄榄枝,采用双面镂空设计,嵌有55万余颗LED灯珠,每一颗灯珠都由驱动芯片的单一信道独立控制。我们看到的雪花内部闪烁的钻石光,实际上是用分型这种编程方式实现的。幕后团队做了一个数字编程的算法,把这些算法映射到雪花装置里面,让它的光每一秒都完全不同,既有雪花的绽放感,也有橄榄枝的浪漫。

瞬间七　焰火中呈现“迎客松”

伴随着北京冬奥会正式开幕,璀璨的焰火腾空而起,在空中呈现“迎客松”的造型,表达对全世界来宾的欢迎。

瞬间八　“一起向未来”

在《让世界充满爱》的歌声中,几十名来自世界各地的年轻人并肩前行,他们走过之处,一幅影像长河缓缓展开,寓意“一起向未来”。

瞬间九　“一叶知秋”点燃主火炬

关于奥运会,一直流传着这样的一句话“演出是好坏,点火定成败”。点火仪式一直是奥运会开幕式的重中之重,如何策划一场与众不同的点火仪式是导演组需要重点思考的环节。备受瞩目的主火炬点燃方式也给了大家惊喜。点火方式是由最后一棒的手持火炬转化为主火炬,留在由90个参赛国家(地区)名字组成的大雪花的中心,继续燃烧。主火炬在奥运历史上首次以“微火”取代熊熊燃烧的大火,以“不点火”代替“点燃”,充分体现了绿色环保的理念。“一叶知秋”点燃主火炬是这次开幕式上最大的悬念,这种点火方式也是百年奥运史上从来没有过的。

整个开幕式一环扣一环,惊喜连连,让人处处感受到中国文化的浪漫:飘动的绿草和蒲公英,带来了春的气息;黄河之水天上来,大气中带着典雅;从冰立方中升起的冰雪五环闪动着白色的晶莹光斑;出场代表脚踩光影奇幻的全世界最大地屏,地屏上呈现的是具有冰雕效果的中式门窗;孩子们拿着一只只可爱的发光小鸽子自由欢愉地奔跑,与脚下晶莹闪亮的“星星雪花”嬉戏互动,无拘无束,天真烂漫。

观众们在经历了“我爱猜歌名”和“全球羽绒服”大赏等环节后,心满意足地为2022年北京冬奥会开幕式打出了五星好评。柔和、轻松又不失温暖和欣喜,在大年初四的立春之日,全国观众终于感受到了欣慰和满足。在全球疫情依然肆虐的环境下,来自90多个国家和地区奥委会的运动员依然汇聚北京,大家都戴着口罩,这体现了一种勇气,也体现了奥林匹克格言:更快、更高、更强——更团结。毫无疑问,这是一场属于中国人的浪漫。中国人把这场浪漫献给了全世界。

2022年冬季奥运会开幕式独特而深厚的文化表达彰显出中华民族的文化自信。

北京成为全球首个举办夏冬两季奥运会的城市,从2008年北京夏季奥运会到2022年北京冬季奥运会,时隔14年,奥运会主题从“同一个世界、同一个梦想”转换为我们“一起向未来”。14年过去,变化的不仅仅是季节和主题,还有很多。

不再解释“我是谁”

2008年北京夏季奥运会开幕式,给人留下的印象很多,整场开幕式就像是一幅徐徐拉开的画卷,文字、四大发明、戏曲、绘画、音乐、丝绸之路、太极拳……既有郎朗现场的钢琴演奏,也有刘欢和莎拉·布莱曼的倾情献唱。导演张艺谋可谓煞费苦心将这些带有浓厚东方哲学的符号、历史通过线性的方式表达，整场开幕式看下来，大部分观众都能看到中国向世界阐述的那3个字的核心“我是谁”。虽然在2001年中国便加入了WTO，但事实上，到2008年北京奥运会举办前期，还有不少人对中国的印象停留在贫穷、落后上，潜意识中长期对中国持有偏见。2008年的奥运会开幕式，几乎是以奥运会开幕式前无古人后无来者的方式向全世界介绍了中国，人们热情、幸福、好客，国家富足、祥和、安定。那场开幕式演出做到了令人们心灵震撼。北京申办2008年奥运会时曾说过一句话“给中国一个机会，还世界一个奇迹。”而那届奥运会，中国做到了。

14年之后，冬奥会再次由北京举办，导演依然是张艺谋，而这一次，可以看出，他在表达上轻松了不少。当然可以说，是14年的时间积累，让张艺谋在处理上更娴熟更自如，但这背后更多来自中国自身的发展和在世界中扮演角色的变化。

在这届冬奥会开幕式演出中，没有一个明星，甚至没有歌唱家、舞蹈家等职业演员，从一个正在经历换牙的小男孩吹着小号到普通的中外年轻人演绎的《致敬人民》①，整台演出所有的演员都是大中小学生和普通市民，他们有着自己的学业和工作，依然完美地完成了演出。本届北京冬奥会，各国运动员代表入场顺序与2008年北京奥运会的排序方式相同，除希腊和中国外，各国是按名称的简化汉字笔画顺序进行排列。与奥运会历史上，历届开幕式入场顺序以举办国文字首字母排序相比，中国的这种设计让不少观众感到了国家的繁荣和文化的自信。不再使用人海战术而是采用大面积高科技手段和人工智能技术，这同样是我们通过冬奥会向世界传递的另一个信息，在制造业产业升级、科技高速发展的当下，中国已经不再是那个充斥着劳动密集型产业的国家。最后的点燃火炬环节，举重若轻，按照张艺谋自己接受媒体采访时的表达，这样的设计是为了倡导低碳环保的理念，氢燃料火炬没有引燃的过程就实现了火焰的无缝连接，这是在去年东京奥运会首次采用氢燃料火炬都没有实现的效果。14年过去了，我们再也不需要向世界解释“我是谁”了。

一条清晰的主线

整场北京冬奥会开幕式，并没有以往张艺谋作品中高饱和度及高对比度的色彩造成的视觉冲击，这是与冬奥会的季节、特点相关，整场开幕式的时间也被控制得恰到好处。

除去升旗、致辞、运动员入场、点燃圣火等环节外，整场演出主线极其清晰，呈现出诗人李白的那句“燕山雪花大如席”，充满了浪漫、夸张与无穷的想象力。“世界上没有两片一样的雪花”，但在一起便组成了冬天。这就如同参加冬奥会的各个国家（地区）一样，虽然有着不同的语言、外貌和文明，彼此不同却又美美与共，组成一个共同的家园。“一朵雪花”的故事，贯穿了整场开幕式，从倒计时短片、参赛国家（地区）名称引导牌、演员服装、致辞的背景、和平鸽的表演再到主火炬的点燃，都由“一朵雪花”作为核心视觉形象组成。

从视觉设计上来看，冰雪的特征和气质艺术化的表达，营造出来的浪漫、唯美、温馨的基调，伴随着可视化的高科技呈现，令人印象深刻。整场开幕式中，表演者的舞台是一块巨型光影地屏，营造出超大“冰面”的视效，每一秒地屏画面都在根据节目的调整而变化，或空灵或浪漫，呈现独特美学。2008年北京奥运会时，导演组便想使用这种方式，但当时的技术尚不成熟。

---

①　杨杰，郑重，李隽辉，等.今晚开幕式出现“不完美一幕”，张艺谋却说：最直抵人心[N].中国青年报，2022-02-04.

如今不仅实现了，还运用了实时捕捉、裸眼3D等多种演艺设备和技术，其中不少为全球首创。节目中的黄河水凝结成冰，再由冰碎裂成为奥运五环，其中包含了不少中国的传统哲学和看待世界的态度。打破隔阂、化解矛盾、走近彼此最终互相理解，这不仅是奥运会的功能，同样也是中国近年来在世界舞台上一直保持着的样貌。

19首属于全人类的世界名曲与《歌唱祖国》串接而成的入场式背景音乐，同样表达了中国对于世界各国文化艺术的热爱与尊重。开幕式焰火表演时长总计仅约3分钟。环保弹药只有1 800发，用量仅为2008年北京奥运会的10%，焰火药剂无毒、微烟，大大减少了烟花燃放时对环境的影响，与点燃主体火炬相同，最大化地保障了环保理念的实施。"世界大同、天下一家"成为了北京冬奥会开幕式的核心主题，简洁、清晰、精彩，内核不复杂，传递不生硬，这令不少观众感慨，"这是今年春节期间打开电视最值得的一次。"

一起向未来

在2015年北京申办第24届冬奥会成功的时候，没有人能想到在接下来的几年间，世界将面临着怎样的变化。新冠疫情的暴发让经济全球化受到了影响，在变异毒株仍在多国肆虐的情况下，面对复杂严峻的疫情，中国在抗疫方面取得了显著的成效，实现了人民健康、社会稳定和国际责任之间的平衡，顺利精彩举办的开幕式，同样是向世界表达，中国拥有丰富的经验和能力，以及安全和包容的环境，这些甚至比冬奥会本身还要有价值。

早在北京冬奥会筹办之时，曾提出的"带动三亿人参与冰雪运动"的目标，如今已经从愿景变为现实，据国家统计局发布数据显示，自2015年北京成功申办冬奥会以来，已有3.46亿人参与了冰雪运动，居民参与率达24.56%。《2021年中国冰雪产业发展研究报告》显示，中国冰雪产业总规模从2015年的2 700亿元增长至2020年的6 000亿元。

无论是从体育产业发展还是全民健身事业上来看，冬奥会对于普通中国人来说同样有着与众不同的意义。体育有着特殊的自身规律，需要赛事的引领，相比于夏季奥运会的各项运动来说，冬奥会的项目无论是从观赏性还是竞技性上都不逊色，重大赛事带来的关注度和影响力，确实可以提高冰雪运动的群众基础。

从运动本身的历史来说，不少冰雪项目更原始更传统，能调动运动者更多的冲动和快感，在自我拼搏与超越的过程中体现与大自然和谐共存的哲学。由于经济和地域的原因，我国的冰雪运动发展较晚，距离世界冰雪运动强国仍有距离。但即便如此，多年来我们在短道速滑、花样滑冰、自由式滑雪等项目上仍取得了不少佳绩，也有足够的理由相信，在家门口举办的冬奥会上，中国运动员们仍然会给我们带来更多惊喜。

一起向未来，是本届冬奥会和冬残奥会的口号，14年过去，奥运会开幕式上我们的叙述主体从"我"变成了"我们"，叙事逻辑从"讲历史"到"向未来"，这背后观念的转变和自信心的提升，都令国人振奋。《美国广播公司》在对比两届奥运会时评论道：2008年夏季奥运会是一场壮观的盛会，是中国的首秀，也是这个迅速崛起的大国向世界招手的机会。近14年后，差异就像冬天和夏天的区别一样鲜明。2022年冬奥会的主办国不只是崛起——中国已经崛起，对自己作为一个经济和政治大国在世界的地位充满信心。北京冬奥会是中国通过奥运会重塑形象的新起点，而不是简单的重复与重现。北京冬奥会的成功举办，折射出更加坚实的文化自信，诠释着新时代中国的从容姿态。一个更自信、更从容的大国已经站在世界舞台。开幕式上，全世界的"雪花"汇集在北京，而在不久的未来，这些饱含中国记忆的雪花将会回到世界各地，或融化成水，或集结成冰。北京冬奥会是中国通过奥运会重塑形象的新起点，而不是简单的重复与重现。让我们，一起向未来。

2022 年 2 月 20 日晚，北京冬奥会闭幕式在国家体育场"鸟巢"盛大举行。2022 年北京冬季奥运会闭幕式同样异彩纷呈。来时迎客松，走时送别柳。北京市冬奥会闭幕式在延续开幕式简约风格的基础上，再次通过仪式与表演的有机融合，向世界展示了"中国式浪漫"和"双奥情怀"。①

开场表演是《点亮》，在灵动的音乐中，孩子们用绚烂的雪花花灯与空中闪亮的大雪花火炬互动，点亮场地上的冬奥会徽，在斑斓绚丽的色彩中，北京 2022 年冬奥会闭幕式正式开启。一朵雪花的故事曾贯穿开幕式全场；闭幕式，雪花的故事在延续。雪花变成了孩子们手中的灯笼，每一个灯笼里都承载了北京冬奥之火，火光虽微，可是在孩子们心中却可以点亮世界。孩子们手持雪花灯笼，在冰天雪地之中尽情嬉戏。每一朵雪花，代表着一个奥林匹克运动的参与者，大家在北京冬奥会的号召之下，汇聚在一起，雪花灯笼里的微火永续传承，一闪一闪，温暖世界，照亮前程。手持雪花灯笼的小朋友依旧在场内玩耍，这时，十二辆晶莹剔透的冰车驶入场内。这些冰车采用了十二生肖的造型，小朋友们登上冰车，在场内飞舞滑行，在冰面上滑出一道道冰痕。无数条红丝带从四面八方飞入鸟巢，它们将场内悬挂的雪花火炬台装点成了一个巨大的红色中国结。中国结象征吉祥团结，这是一种充满中国哲学思想的工艺，每一根丝带都可以独立成结，各美其美。而许多不同的丝带也可以共同编织，美美与共。如同人类共同体的构建，和谐合作的国际大家庭需要所有的人共同见证。

紧接着，各个代表团旗帜和运动员代表在中国结连接的世界依次入场。首先是各个代表团旗帜入场。北京冬奥会一共有 91 个代表团的两千八百多名运动员参加比赛，比赛从 2 月 2 日开始，一直延续到闭幕日当天，109 枚金牌各归其主。挪威、德国等传统冰雪运动强国依旧显示了强劲的实力和深厚的底蕴，在奖牌榜上排在前列，同时我们优异的场馆条件和运动员们的努力拼搏也造就了大批的纪录诞生。在速度滑冰、短道速滑等赛场，多项世界纪录被打破，几乎每一个小项的奥运会纪录都被改写。旗手们手持代表团旗帜围绕在场地周围，91 面旗帜与场内的中国结相呼应，世界大同，天下一家的开闭幕式创意理念不断被彰显。然后是运动员代表入场。此时，天上地下都是由巨大的中国结线条包裹，表达着中国与世界的连接，也寄托着更团结的奥林匹克精神。

入场完毕，所有参加闭幕式的运动员代表登上看台与现场观众一起观看闭幕式的仪式和表演。现场播放了短片，短片《2022，有我》对北京冬奥会进行了回顾。短片《温暖的雪花》回顾了冬奥会志愿者的工作，本届冬奥会一共有一万八千多名赛会志愿者服务于整个赛事运行。除了赛会志愿者，还有二十余万人次的城市志愿者，在北京赛区，在延庆赛区，在张家口赛区，志愿者们不计得失，默默付出，为这个举世瞩目的冬天奉献着自己的一丝温热。

在闭幕式缅怀时刻这一环节的表演是《折柳 · 寄情》。80 名舞者缓缓地走入场内，随着舞者的脚步，一幅垂柳图逐渐地呈现了出来。在中国古代，送行者往往会折一支柳枝送给远行的亲朋。"折柳"，也就成为了独具东方韵味的送别方式。更多的人们手捧柳枝，从四面八方围拢

① 难说再见！北京冬奥会闭幕式这些细节太戳人了.央视一套公众号，2022-02-21.；来时迎客松，走时送别柳！这是中国给全世界的浪漫[N].人民日报 2022-02-21；冬奥会闭幕式有哪些亮点？先看看这些彩排瞬间吧.北京日报客户端，2022-2-19.

过来，在经典歌曲《送别》当中，折柳寄情，期待所有的运动员、教练员，所有的来到北京的朋友们，带上这柳枝，带走中国人民的友情。八十名舞者围在场地中央，无数条光束从舞者当中投射穿过，穿过雪花火炬台直达天空，形成一棵由光束组成的大树。纪念时刻，这是每届奥运会上的固定环节，这直达天际的光束代表着人类一切最朴素、最真挚的情感，送别、怀念、铭记和期待………春天来啦，大地绿了，这世界一片生机勃勃。折柳送别，中国人民依依惜别的情谊，和平友谊的心声，随着柳枝传递出去，和平之翼，友谊之心在这春风绿意中茁壮成长！冬奥赛场除了激烈地碰撞，奋力地竞争，还有温馨、有拥抱、有欢笑、有泪水，有一切的同心共情，有所有的惺惺相惜。

现场演唱《奥林匹克颂》的依然是河北省富平县山区的马兰花童声合唱团。这一次孩子们身上的服装，装饰了年年有余的剪纸图案。孩子们用最纯净的心灵，用不经任何雕饰的唱法唱出《奥林匹克颂》，唱出和平友谊之声。

之后是下届冬奥会的东道主——意大利的表演。一个地球仪被推进场内，地球仪在冰面上滚动，冰面不断发出裂开的声音。在雪花火炬台的照耀之下，裂开的冰面变出中英文的标题“双城璧合，聚力联辉”，这是意大利的表演主题。时空切换，我们来到了意大利。两个意大利的年轻人，分别从自己的家乡出发，奋力奔跑。这两个年轻人，一个来自米兰，一个来自科尔蒂纳丹佩佐，一个在米兰的街头奔跑，一个在科尔蒂纳丹佩佐的雪山穿梭。教堂、山谷、街区、雪地、高楼，各种场景交响闪映，两个年轻人都在奋力地向最高峰冲刺！终于，他们都到达了最高点！一个到达了楼顶平台，一个攀上了雪山顶峰！两个年轻人，相遇在北京。米兰是意大利的中心城市之一，象征着城市、人类和未来。科尔蒂纳丹佩佐则是滑雪圣地，代表着山川、自然和可持续。两个年轻人共同舞蹈，米兰和科尔蒂纳丹佩佐相遇在一起，城市与山川相遇在一起，人类与自然，未来和持续性有机地融合在一起。两个年轻舞者脚下的屏幕不断变换，或是象征着山川的等高线，或是代表着城市的街区图，这是两个截然不同的地域间的和谐对话。音乐改变，鼓点加强。这两个年轻舞者带动身边的碎片旋转起来，形成了一个个冬季运动的人物造型。随后，场地内变成了一片雪域高原，两位舞者跋涉其中。积雪吹散，2026 年冬奥会的会徽显现出来！2026 年，第二十五届冬季奥运会由米兰和科尔蒂纳丹佩佐两座城市联合举办，两座城市看似不同，实则互补，“和合与共”，是这次意大利八分钟表演的主线。

最后，随着 2008 年北京夏季奥运会主题歌《我和你》响起，2008 年北京夏季奥运会开幕式上曾出现的梦幻奥运五环惊艳亮相。雪花火炬台开始缓缓降下，梦幻五环继续上升。雪花火炬台与梦幻五环交汇，在这一刻，时空交错。梦幻五环高悬在场内，现场音乐也变成了本届冬奥会开闭幕式的主题歌《雪花》。所有代表团的旗帜围绕在场地中央，在童声合唱《雪花》中，北京冬奥会之火缓缓熄灭。在漫天的烟花中，我们留下了专属于北京的“双奥”记忆。世界大同，天下一家。北京冬奥会实现简约、安全、精彩的办会承诺已经载入史册。友谊地久天长，场内气氛依旧热烈。在开幕式的时候我们相聚，共同汇成一朵大雪花，共同汇成主火炬台，共同围绕在北京冬奥之火周围。当告别的时刻到来的时候，这永恒的微火伴随着雪花飘散开来，伴随着绽放的烟花伴随着《友谊地久天长》的歌声将奥林匹克精神和中国人民的友谊送到世界各个角落。

这些闭幕式上的难忘瞬间处处透着绝妙的巧思，再次展现了中国式浪漫。闭幕式氛围，在保持和开幕式格调延续一致的基础上，以简约风格为主，营造轻松愉快、温暖感动、分享和告别的欢聚氛围，并突出北京“双奥”特点。开幕式以二十四节气倒计时开幕，闭幕式上则上演了十二生肖冰嬉。随着生肖冰鞋滑过，无数红丝带从四面八方飞入“鸟巢”，将场内悬挂的雪花火炬台，装点成一个巨大的红色中国结，象征着各国运动员美美与共，欢聚一堂。中国体育代表团旗手高亭宇扛着徐梦桃，高举五星红旗入场，现场沸腾，掌声雷动，此举寓意“在更高的舞台上圆梦！”闭幕式舞台上，人们手捧柳枝向场地中央汇聚，和朋友们依依惜别。开幕式迎客松相迎，闭幕式折柳枝相送，这是中国给全世界的浪漫。来自河北省阜平县山区的“马兰花儿童合唱团”的孩子们身穿“连年有余”的新衣服再次亮相闭幕式现场，演唱《奥林匹克颂》。开幕“虎虎生威”，闭幕“连年有余”，不禁让人感叹原来冬奥会开幕式和闭幕式是“连续剧”。随着2008年北京奥运会主题歌《我和你》的动人歌声再次响起，闪闪发光的2008奥运五环从场地中央缓缓升起鸟巢上空，五环焰火再次升起，以此与2008年奥运会的同样的五环烟花相呼应，这属于“双奥之城”北京的独家记忆。我们会永远铭记“世界大同，天下一家”。任凭岁月变迁，世人一定会记住这届简约、安全、精彩的盛会。最后，在冬奥会的主题歌《雪花》中，奥林匹克主火炬缓缓熄灭，“一朵雪花”的故事就此浪漫完结。

4.3 活动策划方案构思和呈现

可以运用5W2H法则、SWOT分析法等经典方法制作活动思维导图，让活动策划思路清晰起来。活动策划的5W2H法则，旨在思考和回答以下关键问题。

①Why——为什么？为什么要这么做？理由何在？原因是什么？

②What——是什么？目的是什么？做什么工作？

③Who——谁？由谁来承担？谁来完成？谁负责？

④When——何时？什么时间完成？什么时机最适宜？

⑤Where——何处？在哪里做？从哪里入手？

⑥How——怎么做？如何提高效率？如何实施？方法怎样？

⑦How much——做到什么程度？数量如何？质量水平如何？费用产出如何？

在回答上述问题的基础上形成一个总体策划思路，然后运用图形、文字、线条将活动方案的内容清晰而有条理地呈现在活动策划文案之中，做到活动环节齐备和活动细节操作可行、配图精美、排版美观、配色统一。

4.4 大型活动策划的关键环节

随着大型活动复杂性以及功能和价值的提升，对大型活动进行精心策划越加重要。在大型活动调研与立项、运作与实施、总结与评估这3个阶段性任务（表4.1）中，调研与立项阶段的策划工作最多。但是，因为活动策划涉及很多具体活动环节的设想，兼具细节性和整体感，所以活动策划工作实则涉及到活动过程的方方面面。下面围绕活动主办方的目标分析、活动参与者的需求调查、活动的可行性研究、活动主题的确定、活动风格和氛围的营造、活动方案的形成、论证和执行、活动的财务计划和资金额度、活动项目举办的时机和时间管理、活动场地的选择这些大型活动策划的关键环节进行说明。

表 4.1 调研与立项、运作与实施、总结与评估

调研与立项	明确方向目标、构思活动形式和主题、拟订调研方案、收集相关信息、得出结论、撰写调研报告、可行性研究、撰写立项策划书、完成报批手续
运作与实施	设立组织机构、制订工作方案、细分任务、安排进度、管理和监控活动过程、编制预算、筹集和整合资源、制订营销计划、确定媒体策略、现场服务管理、组织配套服务、发布对外宣传、制订应急预案
总结与评估	主要总结提纲、评估指标体系、数据收集渠道、评估执行单位、后续服务计划、媒体衔接联系、活动结果宣传、内部效益评价

4.4.1 活动主办方的目标分析

做活动策划的时候应首先了解活动主办方及其目标和需求。为此,要考察活动的主办方是谁?主办方品牌的定位是什么?它的文化和内涵如何描述?还要了解主办方举办此次活动的主要诉求是什么,背景是什么。主办方希望通过这个活动达到什么样的目标?是为了文化交流、合作、营销、树立品牌形象、公益,还是其他目标。

对活动目标的了解越清晰越好,这涉及活动类型的选择,因为不同类型的活动有不同的具体目标。会议的目标一般包括:提供公司或产品的最新信息,推出新产品(产品发布会、新闻发布会);休闲聚会;思想交流;解决现有的问题;培训。企业活动的目标:答谢员工;答谢客户;答谢供应商;颁奖;员工与供应商的见面会;推出新产品;为企业所倡议的筹款活动捐款;提高品牌知名度;有纪念意义的庆典,如周年庆、第一百万名顾客、卖出 100 万件商品等。筹款活动的目标:筹款;吸引媒体关注;提高在公众中的知名度;吸引更多赞助商;争取更多的支持和捐款;吸引更多志愿者;为将来的活动或赞助制作通讯录。奖励活动的目标:为销售业绩的增长而举办独一无二的活动;为销售部高层人员集中活动搭建平台,以商讨公司未来的销售策略;销售高层与公司高管的联欢;答谢家属。

当然,活动目标之间具有交叠性,如公司举办康乐活动,一方面实现公司发展和个人成长;另一方面,通过康乐活动提高员工的运动热情和健身热情,在医保、工伤、病休、员工稳定性等方面为公司降低费用。为实现机构的目标,要选择其中一种最适配的活动类型和活动方式,量身打造,物超所值,卓有成效。活动的首要意义当然在于其目标的达成,如推出新产品等。但是,要切忌借活动之名掩盖机构的内部问题,比如,斥巨资举办活动只是为了推销因为有缺陷而销路不佳的产品,即,要保证活动目标的正义性。

案例二:澳大利亚玛乐尼稻草人狂欢节

目的:为社区服务。

使命:使狂欢节成为欢庆玛乐尼丰富的文化和社会构成的年会。为社区提供融洽沟通的机会,使社区成员分享各自的创新意识、精神和自豪感。

背景:稻草人被用于田间,是丰产丰收的象征。活动开始于1998年,分4个部分:稻草人化装舞会、稻草人设计比赛、稻草人寻踪、稻草人庆典游行。参加者包括:社区和赞助团体、医院、图书馆、商会、学校、幼儿园、旅游团、农家俱乐部、敬老院、商社、体育俱乐部、服务团体和社区每一个人,从学步的孩子到祖父辈全员参与。举办时间在暑期,便于社区的家庭全员参加。

功效:狂欢节加强了社区各种团体的社区意识,为表演艺术家和创作者提供了展示自己创新精神的机会。为完善活动框架经常召开互动式的研讨会,促进了社区参与。

案例三:吉拉赖布尔体育节

吉拉赖布尔体育节(Kila Raipur Sports Festival)从1933年开始举办,每年2月举办一次,其举办的初始目的是丰富农民生活,通过运动让年轻人远离毒品。随着时间的推移,吉拉赖布尔体育节逐渐被更多人熟悉和认知,被誉为“乡村奥林匹克运动会”,每年都会吸引约4 000人参赛,参赛者既有十几岁的青少年,也有80岁高龄的老者。参赛选手在3天的比赛时间里,在多种颇具乡村风味的比赛中角逐。比赛项目包括拖拉机碾身、牛车驾驶、马背杂技、牙叼自行车、用头发拖车、赛狗等匪夷所思的展示力气和技能的项目。

正因为赛事项目不同寻常的趣味性和民间性,这个节日才获得高度的关注和参与,并逐渐成为国际热点。在体育节举办期间,数万人从世界各地赶往印度旁遮普邦吉拉赖布尔村观看比赛,体育节的整个参与人数近百万,它已经成了印度旁遮普文化的重要组成部分。

可见,活动举办的目的会随着时间的推移和情境的变化而更加多元,但是总体而言,活动举办的积极意义没有发生改变。

4.4.2　活动参与者的需求调查

活动策划要围绕客户需求展开,活动参与者是活动项目最重要的客户。因此,活动策划者要以活动参与者为核心进行需求调查与分析,对潜在活动参与人群的类型、地理分布、社交习惯、社会地位、家庭活动、参加活动的过往经验等方面进行调研,在吸引潜在活动参与者方面要下足功夫,让目标群体理解活动、认知活动,进而参加活动。活动策划者还可以对目标群体进行导向性的实验来研究其对哪种活动类型更有兴趣。具体而言,活动策划者在调研过程中要分析活动的主要目标群体是谁?次要目标群体是谁?他们为什么要参与这个活动?他们的期待、需求、兴趣、习惯、喜好是什么?他们最容易接受什么信息?永远要记得,活动是为了影响他们,只有在充分考虑目标客户的背景和目标客户的需求之后策划的活动,才能真正被目标客户接受。

活动主办方目标的实现高度依赖活动的传播效果,而后者又取决于活动参与者的感受。理想的活动形式应该能够调动活动参与者的互动和参与热情,激发和营造美好的活动感受和体验。尤其是体验类活动,更要注意参与者的感受以及活动氛围营造。在这方面,活动策划者要尽可能地使活动氛围与活动形式相匹配,如果活动意图是达到情意浓浓的感受,就需要选择浪漫风格的活动形式;如果想要达到轻松欢快的目的和氛围,一般要选择以娱乐为主题的活动形式。但是,以娱乐为主的活动项目,尤其要注意参加者的性格特质,有时候还需要临时调整原计划的方向。活动组织者可能希望活动的参加者打破传统的行为模式,以创造超凡脱俗的体验。然而,活动参与的环节设计不应太过火而导致参加者难以超越自己的保守底线。有时候你会发现让参加者全部戴上稀奇古怪的帽子都很难。

4.4.3 活动的可行性研究

仅有强烈的主观需求还不够,活动目标确定以后,还要做调查和可行性研究。比如,一个筹款活动可以采取多种形式,具体采用哪种形式需要考虑以下问题:第一,过去举办过哪些非常成功的筹款活动,其形式是什么;第二,目前有哪些资源是可资利用的,在这些资源基础上可以开展什么样的活动;第三,采用哪种形式进行筹款的收获最多。一个活动项目的设计要考虑目的、主题、地点、观众、可用的资源、举办的时间和组织团队的技巧等方面。因此,要对以上几个方面加以具体研究,具体要思考:这个活动的社会需求和社会环境因素怎样?主办方所提出的活动构想是否能获得目标市场群体足够的支持?是否能吸引大众?是否能获得媒体支持?活动能否获得有关部门的批准?时间上是否来得及?是否能在既定日期以力所能及的价格获得活动场地?财力能否满足活动举办开支?物资水平能不能适应设计要求?活动是否存在重大风险?是否要上相关保险?做这样一个活动,需要哪些应变措施?户外活动是否受天气情况的影响?室内活动的设施是否安全?是否有足够的基础设施用于交通和泊车?尤其是一些具有创新精神的策划,必须了解富于创新性的策划方案是否具有可操作性,因为活动项目都会受到成本、地点和安全等因素的影响。

此外,大型活动还要格外注意对公众偏好进行分析。以承办奥运会为例,要考虑主办城市的社区居民是否支持,因为承办奥运会需要大兴土木、交通管制,其引发的不便会令市民反感和投诉,也有人觉得公共财政应该花在教育、医疗等民生项目上。但是,对旅游业感兴趣、对赛事感兴趣、对奥运会潜在效应了解的人士可能持支持态度。因此,对社区居民支持度的分析必须涵盖所有相关的人士和部门。不过,公众对奥运会等特大活动支持与否往往到最后才能证明,比如悉尼奥运会到了开幕前几周才出现抢购入场券的现象,预订处告急,分销渠道受到挑战。2022 年,北京冬季奥运会吉祥物冰墩墩在开幕式当晚突然出现抢购一空的情况。因此,既要对居民支持程度和状况做全面的预判,又要制订相应的预警措施。

4.4.4 活动主题的确定

活动主题应紧扣活动目的,并能调动参与者的触觉、嗅觉、味觉、视觉和听觉。主题应与客人的需要保持一致,并贯穿于活动始终。许多活动项目在所有相关的物品上都采取同一色调,如入场券、节目单、制服、装饰、广告海报和相关产品，这样做是为了突出和识别主题。

主题的选择是无穷尽的，需要拓宽思路。一般来说，主题可以是地理和文化、体育运动、娱乐活动、艺术、食品、物体（如稻草人、船只等）。确定主题之后，还要提炼主题，进行创意设计。除了个人创意，还应强调群体创意。现代的策划，需要多学科的综合，需要具有不同学科背景的策划者群策群力、凝聚创意。

以活动体验类型的公司活动为例，如果活动的目标是增加员工的业余知识，可以选择瑜伽、禅训、马术等体验活动，以锻炼员工的体力、耐力、柔韧性、身体调节、学会专注、热情洋溢；如果活动的目标是促进员工参与、增强团队意识，一年内可举办一些小型活动，年终以正式的大型活动收场；如果活动的目标是激发员工活力，可以根据季节组织给人带来充沛精力的健身活动，比如在冬季组织滑雪、泡温泉等集体活动，在夏季组织山地自行车骑行或徒步旅行活动。在活动过程中，可以为活动参与者配送带有图标的浴衣或不锈钢水杯等环保的、实用的、能留下美好记忆的礼物。

专享活动正在逐渐成为创造令人难忘的客户体验的绝佳选择，比如邀请各界名人助阵的营销活动。名人之旅的主题可以是教育、时尚、品酒、赛车、网球、高尔夫等各种元素，或是上述所有元素的融合。房地产公司可能会精选一批有意购房的客户，邀请他们参加有名人参加的活动，如名厨相伴的意大利之旅，名厨陪伴客户采购蔬菜、集体准备晚餐，在这个过程中传授客户健康膳食的制作办法。

案例四：《财富》全球论坛在香港成功举行

在“2001《财富》全球论坛”举办期间，香港特区政府安排了丰富的文化节目。出席《财富》论坛的嘉宾不仅欣赏了川剧绝活“变脸”，而且每天清晨，许多嘉宾及配偶跟随香港中国武术总会副会长龙启明教授学习太极拳，并了解中国式健身方法；一些来宾的配偶还到香港中华厨艺学院学习制作拉面等美味中餐；还有些嘉宾来到以中国茶圣陆羽命名的茶室品茗，欣赏中国的茶道和书法，学习鉴赏玉石、翡翠的技巧，最后以一场精彩的时装表演作为压轴。第一部分表演名为“东方掠影”，展出了20多套服装服饰，这些服装把具有中国传统特色的民族图案糅合于现代服装之中，采用手织布料或色彩缤纷的刺绣做搭配；第二部分名为“灵感女神”，展示了香港本地时装设计师的最新作品。论坛不仅能给承办地带来直接投资，更重要的是能极大地提升承办地的无形资产，让世界更多地了解当地的文化，从而最终实现多方合作共赢。

4.4.5 活动风格和氛围的营造

活动的举办涉及交通、食宿、货运、排练场地、活动当天的安排等方方面面，除了金钱、物资、场地、人力等硬成本的考量之外，还要考虑活动的情感要素，塑造活动独特的风格以形成较强的视觉冲击力和吸引力，营造令人难忘的氛围，增加高档的活动元素，提升活动的整体效果。如果活动的财政硬成本约束非常紧，就需要想方设法、别出心裁地塑造活动的风格。活动风格可以是传统型、经典型、现代型、乡土型、文化型、典雅型、休闲型、浪漫型、娱乐型、亲子型、户外型、主题型、季节型、节日型、沙滩型、运动型等诸多类型。个性鲜明的活动风格的塑造不一定依赖高额的费用，反而更多地依赖客人请柬、活动场地、客人着装、花饰、布景、音乐、餐饮等方面的创意。

活动氛围是指在活动场景中被人们感知到的气氛和情调，它可以是庄严肃穆、轻松愉快、温馨感人等多种感受。活动氛围受活动风格影响，需要主动塑造，浪漫风格的活动容易激发浓郁的情感，以娱乐为主题的活动风格容易激发轻松欢快的氛围。

良好的环境氛围彰显出一个活动项目取得了巨大成功，而恶劣的环境氛围对于活动参加者来说可能就是一场灾难。活动平淡无奇造成的沉默和聊天拘谨都令人难以忍受。一场生日派对，现场的气氛可能仅仅是由到场的好友创造出来的，好友本身能塑造出热闹或温馨的氛围。但是，总体而言，活动氛围塑造需要一些特殊的帮助和道具，比如装饰、音乐、游戏和饮品等。另外，意识到一点很重要，优美的环境、昂贵的主题装饰、大量美食饮品等道具和物料准备本身并不能保证活动顺利进行。因此，活动氛围的表达既不完全等同于传统的挂彩灯、贴标语、树彩旗、放气球，也不是对西方时尚潮流的简单模仿，而是基于活动参与者的心理诉求，使其进入活动策划者所营造的一种休闲和惬意的氛围中。与之相应，活动策划者所扮演的一个角色就是通过小心谨慎的细节安排和努力地激励预期结果的出现进而确保活动成功举行。活动策划者需重视对活动参与者视觉、听觉、触觉、嗅觉、味觉、心理感觉等多重感受的调动，恰到好处地安排每个体验空间。同时也要知道，时间安排、物流安排、活动内容安排都会影响活动的氛围。在这些方面要加强设计和管理，避免激发活动参与者的负面情绪。如果一场活动出现人满为患、长时间等待、客人饥肠辘辘或筋疲力尽、座位不够等问题，负面情绪就会产生。为营造出良好的活动氛围，活动策划者需要注意充分调动活动参与者的热情和活力，依靠参与者的行为和反应来营造热烈的现场氛围，因为参加和出席活动的人们本身经常会成为活动过程的一部分。例如，一场体育锦标赛中的观众不仅仅是观看活动，更重要的是帮助制造出现场的氛围。同样，出席圣诞派对的客人与主人、演艺人员的互动或者客人之间的互动，也有助于塑造热烈的现场氛围。

对于特大活动而言，活动氛围的塑造可能会触及整个城市，需要进行城市环境整治，以净化、绿化、硬化、亮化、美化、畅通、有序、整洁为标准，努力营造文明、卫生、和谐、舒适、生态的人居环境，提升城市品位，树立良好的城市形象。在完善对市区主要街道综合整治的基础上，重点对城市河流、排水沟等进行整治，对建筑楼群、小区进行规范管理，加强对市场经营和店外经营的整治。

4.4.6 活动方案的形成、论证和执行

活动策划思路不能始终储存于脑海之中，而要转变成具体的方案，大家才能共同研讨和执行。在策划方面有个技巧性的问题，即创造活动策划之眼，要为大型活动创造一个特别出彩的亮点。还要考虑活动的形式和传播渠道的选择，如选择何种活动形式，采用什么样的新技术手段以便更加新颖并打动受众？如何运用各种视听特效设备、新的科技手段和产品，充分刺激受众的感官，给他们留下深刻印象？活动传播的介质是什么？无论是活动形式的设计、环境的设计、空间的规划，还是新技术的运用，形式的策划如同一个网站或者软件的界面设计一样，都是为了最大限度地吸引受众的注意力，引导受众参与，使受众获得独特的、令人愉悦的体验。

在方案形成并经过论证之后，应对实施方面的操作和设计予以重视，避免由于操作、设计

不足或失当而使好的创意不能付诸实施。所以,在确定一个原则方案以后,还要进一步深化操作设计,包括如何做出准确的财务预算。如果一个活动的预算是100万元,而最终却投入了160万元,就不能说这个活动很成功。

4.4.7 活动的财务计划和资金额度

财务计划包括测算成本、制订预算,确定资金来源、现金流和会计安排。财务考虑要有整体观,因为初始的财务预测很容易失去控制。如果某些活动理念缺乏财务上的可操作性,就应在早期加以制止,进而寻求简易而又低耗的活动方式。现实中,创新意识占上风的时候经常导致的结果是以牺牲活动项目的利润为代价。兼顾“创新”与“财务可行”这两个看似矛盾的东西非常考验管理者的能力。

在活动的资金额度方面,要以“花最少的钱,做最出彩的事情!”为原则。比如,某个供应商要参加一个商贸会,究竟该以何种身份介入?参展方?参观者?筹办者?每个活动介入方案因其付出不同的财力、精力和时间而为供应商带来不同的收益。有的供应商会选择以观展替代参展的方式介入展会活动,这样一方面可以节省参展资金;另一方面可以在展会上自由地结交朋友,与目标客户进行充分地交流。在该供应商在展会获得充分的客户信息之后,可以在展会的第一天晚上选择知名场所为潜在的高端客户举办明星助兴的招待晚宴。不难猜想,受邀出席招待晚宴的客人会感觉受到了明星待遇,很可能选择在日后与之合作,而该供应商转天也就成为展会上被热议的焦点,实现了广告效应。再比如,某公司打算举办员工奖励活动,去外地度假七天,在预算中,机票占去了大部分费用。那么,该公司如何在有限的预算内搞好活动呢?活动组织者可以通过缩短旅游时日、就近旅游、筹资、寻求赞助等方式来加以解决。为了解决资金问题,公司还可以与其他公司合作来共同举办活动。比如,某高品位的新书发布会庆典活动提前准备了价值千万美元的钻石饰品免费让客人试戴并拍照留念,图书出版商仅仅花费了保险、租用武装押运车、雇用警卫和专业摄影师等硬成本,而提供试戴钻石饰品的珠宝商也提高了知名度,第二天便卖出了珠宝给参加活动的客人,图书出版商和珠宝商实现了双赢。

4.4.8 活动项目举办的时机和时间管理

活动项目的时机选择应考虑天气、季节、每周中的日期、每天的时间段、持续时间等具体方面。一般来说,冬季的活动参与者数目较少,而春天的活动又人满为患。活动项目举办时机的选择看似简单,但令人惊讶的是很多活动却选在不合时宜的日子来举办。以体育竞赛活动为例,其举办日期的选择深受赛季和传统比赛的影响,赛事的国际转播也值得考虑。2012年伦敦奥运会期间的很多比赛节目,中国人都要在夜里看直播。冬季达沃斯论坛因为举办日期和中国春节重合,导致中国人参与不便、人数不多。冬季达沃斯论坛曾考虑中国人的出席需求,将日期适度提前。在活动项目举办时机的选择上,还要尽量避免与同类活动项目的时间重合,这就要求活动策划者收集同期的相似活动信息并找准活动的卖点,实现活动的差异化定位,以便最大限度地吸引潜在活动参与者。

对大型活动而言,未雨绸缪就是制胜先机。用一个半月准备千人规模的高档次大型活动并非不可能,但很可能不尽如人意,比如说找不到最佳场地、无法提供最好的娱乐项目。如果能提前策划好,又何须退而求其次?要注意与供应商核对各项时间的安排,要保证在活动的关键阶段以及活动运作的最后期限内可以联系到任何关键的供应商,要注意将节假日计入时间表,注意年末对活动时间安排的影响。

4.4.9 活动场地的选择

1)活动场地的类型

可供举办活动的场地非常之多,如果没有预算限制,水中、陆地、天空都可以作为活动空间,比如马尔代夫水下餐厅、世界之巅、飞机等。传统活动场所包括私人府邸、酒店、会展中心、博物馆、艺术馆等;新型活动场所包括私人游艇、酿酒厂、露营帐篷、高尔夫球场、种植园等。按照场地使用的性质,活动场地可分为常规地点和特殊地点。常规地点本身即为大型活动而兴建,具有用于举办活动的专属性,会展中心、展览场馆、酒店等属于常规地点。特殊地点,即非常规地点,其本身的功能并不是单纯为了举办活动提供场所,但是其也可以被用于举办活动,废旧建筑地、停车场、隧道、公园、果园、水族馆等属于特殊地点。常规地点和特殊地点在便利程度、创新性、复杂性和风险大小等方面存在很大不同。一般来说,常规地点被稍加装饰就能满足活动主题的需求;而特殊地点则需要灯光、音响、餐饮等方面的特殊安排。常规地点的优点是具有比较高的稳定性、成本低、风险小,其缺点是形式单一,较难创新。相对常规地点来说,特殊地点的优点是更富新意,更能够创造出独特的氛围和体验,弥补常规地点的不足,增加活动场地的选择机会。但是特殊地点也有不足:其风险比较大,成本不可小觑。如果所有的舞台、道具、地毯、座位、移动厨房和冰箱等都必须租用,即使活动场地的各方面都合适,也要考虑到成本而慎重选择。

在选择活动地点时,可供选择的地点并不局限于酒店、会议中心,对一些特殊活动而言,在特殊场所举办更加适宜。比如,在时髦的服饰店举办私人鸡尾酒招待会,并伴以时装表演来助兴,一方面满足活动主办方举办活动的场地需求;另一方面对于服饰店而言也可以向客人们介绍服装店的最新服装,一举两得。只要打开想象力并且在预算允许(能支付一些额外费用来包场)的条件下,帐篷、快艇、室内溜冰场都可以被巧妙利用来举办特殊活动。

活动场地还可以被分为室内场地和室外场地。会议中心、酒店、俱乐部等属于室内场地;草坪、广场、公园等属于室外场地。室内外场地选择所需要考虑的因素具有一定的差异性。室内场地选择主要考虑场地的容纳人数、使用面积、动力的提供、收费标准、会场层高、场地价格、服务收费、餐饮(茶歇、茶点、鸡尾酒会、中西式自助餐、食品样式)价格、摆台形式、贵宾间硬件(投影仪、麦克风、音响、舞台拼接地块、主席台、桌椅)提供、物品(信纸、笔、饮用水、指引水牌、桌卡)提供和停车场数量和收费等;室外场地选择所需要考虑的是场地基本情况、电力系统的提供以及配套设施的问题,具体来说,要考虑场地是否平整以及现场施工问题、场地是否提供电力支持(还是要自带发电设备)、场地是否有洗手间等。

2)活动场地选择应遵循的原则

活动场地选择应遵循以下几个原则:第一,尊重客户需要,要充分了解场地的住宿、设备等配套设施和服务项目是否能满足参与者的需求,会产生哪些食宿费用;第二,要考虑参与者到达场地的便利性,大多数参与活动的人住在哪里,会产生哪些交通费用,是否有便利的铁路和公路线路以便参加活动的组织和个人便利地到达活动场地;第三,要考虑待选场地实现活动目的的潜力,并考察场地属于室内还是室外(室外则需要安装帐篷等以防极端天气)、场地大小和座位数量(是否与来宾数量相适宜)、停车设施(是否会因为停车设施不足而让客人对参加活动望而却步)、舞台等建筑特色(是否符合活动主题)、音响装饰灯光等成本、劳动成本、搭建所需后勤保障设施、餐饮设备以及场地是否存在重大安全隐患等诸多方面;第四,要考虑待选场地所能营造出来的氛围如何以及是否能契合活动的主题;第五,要考虑待选场地当天是否只有自己一家举办活动,如果不是,其他活动是否会对自身的活动造成干扰;第六,要考虑获得场地租用、场地装饰所需的各种费用,最大限度地节省成本,比如,如果场地选择在酒店,那么,桌椅、桌布和酒杯等不需要另付费;而如果场地选择在会展中心或博物馆,那么,以上物品则需要租用。如果所有的舞台、道具、地毯、座位、移动厨房和冰箱等都必须租用,即使活动场地的各方面都合适,其成本也不容乐观。此外,淡旺季也会影响场地租用的成本以及物流的成本。

3)活动场地选择的过程

活动场地的选择是个逐步具体化的过程,其发端于对以下这两个基本问题的考虑:第一,我们需要一个什么样的场地?第二,有哪些可供选择的场地?对第一个问题的回答需要从活动本身的属性出发,包括活动的类型、规模、层次、目的以及活动嘉宾和观众的需求,并以此思考什么样的活动地点、活动场景、活动场地及其空间特点、配套设备、通达性是符合活动需要的。例如,一个全国性展会和一个城市嘉年华活动所需要的场地应该是非常不同的。全国性展会的场地应该是一个较大的中心城市的大型场馆,而城市嘉年华活动所需要的场地则可能是遍布于举办城市的、方便聚集和撤离的具体场地。对第二个问题的回答需要从实际出发,通过各种渠道了解可供选择的场地及其类型和功能,分析它们是否能满足活动的要求。做好以上两步之后便是具体的场地询价、实地考察、场地比较、谈判和订立合同等过程。

首先要明确活动的性质、时间、规模、预算等信息,然后,根据活动的人数规模或占用面积大小向饭店或会议中心等场馆询问可否订位。这个过程通常会从地点比较方便的几家开始询问,而这些场地经常已经被其他机构预约,预订晚了可能会被排在等待列表中,因此,还需另外预订一到两家适合的场地作为备选。具体来说,需要从所有待选的场地获得如下信息:①有哪几家符合人数规模的场地可供预订或等待,不同时段的场地费价位是多少。需注意特定场地所能容纳的人数会依活动的性质而呈现出差异性,因为像记者招待活动、研讨会、报告会等不同活动类型会需要不同的空间布置。②提前进场布置需要的花费。特殊活动的场地布置比较耗时,需要提前占用场地,这无疑需要额外花费。③投影机、投影幕、麦克风、扩音器及音响设备、舞台板、同声传译设备的使用费用。④场地是否提供餐饮以及如何计价。⑤场地平面图。

在经过询价之后就获得了待选场地的基本信息,然后就是对重点场地进行实地考察,此时需要重点了解思考以下方面:①场地形状是否适合举办活动,该如何布置;②场地的挑高是多少;③场地能否提供舞台,其能提供的舞台多大、多高,舞台摆在哪边;④投影幕和投影机可以摆在哪里;⑤灯光在什么位置,数量是否满足活动所需,能否增加;⑥菜单以及停车信息;⑦接待桌和接待牌的设置和放置。

场地选择的最后一步就是在备选方案中确定活动场地,并和选定的场地进一步协调沟通,尤其是对一些特殊需求,需要提前加以协商。对一些特别重要的特殊活动,可以求助于专业公司来寻找最恰当的场地,这虽然会有额外支出,但是由于专业公司了解当地情况,其可提供的选择也就更多,并更可能贴合活动主题。

案例五:不当的活动地点选择

某女士40岁生日聚会,其丈夫为给她惊喜,不在家举办而是选择午餐会举行港湾游艇。随着活动的展开,一系列问题出现了:下雨了!最有乐趣的游艇顶部甲板不能使用,游艇下层的甲板变得非常拥挤;港湾的水面波动很大,导致有人晕船;小孩子围绕船舷围栏四处跑动,母亲们跟着追,到活动结束时,母亲们看似都要摔出船栏外;水上停留时间太长,有人喝多了,有人则厌倦了,期盼快点上岸。

思考题:关于如何避免天气问题你有什么建议?如何使孩子在活动中感觉到乐趣?如果有客人坐轮椅来又没有上坡道怎么办?你对于这样一个家庭生日聚会有什么建议?

案例六:活动场地选择的大胆创新

新奥尔良式野餐被换成新奥尔良爵士乐俱乐部会餐

某公司有4 500美元的预算为250名客人举办一次户外午餐活动。已知预算中的费用需要用来支付露营、桌椅、桌布、餐具、食品、酒水、娱乐消遣以及每人一件小礼物。客户希望举办一次新奥尔良式野餐。也就是说,每个人只有18美元的预算来为上面所列项目的支出买单。而单是250名客人露营的费用就远远超出了整个预算。如果确定新奥尔良主题是帮助公司实现其活动目标的核心元素(公司正推出游览新奥尔良的奖励计划),那么还有一种比较新颖的做法,即包下当地一家爵士乐俱乐部(因为爵士乐之冠首推新奥尔良),那么仅需利用该俱乐部自身的设备就可以获得布景、娱乐、佳肴、开放式吧台等一条龙服务,这些费用再加上全部税费和服务费也不会超出预算,并且还能保留活动的核心元素。一些价格不贵的小礼物,例如新奥尔良特产果仁糖,花费不高,还可以作为送给客人的小礼物。

我们从以上案例中可以得到什么启示呢?如果没有将活动从头到尾构想一遍,没有根据客户和活动的根本要求确定活动中应该包含的最重要因素,没有了解经费状况,就匆匆选定活动场地,可能会错过既满足要求又符合预算的绝佳场所。匆忙决定活动时间和场地无异于舍本求末,以至于所策划的活动和会场格调虽然十分合拍,也无法达到客户想要的效果。

案例七:公司策划庆典活动时如何布置室内外场景?

庆典方案与安排是在一定空间环境基础上进行的,因而,庆典的方案要充分思考庆典地址的场所及其特性、大小、方向、外形、构造、交通等。

室外庆典方案安排,通常情况下都在空旷的场所进行,因为空间大包容人数多,可构成气势雄伟场景,方案表现的境地较大。但其凌乱程度远比在室内安排高,因而要通盘思考各种要素的安排。室外方案易受天气、风力、用电的影响,安全性尤为重要,尤其是基地舞台布景受风的冲击最强,嘉宾又首要会合在舞台上,因而舞台必定要设置牢固。另外,还有其他设备的设置也要思考周全,如遮阳避雨的顶棚,演艺人员的换装室,宾客的卫生间、招待休息室等。

室内进行的庆典通常方案较小,要侧重运用室内现有的设备,方案特性与室内特性相符合。要仔细思考各个细节,从室内的空间构造着手,在材料的运用、空间差异、交通线路、颜色配备、灯火运用以及音响调制等方面精心合理安排。要尽量防止方案对空间构造的损害,多运用编织气球、帷幔、挂旗、绸带等质地轻、外形美、便于悬挂的材料。还可以运用不损坏空间界面的标准化道具如桁架、"X"展架或特装外形作为方案的表现方法。室内庆典方案相对空间小,易造成拥堵,因此区域差异和导向方案都分外重要。

案例八:天津夏季达沃斯论坛"文化之夜"活动的场地选择

天津夏季达沃斯论坛已经连续举办过三届,每届都伴以"文化之夜"活动,所选择的场地都是室外露天的特殊场地,极富天津神韵和特色,使每一次的"文化之夜"活动也都举办得非常成功,受到嘉宾的广泛赞誉。

2010年天津夏季达沃斯论坛"文化之夜"活动地点选择在天津意式风情街。天津意式风情街是集旅游、商贸、休闲、娱乐和文博为一体的综合性多功能区,其建筑风格体现出了浓郁的意大利风情。景区毗邻海河,逢春、夏、秋三季,天津的意大利老租界的新意街变成了不夜城。这里有成群的意大利风格的小洋楼,还有梁启超的饮冰室、曹禺故居、李叔同故居、袁世凯及冯国璋的府邸等。作为2010年天津夏季达沃斯论坛"文化之夜"的活动现场,意式风情区及海河岸边流光溢彩,在音乐与歌声的映衬下,更加显现出迷人的魅力。身着传统盛装的小伙子和姑娘们站列道路两旁,用中国礼仪迎接嘉宾的到来。天津市规划展览馆的幕墙上,点点灯光宛若繁星闪烁。主会场的两块大屏幕,不间断地播放着展示天津经济社会发展成就的电视短片。整个意式风情区内,处处洋溢着中国风情和天津特色,展示出包容、开放的天津文化神韵。

2012年天津夏季达沃斯论坛"文化之夜"活动地点选择在天津文化中心的文化广场。天津文化中心集文化展示、交流、休闲、消费于一身,汇聚着中华剧院、天津科技馆、天津自然博物馆、天津图书馆、天津博物馆、天津美术馆、天津大剧院、天津青少年活动中心等公共文化设施以及天津银河购物中心、生态岛等购物和休闲设施,广场内还设有音乐喷泉。在文化晚宴进行过程中,嘉宾们欣赏了音乐喷泉表演。喷泉伴随着优美的音乐在水中跳跃,声、光、电的奇妙组合,给人以美的享受。达沃斯论坛主席施瓦布及其夫人和着音乐节拍翩翩起舞。施瓦布在接受记者采访时,对文化中心的设施和文艺演出都给予了高度评价。外宾赞誉天津文化中心的文化广场为天津的城市会客厅。

2014 年 9 月 11 日晚,天津市政府在民园广场举办 2014 年天津夏季达沃斯论坛“文化之夜”活动,中外嘉宾共同感受了天津这座新领军城市的独特魅力。

天津民园广场的前身是民园体育场,始建于 1920 年,位于本市和平区五大道的中心区域。曾是远东地区首屈一指的综合性体育场,也是中国第一个灯光足球场,成为天津市民心目中的记忆坐标。在漫长的历史岁月中,民园体育场经过了多次改建和重建。这附近的洋楼比比皆是,历史文化悠久,风貌建筑和名人故居星罗棋布,国家级、市级文物单位有近 60 处。素有“万国建筑博览会”之称。民园广场的存在,恰到好处地显露出天津中西文明兼容的独特气质,吸引了众多外地游客慕名游览。新设立的天津体育博物馆、民园艺术长廊、民园音乐广场和民园剧场也将成为该地区的文化亮点。新的五大道游客服务中心为中外游客提供更满意的服务;各具特色的文化主题咖啡厅、异国情调餐吧和特色美食小吃,会让市民和游客在游览五大道异国风情的同时,感受到五大道的悠闲与温馨;可以容纳 450 辆小汽车的地下大型停车场为游客的出行方便和缓解五大道地区交通压力提供强有力的支持。以民园广场为核心,会同周边的庆王府、先农商旅区、民园西里文化创意街区,以高雅时尚的欧陆风情,共同组成五大道文化旅游区的核心景区和集散中心。

经过改造提升后的民园广场展现出新的生机,在灯光映衬下,散发着迷人气息。如今民园广场已成为天津一张亮丽的文化名片,是中外嘉宾了解天津的重要窗口。“文化之夜”活动的主会场就设在民园广场的共享草坪上。会场大屏幕播放着展示天津经济社会发展成就的电视短片。艺术展示区内,瓷刻、树叶画等民间技艺,吸引着嘉宾的目光。文艺演出在歌舞《美丽的月季》中拉开帷幕,演员们身着花裙翩翩起舞,好像朵朵月季花,表达了迎接宾客的美好情意;杂技《肩上芭蕾》,将芭蕾舞艺术巧妙融入杂技艺术之中,在“奇与险”中阐释着“力与美”;舞蹈《踏歌》通过优美的节拍、灵动的舞步赢得观众阵阵掌声;在嘉宾身边演奏的快闪交响乐曲《闲聊波尔卡》,给人以美的享受;意大利歌剧名曲《今夜无人入睡》,将经典演绎得如醉如痴;大学生合唱团带来的一曲《旋律的旅程》,清澈、甜美、隽永,洋溢着青春活力;京剧名段演唱让嘉宾近距离感受到中国国粹艺术的芬芳雅韵……置身于民园广场,嘉宾们体验着天津这座城市古今交融的独特韵味,度过了一个难忘的夜晚。

总之,在进行策划时,有时候可能会遇到预算不足、时间不够、举办活动的时间不合适、活动会场不完美等问题。如果发现举办活动会弊大于利,那么不妨将活动推迟或取消,如果活动不能取得预期的结果,勉强继续下去,最后也只能是得不偿失。

【要点和进一步的思考】

1. 活动策划的含义是什么?
2. 活动策划的基本原则是什么?
3. 如何理解活动策划的目的性原则?

4.如何理解活动策划的创新性原则？

5.如何理解活动策划的可行性原则？

6.活动策划的关键环节是什么？

7.活动主办方在做活动目标分析时，具体要考虑哪些方面？

8.不同类型的活动具有不同的具体目标，那么，会议活动、展览活动、答谢活动、筹款活动、奖励活动、社区活动各自的目标是什么？

9.活动主办方在做活动参与者的需求调查时，需要做好哪些方面的调查？

10.若想激发和营造活动参与者美好的活动感受和体验，应从哪些方面着手？

11.在作活动的可行性分析时，要具体思考哪些问题？

12.确定活动主题时，需要注意哪些方面？

13.什么是客户专享活动？其有哪些特殊安排？

14.如何塑造活动的风格和氛围？

15.在活动方案的论证和形成过程中，需要考虑哪些关键问题？

16.活动的财务计划包括哪些方面的工作？

17.如何理解在活动的资金额度方面，“以最少的钱，做最出彩的事情”这一原则？

18.公司要参加一个商贸会，究竟该以何种身份介入？参展方？参观者？筹办者？请解释说明。

19.如何理解合理选择活动项目举办时机的重要性？

20.活动场地包括哪些类型？

21.常规活动地点和特殊活动地点各自的含义是什么？区别和优缺点分别是什么？

22.在选择活动场地时，需要遵循哪些原则？

HUIZHAN
会展经济与管理

第5章 大型活动的执行与管理

【本章简介】

本章探讨了大型活动的执行与管理。一般来说，活动主办方都会设立执行委员会来执行和管理活动。小型活动、中型活动和大型活动的执行和管理在本质上并没有太大的区别，但三类活动管理在规模、技术复杂性、强度、策划的详细程度以及责任的分配与整合等方面存在一定的差异。大型活动执行的具体任务包括公共关系维护和对外沟通、供应商合作、宣传推广、赞助、风险防范、意外事件处置、现场秩序把控、志愿者和人员管理、物料管理等各个方面。活动的精彩纷呈展现在细节之中，而对细节的把控需要依照专业化的标准来推进。聘用活动策划师或活动策划公司、根据目标客人的需求提供定制化的活动环节、与供应商进行持续而良好地沟通、做好人力资源管理、做好活动的审批工作等都是对活动进行精细化管理的要求。

活动项目经过市场调研、策划、立项、预算等过程，就到了活动的执行阶段。大型活动执行的具体任务包括公共关系维护和对外沟通、供应商合作、宣传推广、赞助、风险防范、意外事件处置、现场秩序把控、志愿者和人员管理、物料管理等各个方面。由于宣传推广、赞助、风险管理等重要的活动环节和工作内容在其他章节进行专门介绍，因此，本章活动执行的内容介绍将有所侧重，主要围绕任务分工、资源分配以及活动项目的现场准备、现场管理和离场管理等方面展开。

5.1 大型活动的执行过程

活动的举办是一个资源整合的过程。出席嘉宾、到场媒体等外部资源无疑是影响活动举办的规格以及成功与否的重要因素，但是活动执行主体的人力、财力、物力、执行力以及向心力等内部资源也同样重要。由于活动前期准备不足而造成活动运行不畅，由于分工不明而导致活动现场管理混乱和工作遗漏，由于对突发事件疏于准备以及引导技巧缺乏而加剧的现场秩序混乱是活动过程中最容易出现的问题。为了避免以上问题的发生，确保活动成功举办，活动主办方除了要精心策划活动，还要制订详细的活动执行方案，在活动执行以及现场管理当中，实行有效的组织、指挥、协调和沟通，以期活动过程能有条不紊地开展。

大型活动的执行要做好时间管控、供应商对接、人力资源调配以及现场人流管控。

首先，进行时间管控，做好时间安排表和节点控制。活动进行的时间是不可更改的，时间管理必须根据活动开始的时间来倒推。在做执行方案的时候，一定要把整个活动模拟数遍，考虑到每个细节，有序地安排各个阶段的任务和时间节点。

其次，做好供应商的对接工作。要与供应商就其为活动所提供的服务、设备、物料等的供应状况进行实时沟通和协调，保证食宿、交通、灯光、音响、舞台、服装、道具、特技、录制等各个供应商能保时、保量地提供产品和服务。

再次，做好人力资源调配。要确定活动现场各个工作环节的负责人以及团队人员的配置，对工作人员以及现场的志愿者进行管理。在执行方案中，最关键的是任务小组的分工及其负责人和人员的配备。活动执行强调的就是人的执行，因此，合理地安排活动的工作人员，进行权责明确的分工，让每个工作人员清楚自己的职责，并建立各任务小组之间的协调沟通机制是整个执行过程的关键。也就是说，活动执行成功与否的关键不是安排了多少人，而是在于是否明确了每个人的工作岗位，做到各尽其责，各尽其职。或许安排的人越多，现场的控制力反而越差，因为在这个过程中很容易出现互相推诿的现象。

最后，做好现场的人流管控。在制订活动执行方案时，除了活动的流程以外，还应该考虑到现场的人流方向，比如一个展会，在制订活动执行方案的过程中，就应该设计出一套合理的人流流向路线，保证参观者按照路线能参观到尽量多的展台，同时保证每个展台的人流分布大致合理，并避免重要通道和展台出现过分拥挤的现象。当然，人流管理除了加强现场管理之外，还需要与门票业务挂钩，因为门票是活动的准入门槛，是活动人流管控的最前端。

案例一：第六届东亚运动会的执行过程①

第六届东亚运动会是天津首次承办的国际综合性运动会，为了保障赛事顺利进行，组委会前期筹备工作进行得非常细致，而且也制订了应对各种突发情况的预案。对于市场开发、竞赛组织、场馆运行、媒体运行、后勤保障、应急处置等几项核心工作，组委会更是竭尽全力，保障了赛事的顺利进行。

回顾本届东亚运动会的执行过程，我们总结出了以下几个方面的经验。

第一，市场开发超额完成任务。市场开发部是第六届东亚运动会组委会成立之初最早设立的部门之一，其任务就是为赛事筹集资金、产品及服务支持。市场开发部对东亚运动会的定位非常准确。与奥运会、亚运会、全运会相比，东亚运动会的影响力、受关注程度都相对偏低，为了防止企业望而却步，市场开发部没有把赞助门槛定得过高。东亚运动会的赞助分为三个层级，分别是合作伙伴、赞助商、独家供应商及供应商，层级设立算是比较少的。此外，市场开发部也没有一味地追求资金赞助，也接纳产品和服务赞助，但前提必须是组委会或赛事需要的产品及服务，这样可以减少资金的支出，最终的效果还是一样的。比如服装、计算机、打印机、饮用水、网络传输等方面的产品和服务支持就为组委会节省了大笔的费用，也体现了节俭办赛的原则。此次天津首次承办国际综合性运动会，所以市场开发部前期对广州亚运会、深圳大运会及海阳亚沙会都进行了市场开发方面的考察，而且对上届香港东亚运动会的市场开发工作也进行了了解。2009 年第六届东亚运动会市场开发部成立，并在当年 10 月 10 日召开了全球招商发布会，当天签约了三家企业。此后 4 年多的时间里，市场开发部接触各类企业总数达 200 多家，最终正式签约 62 家，赞助资金最高的有几千万元，最少的几十万元。由于提早设立了法律事务部，所以有效避免了合同纠纷，签约都较为顺利。在市场开发任务目标总数中，资金和产品赞助的比例占六成，涉及 20 多个行业，引进了三星、可口可乐等世界级大品牌，还有人保、联通、搜狐等国内各行业中的佼佼者，以及渤海银行、天津航空等本市的品牌企业。众多知名企业的介入提升了整个东亚运动会的层次，也为 2017 年筹备全运会做了很好的铺垫。天津东亚运动会的市场开发工作也获得了东亚运动会联合会的高度评价。

第二，竭尽全力做好后勤保障工作。东亚运动会的成功举行离不开有力的后勤保障工作，对于繁杂琐碎的工作内容，第六届东亚运动会组委会后勤保障部处理得井井有条。后勤保障工作的内容包括各种物资的运输和赛时保障，像服装、快餐、茶点的供应，比赛器材的运输、回收等。对此，后勤保障部在前期也制订了详细的运行方案，针对不同的厂家去订货，其中运动服就订制了 12 000 多套，包括志愿者的服装 7 000 多套，还有 2 200 多套正装裁判服。成品服装的分发也是一项巨大的工程。还有快餐的供应，每天要为 7 000 多人提供用餐保障，我们在赛时还要检查送餐是否及时、菜品的质量是否合格等。比赛器材方面，第六届东亚运动会共用 925 类、17 436 种器材，器材的统计、运输工作量非常大。在运动会圆满落幕后，后勤保障部还要做好物资的回收。

① 东亚运展示天津办赛实力[N].今晚报，2013-11-12.

第三，通力合作保障赛事运行。为了细化组织架构，更好地保障东亚运动会各项目比赛的顺利进行，第六届东亚运动会组委会竞赛组织部特别根据24个比赛大项成立了单项竞赛团队。以东亚运动会网球竞赛团队为例，团队总计包括11个人，设置正、副主任各一名，下设三个主管，每个主管还下辖两名专员。网球竞赛团队的主任是国家体育总局网球中心的竞赛部主任，三个主管分别是竞赛服务主管、竞赛技术主管和场地服务主管，六名专员的工作任务更为细致，包括了运动员、技术官员的服务，还有竞赛信息的发布、球童的管理、比赛场地和训练场地的安排、比赛器材及用品的分发与回收等。说到东亚运动会的竞赛团队就不得不提龙舟竞赛团队，由于东亚运动会是国际赛事，比赛场地的要求级别很高，在比赛场地的前期选择方面，龙舟竞赛团队做了很多考察工作，考虑到赛场环境和运动员接送安排的问题，最终选定了水上公园东湖。东亚运动会的龙舟比赛在2013年10月13日开赛，但考虑到国庆黄金周期间水上公园的游客量非常大，龙舟场地的建设又必须在封闭的环境内进行，所以场地搭建的初始时间定在了10月7日的下午。而10月11日就要满足各运动队下水训练的要求，比赛场地的施工时间已经压缩到了最短，包括航道水线、起点平台、终点计时塔、发令台、陆上功能房间等设施都需要临时搭建，施工时间非常紧张。经过龙舟竞赛团队精心地布置和计划，龙舟竞赛场地在10月10日通过了验收，水深、水面宽度和长度都通过了考核，四条赛道和一条辅助赛道也达到了国际比赛的标准，还在当天组织了小规模的测试赛。

第四，人员赛程调整及时有序。一届国际综合性运动会的举办总会产生这样或那样的小问题，这是对组委会应急处置能力的一次考验。作为首次承办国际综合性运动会的天津，在第六届东亚运动会的应急处置方面展现出了极高的专业水平、突出的应变能力及开放包容的城市态度。在第六届东亚运动会的举办过程中，组委会遇到的第一个应急难题来自人员方面。第六届东亚运动会篮球项目的分组抽签仪式在10月3日举行，但就在10月2日下午临近18时，蒙古代表团突然宣布该国女篮将退出东亚运动会的比赛，这使得原有的6支参赛队伍减少到5支，随之而来的问题便是赛程的重新编排。篮球竞赛团队经与篮球项目的技术代表及国家体育总局竞赛主任磋商，考虑到赛程的长度不宜过长，最终决定名次排定就按单循环的积分来决定，之后又抓紧重新修改赛程，没有耽误比赛的进行。参赛队减少是难题，参赛队增加处理起来则更加棘手。在东亚运动会柔道项目的技术会议上，蒙古柔道队领队、亚柔联秘书长提出由于蒙古国内通信不顺畅，导致蒙古柔道队4名注册运动员没有报名信息，而且这4名运动员已经抵津准备参赛。面对这一突发状况，经东亚运动会组委会柔道竞委会、技术代表和国家体育总局竞赛主任研究决定，同意蒙古柔道队补报运动员的请求，并及时对赛程进行了调整，保证比赛按时开始。

第五，做好充足的应急准备。第六届东亚运动会组委会还针对恶劣天气制订了应急预案，结果还真派上了用场。在龙舟项目的场地搭建过程中，津城迎来了一次大风天气，龙舟场地的3个移动厕所都被吹倒了，在陆上搭建的帐篷也被吹歪了，还有一条参赛的船被吹离了码头，后来在湖对岸才找到。事发后，龙舟竞赛团队的人员全部赶到了水上公园东湖，帐篷和活动板房的生产厂家也派人到现场，还拉去了几车沙袋，众人冒着大风将帐篷一一固定，最终没有耽误比赛使用。此外，作为室外项目的网球比赛还受到了降雨的影响，东亚运动会网球比赛在位于团泊的天津国际网球中心举行，场内一个中心球场、4个比赛场地和八片练习场地都在室外，2013年10月13日那场雨断断续续下个不停，东亚运动会网球竞赛团队在当天一共组织了4

次擦拭场地，但每次擦完一会儿就又下雨了，比赛一直无法开始，而第二天又有男、女单打的决赛，所以当天的单打半决赛是必须要进行的。当天直到 17 时室外场地都无法使用。最后，东亚运动会网球竞赛团队启动了应急预案，安排车辆将运动员、志愿者、技术官员以及所需的比赛物资全部转移至位于复康路的天津网球中心室内场地，最终在 18 时 30 分左右开赛，在晚间 22 时 40 分左右结束了当日的全部比赛，保证了第二天赛事的正常开展。

在市场开发、后勤保障、竞赛组织及应急处置等方面，天津体育人经过第六届东亚运动会的锤炼与洗礼收获了大量的经验，这些经验对于筹备 2017 年全运会来说可谓是一笔无价的财富。

5.2 大型活动的执行主体

对小型活动、中型活动和大型活动的执行与管理在本质上并没有太大的区别，对三类活动管理的具体区别在于规模、技术复杂性、强度、策划的详细程度以及责任的分配与整合等方面。对小型活动而言，只需设立一个委员会来组织活动，这个委员会由主席、秘书、财务主管、公共关系协调员以及几个委员会成员组织，这些角色便可筹办和组织小型活动。对于较大的活动而言，活动的各个方面都需要加以注意，比如各个子项目之间的协调、团队的构建、接待、交通、开幕式、闭幕式、宴会、现场设施和服务、拉赞助等。一般来说，活动规模越大，其组织程度就越复杂，也越加面临着来自政府、赞助商等利益相关者的干预，这就加大了活动组织和执行的难度。较大活动的工作内容较多，大概需要准备一年的时间。很多规模较大的活动都在各地轮替举办，其原因是将举办活动的负担分担到不同的目的地。对大型活动而言，仅有组委会承担组织任务是不够的，还会下设执行委员会。考虑到组织效率，执行委员会的成员一般不超过 12 名。执行委员会由各个工作团队或分委员会组成。这些分委员会或工作团队负责资金筹集、赞助获得、后勤和运输保障、服务和设施提供、公共关系和营销、紧急救援和安全保障、人员管理、议程安排、场地管理等工作。以天津夏季达沃斯论坛筹备委员会为例，其下设办公室以及议题研究、贵宾接待、通信传输服务保障、医疗卫生和食品安全保障、交通口岸服务保障、消防安全保障、市容环境保障、酒店与旅游服务保障、志愿服务保障、场馆服务保障、车辆保障、应急管理、新闻宣传等多个工作组。

案例二：大型活动的组织架构和职责

1.2008 年北京奥运会组织委员会和执行委员会的架构

第 29 届奥林匹克运动会组织委员会（简称北京奥组委）成立于 2001 年 12 月 13 日，它承担着北京奥运会和北京残奥会各项筹办任务的组织工作。北京奥组委现下设秘书行政部、总体策划部、国际联络部、体育部、新闻宣传部、工程和环境部、市场开发部、技术部、法律事务部、运动会服务部、监察审计部、人事部、财务部、文化活动部、安保部、媒体运行部、场馆运行部、物流部、残奥会部、交通部、火炬接力中心、注册中心等 22 个部门。随着北京奥运会筹备工作的全面展开，北京奥组委逐步扩大它的编制，2008年增加到30多个部门。北京奥组委由主席、执行主席、常务副主席、副主席和秘书长组成。①

北京奥组委的执行机构为执委会，执委会由主席、副主席、执行主席、执行副主席和执行委员组成。

2.2010年上海世博会组织委员会和执行委员会的职责

上海世博会组织委员会的主要职责是：协调相关法律法规、规章及政策的拟定和实施工作，协调、推动各地区和中央有关部门的参展事务，推动落实中国政府邀请各国政府和有关国际组织参展；就上海世博会筹备、举办过程中的重大事宜作出决议、决定，确定世博会政府总代表。组委会的日常联络和协调工作由组委会联络小组负责，具体工作由中国国际贸易促进委员会承担。上海世博会执行委员会作为上海世博会组委会的执行机构，其主要职责是：在组委会的领导下，执行组委会的相关决议、决定，承办组委会交办的事项，将有关情况定期向组委会报告，反映筹备过程中出现的问题，指导、协调上海市有关机构开展工作。执委会下设上海世博会事务协调局，具体负责世博会的筹备、组织、运作和管理工作。②

5.3 活动执行的阶段及其工作内容

活动执行可以分为活动前期准备、活动现场管理以及活动后期三个阶段。在每个阶段都要进行具体的任务分工，界定其主要工作要求及内容说明，并且明确其负责人以及任务完成的时间节点。以一个一般活动为例，活动的执行阶段及其工作内容大体如下。

5.3.1 活动前期准备阶段

①准备和制作好活动宣传材料。在宣传材料方面，要准备活动策划书，关于活动的正式发文，用于宣传的悬挂条幅、张贴海报、设置气拱门、电子屏、幕布、展板，投影仪、电脑以及演示文稿（PPT），节目单，媒体、主持人、领导及嘉宾的邀请函、新闻稿、主持稿和发言稿，相机、摄影机等拍摄器材，营造气氛的花束、热气球、彩旗等。

②准备好活动现场所需物品。在现场所需物品的准备方面，要备好饮用水，灯光、音响，签到本和笔，礼花炮、桌椅、礼品等。

③邀请和确定到场的重要人员。邀请并最终确定到场的领导、嘉宾、主持人、评委等，提前安排好座位，准备好座位牌。

④确定并租用活动场地及设备。无论是室内还是室外的活动，都需要提前确定活动场地。尤其是租用室外场地时要考虑到洗手间、更衣间、化妆间的安置问题。除了场地之外，会议、座谈会、颁奖仪式、讲座之类的活动一般还需要准备好管弦乐队和背景音乐，以营造现场气氛。活动基本都需要用电，特别是室外活动的用电需要事前提出申请并获得批准，并准备好所需电缆。

---

① 国务院办公厅关于成立第29届奥林匹克运动会组织委员会的通知[EB/OL].中央政府门户网站，2001-12-12.

② 上海世博会组织机构[EB/OL].中央政府门户网站，2008-05-05.

⑤进行活动现场的清洁和布置。在活动之前,要对活动现场以及嘉宾室进行清扫和布置,保证活动现场干净有序,并将活动现场布置为所需格局。

⑥对于活动现场的重要活动进行彩排。在活动现场,可能会涉及表演、颁奖等活动,需要提前彩排。

⑦安排基本观众。许多活动到场的观众是不能达到预期的,为了活动的现场效果,有时需要提前安排基本观众。当然,现场观众数量最基本的保障方式是预售票、团体售票、预热活动环节赠票等。

⑧确定维护现场秩序的安保人员、催场人员等。

⑨确保互动环节的提问。要安排好互动环节的发问人员及发问的问题,确保不会冷场。尤其是现场直播的重大活动,要特别注意这方面的安排和风险防范。

⑩制作路标并提前摆放。对于活动主场以及餐厅、洗手间等非常重要的场所,要提前制作路标和指示牌。如果是重大活动,还需安排统一着装的志愿者或礼仪队进行迎宾和提供导引服务。

⑪规划和安排好停车场和停车位。对于临时停车场,还要获得相关部门的批准,并且做好各方的协调工作,安排好停车场的进口、出口、停车位的位置和线路,必要时安排停车引导人员。

5.3.2 活动现场管理阶段

在活动的现场管理中,要做好以下几个方面的工作。

①安排好签到、合影、礼仪引导、领导及嘉宾入席等接待工作。

②安排现场全程拍摄。

③为了保证现场的气氛,最好先前安排好司掌员。

④确保安保人员和催场人员各就各位、履行职责,维护活动场地的安全和秩序,保障活动各个环节相互衔接。

⑤做好话筒传递等现场服务。

⑥相机地做好观众的调整。如果活动开始前观众还没坐满,就要迅速将后面几排的观众调整至前面。

⑦确保现场记者记录活动时拥有足够的行动便利性。

⑧介绍领导和嘉宾。

5.3.3 活动后期阶段

在活动的后期阶段,主要包括撤离、清场、财务结算以及评估等工作。

①一场活动举行完毕之后,要整理会场和物料并进行现场清理。

②进行财务结算,如尾款催收、演员劳务结算、制作尾款结算、项目费用结算等工作。

③要整理文件材料并存档,以便以后工作使用。将合同、策划方案、执行台本进行存档,收集网络、电视、报纸、杂志等宣传资料,整理现场照片、录像以及物料设计稿等资料,并将以上所有资料进行保存。

④与媒体沟通确认活动是否被报道。

⑤向有关部门和领导汇报活动情况并进行工作总结。

⑥重大活动还要进行专门的评估,既包括活动主办方的自评估,也包括第三方评估,并将评估结果向社会公布。

活动执行过程一般以活动流程图的方式呈现,活动流程图会详细规定活动执行的如下方面:细化的工作时段、细分的工作内容板块、具体的实施地点、工作负责人、供应商对接人、酒店对接人、摆台形式、参加人数、物料明细、场地方的工作内容、待确认的事项等。

5.4 活动的精细化管理

活动管理是一个细节决定成败的精细活。活动的各个要素环环相扣,要防止多米诺骨牌效应的发生,必须重视活动细节的安排和打造,让活动的整个流程不掉任何一节链条。活动的成功需要注重细节,同样,活动的精彩纷呈也展现在细节之中,而对细节的把控需要按照专业化的标准来进行规范和监控。要做到对活动进行精细化管理,以下经验值得借鉴。

第一,聘用活动策划师或活动策划公司。当某一机构要举办重要的活动时,应聘用活动策划师、顾问,或者向专门的活动策划公司购买服务。不要认为聘请顾问和策划师是浪费钱,及时、恰当地聘请策划师最终能节省资金。优秀的公关公司能够为活动举办者提供很多方面的精细化和专业化服务:敲定嘉宾名单,确保客人的选择恰到好处;协助举办新闻发布会、制作宣传资料,使活动得到国内外媒体的宣传报道;提供一些实用的创意策略,在策划、组织、物流、协商等方面起到画龙点睛的作用;充分合理利用空间,安排高台上的晚宴、架在空中的乐队表演;确保活动符合消防与安全的各项标准、相关证件齐备以及购买相应的保险。如果没有专家的加盟,则可能会导致严重的损失。

第二,要根据目标客人的需求提供定制化的活动环节。比如,很多专业研讨会,其成功举办仰赖于相关的专业人士来参加会议。而很多专业人士不愿意牺牲陪伴家人的时间来参加研讨会。针对这种情况,就可以邀请其家属来参加活动,并为其家属提供专门的娱乐或休闲活动,以此来解决专业人士参加研讨会的后顾之忧。第 18 届国际银行监督官大会就为国外专家的随同人员安排了参观黄崖关长城、杨柳青石家大院、杨柳青年画展、天津文化中心等活动项目。

第三,与供应商进行良好、持续的沟通。活动的供应商多种多样,场馆管理方、现场搭建商、灯光供应商、视听设备供应商、保安公司、广告代理商、物流公司、保险经纪、餐饮店、酒店、翻译公司、医疗卫生部门、广告印刷商等诸多供应商汇聚于活动的供应过程,它们共同影响着活动的质量。在活动全过程,都要派专门人员与活动的各个供应商保持充分的沟通,保证各项货品和服务保质保量地按时供应。无论是与客户还是与供应商都要制订付款时间表。在签订合同时,活动策划人员应该告知客户支付条款和付款条件,并在合同中写明付款日期与金额。

第四,做好人力资源管理。举众人之力才能把一项活动办好,这就要充分调动工作人员以及志愿者的积极性和能动性。在人员的调动上,一定要了解“知情才能出力”这个简单的道理。在大型活动中,并不是每一个员工都是活动策划家,更多的员工只是专注于某一个工作环节而未必能够了解活动的全局以及所有的策划意图。因此,应该给予活动工作人员以及志愿者应有的指引和培训。

第五,做好活动的审批工作。活动组织者要了解水域警务、环境保护、运输部门的相关要求和规定,因为这些直接影响到活动项目的首创精神和可行性。必要时,还需要获得相关部门的批准。有人觉得审批很复杂、很麻烦,但是在实际工作中,获得相关部门的审批是个非常重要而有实际价值的过程。审批环节不仅是降低活动风险的一个环节,也是争取相关部门理解和支持的过程。根据我国《大型群众性活动安全管理条例》的相关规定,超过一千人规模的体育比赛活动、演唱会和音乐会等文艺演出活动,展览展销活动、游园活动、灯会、庙会、花会、焰火晚会、人才招聘会、现场开奖的彩票销售等群众性活动需要到当地公安机关获得批准。近年来,很多地方开始要求一千人以下的群众性大型活动也需要备案。以焰火晚会为例,根据我国《烟花爆竹安全管理条例》的相关规定,举办焰火晚会以及其他大型焰火燃放活动,应当按照举办的时间、地点、环境、活动性质、规模以及燃放烟花爆竹的种类、规格和数量,确定危险等级,实行分级管理。举办焰火晚会以及其他大型焰火燃放活动的主办单位应当按照分级管理的规定,向有关人民政府的公安部门提出申请。

案例三:国内音乐节的精细化管理亟须加强

目前,我国很多大型活动在精细化管理方面还有很大的提升空间。以大型音乐节为例,经过了几年乃至十几年的市场铺垫和培养,越来越多的人开始接受音乐节这种娱乐形式,上海草莓音乐节的观众已达二十多万人,门票收入已占了成本回收的较高比例,商家赞助只占成本回收的25%,这是一个音乐节规模化和商业化成熟的标志。随着观众人数的不断攀升,对音乐节主办方最大的考验便是活动现场的接待能力、现场管理以及服务意识提升。国内几大音乐节虽然在战略定位上呈现出一定的差异性,但是在精细化管理方面还存在人群管理、秩序维护、表演者专业水平提升等一系列共同的问题,有关音乐节在管理方面存在缺陷的报道也常见报端。管理粗放及其所带来的问题,不仅会给音乐节的观众造成不良的感受,也会令音乐节在普通大众心目中的形象大打折扣,因此,需要全方位提升音乐节的档次和水准。

在对音乐节的批评声中,主要包括进场和离场排长队、如厕难、乐队表演不佳、观众素质参差不齐等问题。不少音乐节都提供电子票预订服务,很多观众以为提前预订就能省去排长队买票的麻烦,实则不然,先要排队把电子票换成纸质票,然后再和其他买了纸质票的观众一起排队进场,反倒浪费了不少时间。在这种情况下,电子票只承担了预售票的功能,而对于观众而言,电子票则成了鸡肋,失去了其原有的提高入场效率或优先入场的功能。观众在离场时,也会遭遇排长队的情况,不仅要排队上摆渡车,当上了车之后还要等待道路上的人群疏散才可以发车。在音乐节活动现场,如厕排长队、如厕环境差的情况也较为普遍。针对以上问题,主办方虽然做了增加检票口、设置移动卫生间和清洁人员等措施,但依然难以应对大型活动高密度的人群聚集这一属性。乐队表演的曲目数量临时减少、表现欠佳也偶有发生,这体现出主办方对乐队合同管理的漏洞,乐队出场费标准不合理和不透明、彩排和演出时间安排不合理、音响等现场硬件设施出问题等也是部分原因。在音乐节现场,除了乐队之外,观众也是音乐节的另一种“表演嘉宾”。打扮另类、着装时尚的文艺青年俨然成了音乐节中一道特别的风景线。然而，一些观众却表现出乱丢垃圾、打架等行为。观众乱扔垃圾，当然主要是观众的问题，但是音乐节主办方也有责任，垃圾桶数量少、位置不醒目、垃圾倾倒不及时等是观众乱丢垃圾的诱因。针对垃圾收纳问题，一些国外音乐节的做法值得借鉴，比如，挪威 OYA 音乐节把宣传环保的彩色气球拴在垃圾桶上以便让观众很容易地找到。德国柏林的 Fusion Festival 会在入口处派发垃圾袋，同时，在音乐节门票价格内附加环保费，待音乐节结束后，将环保费返还给自收垃圾的观众。

针对以上难题，音乐节主办方需要做好各个环节情况的预估并做好应急准备，持续不断地探索解决之道。

案例四：G20 峰会的精细化管理

2016 年二十国集团（G20）领导人杭州峰会期间，杭州国际博览中心作为主场馆开门迎客。管理团队精心维护主场馆，小到屏风设计，大到全球首脑的午宴菜单。照片墙上是西湖风景，餐厅里是杭帮菜，每个细节都要让中外来宾充分感受杭州特色。准备工作以“大国风范、江南特色、杭州元素”为标准，还要做到“安全运行万无一失，接待服务滴水不漏”。虽然各项准备工作就绪，但团队每天在场馆内转场检查。203 台电梯都要接受全面检查；展览区、会议区、办公场所的所有空调要反复调试；音视频系统必须调试到最佳效果；电力系统也要接受满负荷检测，确保整个系统在会议期间平稳、安全运转。

领导人午宴也是峰会服务工作的重点。厨师团队将为 36 位领导人提供“个性化”午宴，既要凸显杭州特色，又要考虑饮食习惯。吃不吃盐或洋葱，矿泉水带不带气泡都要了解清楚、准备妥当。按照国宴的标准，午宴是四菜一汤。食材并不奢华，但要经过厨师精心烹调：一要最大化调动人的味觉；二要体现中国美食文化的源远流长；三要融入西餐手法，更符合各国嘉宾的口味。就算是小小面包，也包含精致匠心。杭州高湿高热，新出炉的面包一开始还是脆的，但放一段时间就咬不动了。于是，厨师团队反复调整面粉和糖的配比，才最终完成了堪称完美的“峰会面包”。

【要点和进一步的思考】

1.大型活动的执行过程包括哪些具体任务？

2.常见的大型活动的组织机构和执行机构有哪些？

3.活动执行包括哪些阶段，其具体工作内容是什么？

4.在活动的精细化管理方面，有哪些需要特别注意的工作细节？

第6章 活动营销

【本章简介】

本章从微观和宏观两种角度介绍了活动营销。宏观意义上的活动营销是指机构以活动为载体来推进营销,通过介入重大的社会活动、策划和组织大型活动而提高机构及其产品、服务或品牌的知名度和美誉度的过程。宏观意义上的活动营销不仅对活动主办方具有很强的营销价值,对一个现代城市而言,其营销价值也是非常巨大的。微观意义上的活动营销是指活动的主办方或承办方通过各种媒介和方式进行活动开发、活动目标市场定位、活动定价、活动推广、活动促销以及活动场地选择的过程,活动营销的最终目的是吸引观众。确定活动的产品和特色、确定细分市场及其客户、分析消费者的决策过程、制订满足客户需求的计划、确定门票价格和入场券方案、推销活动项目都是活动营销的重要工作内容和步骤。

活动营销(Event Marketing)具有微观和宏观两重含义。以下内容将围绕这两个方面展开论述,以便我们对活动营销有更加全面的认识。

6.1 宏观活动营销

6.1.1 宏观意义上的活动营销的含义

宏观意义上的活动营销是指机构以活动为载体来推进营销,通过介入重大的社会活动、策划和组织大型活动,提高机构及其产品、服务或品牌的知名度和美誉度的过程。这里所说的机构既可以是企业,也可以是政府或社会组织。宏观意义上的活动营销有时也被称为事件营销,是一种和绿色营销、公益营销、病毒营销、饥饿营销等相并列的营销方式。宏观意义上的活动营销作为一种国内外非常流行的市场推广和公关传播手段,打破了传统营销方式的缺陷,集广告、公关、形象传播、促销、推广、客户关系提升等众多营销手段于一身,借助直观性、体验性、互动性、主动性的优势,实现更强烈的传播效果,并能以最短的时间和最快的速度创造出强大的影响力。尤其是新产品发布会等商业性大型活动,其产品推介、品牌展示的效果非常突出。

6.1.2 宏观意义上的活动营销的意义

相对于单纯的媒体传播和广告来说,活动营销至少具有以下两大优势:一是变被动为主动。在消费者看来,单纯的媒体传播和广告都是被动的接收,而公关活动,更多的是吸引目标受众主动参与,通过体验,更多地了解产品和品牌信息。所以,活动营销的传播达到率更高、效果更好,更有利于企业将产品信息和品牌信息传递给目标受众,并最终达到促进销售的目的。二是零距离接触消费者。单纯的新闻传播和广告都需要电视、报纸、路牌等载体来实现企业与消费者之间的对接,而活动营销则是直接与消费者沟通。

对活动的主办方而言,活动营销可以使企业获得品牌提升、销量增长以及媒体关注度提高等好处。第一,提升品牌的影响力。一个好的活动营销不仅能够吸引消费者的注意力,还能够传递出品牌的核心价值,进而提升品牌的影响力。那么,如何让品牌的核心价值为消费者所认同呢?关键就是要将品牌核心价值融入活动营销的主题里,让消费者接触活动营销时,自然而然地受到品牌核心价值的感染,并引起消费者的情感共鸣,进而提升品牌的影响力。第二,提升消费者的忠诚度。活动营销是专为消费者的互动参与而打造的活动,更能够提升消费者对品牌的美誉度,进而提升消费者的忠诚度。第三,吸引媒体的关注。大型活动具有高聚集性,这也使得大型活动具有较高的话题性,也是媒体纷纷报道的焦点。通过对大型活动的争相报道,无疑会引发公众对活动主办单位、举办地点以及活动参与者的关注。

宏观意义上的活动营销不仅对活动主办方具有很强的营销价值,对一个现代城市而言,其营销价值也是非常巨大的。现代城市也越来越重视活动营销,以节庆活动为例,国际知名的慕尼黑啤酒节和戛纳电影节以及国内影响越来越大的上海电影节、青岛啤酒节、哈尔滨冰雪节,都已经成为当地城市聚集人气、扩大影响、刺激旅游业发展的利器。

6.1.3 目的地活动营销

博鳌亚洲论坛,让博鳌从一个默默无闻的小渔村变成具有国际知名度的度假小镇。博鳌的成功在于它的经营者在当时准确地把握到会议选址的新趋势,把握了亚洲经济低迷时对于真正属于亚洲的论坛组织的需求。博鳌的非政治敏感身份,也使它能符合非政府品牌论坛的需求并获得成功。最后,品牌论坛以举办地小镇名称作为其命名的一部分,对于目的地的营销是非常有利的。博鳌的成功蕴含了颇多的城市营销智慧。除了博鳌亚洲论坛这个例子之外,巴西、俄罗斯、印度、中国、南非这五个"金砖国家"的会晤活动也曾让三亚闪耀世界。2011 年,因为金砖国事活动,全球 230 多家媒体的 800 多名记者来到三亚,其中外国记者多达 400 人,仅俄罗斯就派来 80 多名记者。金砖国家发布了《三亚宣言》,向世界表达了五国的共同利益和关切,并宣布了具体的行动计划。有评论认为,三亚的名字将贯穿行动计划的实施过程,被不断提及。

不仅国际事务和外交型的大型活动促进了目的地的营销,文化庆典类大型活动也提升了城市的知名度。潍坊国际风筝节是我国最早冠以"国际",并有众多海外人士参与的大型地方节会。其创立的"风筝牵线、文体搭台、经贸唱戏"的模式,被全国各地广为借鉴。潍坊国际风筝节的成功举办给潍坊市带来了显著的经济效益,风筝产业链的相关商品成为潍坊经济的一大特色。潍坊国际风筝节也引发了经济观念、经营模式和经济结构的巨大变化,扩大了对外文化交流,繁荣了文化事业。中国国际动漫节落户杭州后,杭州没有让动漫节仅仅停留在一次以动漫为名的"集体狂欢",而是抓住中国动漫产业开始进入大发展阶段之机,擦亮动漫节的金字招牌,依托动漫节的独特平台,点燃杭州动漫产业高速发展的引擎。同时,也展示了杭州这座古城在新时代特有的活力。

基于大型活动对城市、社区、景区等目的地的重要意义,目的地需要加强对大型活动的经营与管理。对于一个特定的目的地而言,要克服大型活动举办时间的有限性与地方可持续发展的矛盾,创造、发挥和放大大型活动的长期效应。此外,大型活动的总体规划需要遵循系统性原则,即按照大型活动的类型和举办周期,对本地传统性活动、文化性活动以及综合性活动进行整体规划,以保证每周都有小型活动、每月或每季都有大型活动、每年或几年举办一次标志性活动,以便实现目的地资源的整合以及可持续发展。

城市目的地对大型活动的运作策略包括:品牌化、市场化、信赖性提升。

推动目的地大型活动(尤其是标志性活动)的品牌化,将其视为一个品牌来进行运作。首先,将标志性活动视为目的地营销的产品,进行市场细分和市场定位,打造出本地活动品牌,实现活动提高声望、促进旅游的功能;其次,建立和完善大型活动产品开发、维护与创新的制度化管理和运营体系;再次,注重大型活动的品牌注册以及知识产权保护。

推动目的地大型活动的市场化,政府应建立或整合大型活动的管理部门,充分利用专项资金调节和带动大型活动业发展,提供完善的公共服务保障。在政府完善扶持、促进、服务和保障工作职能的同时,要积极促进大型活动的市场化运作,由专业公司具体操作活动本身,由具有权威资质的策划师来对活动进行策划。当然,政府在推动当地活动行业发展、鼓励民间投资活动行业、培养活动行业人才等方面负有不可推卸的责任。

提升目的地大型活动的可靠性意味着在筹划大型活动之初要进行科学的可行性论证,并获得当地政府以及社区居民的支持,提高地方政府以及社区居民对举办活动的认同和信赖度。

案例一：大型国际会议与城市名片打造和城市整体营销[①]

在全球化和多元化的大背景下，人们越发渴望以平台和对话的形式面对合作与竞争。过去，北京、上海、广州、深圳等城市凭借资源集中、交通便利等优势，一直是大型国际会议的“操盘手”。近年来，越来越多的新一线城市参与进来，借力主场优势向世界递上自己的名片。杭州的G20峰会、厦门的金砖国家峰会、青岛的上合峰会，都成为一个城市乃至一个地区展现发展成就和文化底蕴，重新整合区域发展优势的“黄金机会”。盛会与城市的激情碰撞正在世界范围内高频上演，现代城市借助一场场国际会议，一次次走向世界，其中的链接机制包括会议目的地打造以及带动会展经济和旅游业发展、更新城市面貌和讲好城市故事。

第一，会议目的地打造以及带动会展经济和旅游业发展。说起以会闻名的城市，达沃斯可谓数一数二。过去，得天独厚的地理环境使达沃斯成为欧洲最好的度假胜地之一。然而，随着竞争加剧、市场饱和、全球变暖等问题，昔日“冰雪小镇”的热度开始走向下坡。面对这样的局面，达沃斯开始转变思路，利用瑞士中立国的优势，打造国际顶级商务会所。自1971年举办的“世界经济论坛”使达沃斯的影响力走出欧洲，开始频繁出现在世界经济和政治的舞台上，而这些高端会议的落地反过来促进了达沃斯产业经济的良性循环。据统计，除了“世界经济论坛”之外，每年在达沃斯举办的300~1 500人规模的大型国际会议有50多个，小型国际研讨会数量将近200个。这些国际会议产生的经济效应每年能给达沃斯带来约3亿瑞士法郎的收入，占达沃斯年GDP总量的40%。此外，小镇每年可接待230万名游客，旅游业较过去得到了更好的发展。正是这种经营思路，成就了今天的“达沃斯”。

同样的升级与蜕变正在中国上演。2016年9月4—5日，G20峰会在杭州圆满举行。杭州把历史名城的人文底蕴和创新之城的锐意进取完美融合，骄傲地展现在全世界的聚光灯之下，G20峰会之后，杭州的国际知名度进一步提升。作为G20杭州峰会主会场，杭州国际博览中心启用4个月营收破亿元并实现盈利，最远的订单已排到2022年。全国学生运动会、世界短池游泳锦标赛、世界游泳大会以及2022年亚运会，国际性赛事项目接踵涌入杭州。新一轮旅游国际化行动计划，也将让杭州基本形成以国际化为引领的全域旅游新格局。2017年，杭州实现地区生产总值(GDP)12 556亿元，增长8.0%，排名进入全国前10位。杭州萧山国际机场旅客吞吐量全球排名较2016年上升2位、货邮吞吐量排名上升3位。为了让峰会效应惠及百姓、惠及长远，杭州市委市政府将峰会筹备与城市发展、改善民生相结合。在场馆等硬件设施保障方面，没有新建场馆，对现有场馆进行改造提升，为杭州未来发展会展经济、打造国际会议目的地城市打下基础。在城市环境整治提升方面，打好市政交通基础设施建设、道路与街容环境提升、城市门户综合整治、电网、通信“组合拳”。杂乱破旧的思鑫坊重现历史风貌、污水横流的弥陀寺巷变成绿草如茵的小公园。西湖、运河、钱塘江三大核心景区的亮化提升工程，赢得市民游客点赞，也是“夜间经济”重要手段。峰会相关重大项目集中拉动同时期有效投资，积极效应已初步显现。2016年上半年，杭州地区生产总值增长10.8%，增幅居于副省级以上城市首位。峰会后一个时期杭州基础设施建设任务仍然繁重，投资力度和强度不会出现明显波动。在筹

① 办好一个会，提升一座城[J].商周刊，2018-06-25.

备G20峰会同时已同步考虑发挥“后峰会、前亚运”(2022年)效应：一是继续加快城市基础设施建设；二是创新基础设施建设，推进城西科创大走廊、城东智造大走廊、钱塘江金融港湾和特色小镇建设；三是民生基础设施建设，将实施大规模城中村改造提升计划，推进环境基础设施建设，污水处理设施和垃圾处置设施建设。G20峰会以及未来的2022年亚运会等大型国际盛会给杭州带来最直接的影响是城市知名度的提升，杭州的城市国际形象将实现从“距离上海176公里的城市”到“G20举办地”的转变。更为长远的影响体现在3个方面：一是杭州国际化水平提升；二是经济发展质效提升；峰会将推动杭州会展旅游、信息服务、文化创意、金融保险等行业发展，促进外来投资增长。三是城市软实力提升，推动城市、政府与市民共成长。通过峰会筹备历练，杭州各级政府部门也在积累经验，促进城市公共服务和管理水平提升。

2017年厦门金砖会晤的成功举办，也为厦门市会展业带来了前所未有的发展势头和机遇。据相关统计监测显示，2017年9—11月厦门市共举办展览69场，会议2 308场，外来参会总人数约170万人，全年会展经济效益达376亿元。

2018年6月，青岛承办上海合作组织青岛峰会。青岛，作为古代丝绸之路的北线起航点和重要枢纽，当今新亚欧大陆桥经济走廊主要节点和海上合作战略支点城市，在开展与上合组织国家经贸合作上优势明显，其承办上海合作组织峰会实至名归。此次峰会也大大提升了山东省和青岛市的形象。

第二，更新城市面貌。“办好一个会，提升一座城”。举行大型国际会议的另一收获就是城市整体形象和基础设施水平的提升。国际化的要求能让一座城市在短时间内对标世界一流城市，扬长补短。2017年年底，外交部宣布青岛确认为2018年上合元首级峰会举办城市以来，青岛市委、市政府将筹备工作与“全面提升城市环境品质建设美丽青岛三年行动”相结合，在基础设施更新、市容秩序整治方面取得了显著成效。经过筹备上合峰会的洗礼，青岛已不仅是“红瓦绿树，碧海蓝天”，更有整洁通畅的街道和璀璨夺目的城市亮点。在上合峰会灯光焰火表演中让人惊叹的浮山湾沿海建筑灯光秀早已成为青岛一道亮丽的风景线。如今的夜晚，五四广场、石老人海水浴场等地成为众多市民和游客欣赏灯光秀的聚集地。

第三，讲好城市故事。举办大型国际活动，不仅可以有效带动举办地旅游业和城市基础设施的发展，也能有效提升城市的国际知名度。“渠道少、声音小、品牌弱”是以往城市外宣工作会遇到的瓶颈。大型国际会议除了能给举办地带来“利”，还带来“名”。城市举行国际大型盛会之时能吸引世界的目光，吸引世界范围内知名媒体的宣传，在活动本质上来看是一座城市品牌建设和品牌营销最好的平台和机遇。

近年来，杭州、厦门、郑州、成都、武汉、南京、青岛等城市都先后举办了世界级的会议或体育活动，成为展示中国改革开放成就的窗口城市。青岛借助上合峰会，在城市推介与宣传上也下足了功夫。从街头巷尾的交谈到社交平台的传播再到新闻媒体报道，青岛以“大外宣”的组合拳开启霸屏模式。国内的家喻户晓已不是青岛目标，青岛正计划让这座城市的美，成为世界“印象”。本次上合峰会注册外宾超过2 000人，中外记者约3 000人。峰会的新闻中心成为境内外媒体注册记者们了解青岛的窗口。中、英、俄语3种版本的《解码青岛》《青岛采访指南》成为最抢手的“第一手材料”，增强了“青岛声音”在海内外媒体的传播力与影响力。在新闻中心东侧半开放长廊，青岛知名企业及重点项目设置了极具青岛特色的文化互动体验区，海尔、海信、青啤等青岛知名品牌以及青岛国际院士港等重点项目的展示和互动，生动展示了青岛“品牌之都”的魅力，吸引了中外媒体的普遍关注与点赞。

从全盘角度和长远的眼光看，一场场盛会将促使杭州、厦门、青岛等新一线城市的城市品牌效应进一步释放，在不断缩减与北上广之间差距的同时，又极大彰显了区域个性。与国家发展版图中“一带一路”“长江经济带”等倡议规划不谋而合。

6.1.4 企业活动营销经典案例

在报纸、电视、网络信息大爆炸的当下，找个明星做个代言，或是一句台词狂轰滥炸，早已不能吸引消费者经过“千锤百炼”的目光。怎样在最短时间内吸引消费者的眼球，以最小的成本取得最大的收益，已经成为每个企业必须面对的问题，活动营销成为一个越来越时髦的选择。现以家具企业为例，再现家具企业经典活动营销案例。

案例二：宇泰家具高调打假活动

在2011年3月的第27届广州国际家具展上，名不见经传的佛山宇泰办公家具公司一下子成为包括广东卫视、深圳卫视、东方卫视、浙江卫视、安徽卫视、四川卫视等国内电视主流媒体关注的焦点。原因无他，只因该企业请来了著名的打假英雄王海，为其专利产品“百凤朝凰”打假。虽然此种行为被质疑是在作秀和炒作，但佛山宇泰办公家具仍旧在一夜之间成为整个家具行业的“新星”。

宇泰家具公司就抓住这一点，另辟蹊径，以“打假”为噱头，在最短的时间内吸引了媒体和消费者的关注，再以一个近乎戏剧化的“表演”，将自己的品牌完美地宣扬出去。这种将“劣势”转化营销手法的案例在很多行业里都很常见，但在家具行业里尚属新鲜。由此，给企业带来的巨大收益可想而知。

案例三：雅兰床垫让历史成为前进的“垫脚石”

“一张老床垫，价值10万元”这句广告语拉开了雅兰2011年营销活动的序幕。作为45周年的庆典活动，4月15日—5月31日，用户只要登录雅兰官方网站提交曾经购买过的雅兰床垫的发票、收据或者床垫的照片，就有机会获得最高金额达10万元的奖励。这个针对雅兰床垫老客户的活动一推出，不仅赚足了眼球，还有不少消费者表示，一定要再买一张雅兰床垫，留到其50周年时来参加活动。雅兰床垫作为一个香港品牌，比起其他国内外知名床垫品牌来说，在内地的宣传一直处于劣势，怎样利用这次45周年活动最大限度地传播自己的品牌呢？比起绞尽脑汁地选择场地办酒会，雅兰“寻找老床垫”的活动显得亮点十足：利用“老床垫成古董”的做法吸引了大批媒体的注意，在前期进行足够的预热。而后对这批上年纪的消费者进行回访，以他们的故事作为蓝本，为自己的品牌品质做宣传，因为没有什么比用户长达20年的喜爱能更真实地反映雅兰的品质保障了。

案例四：爱蒙床垫将慈善“进行到底”

2011 年 3 月 19 日，“让爱红动中国，以惠牵动百城”——爱蒙中国红色之旅慈善巡演发布会在广东省惠州市启动首发仪式。这场以“推动企业与大众的行善献爱的优良潮流，促进中国慈善事业”的巡演由中国红十字基金会、敏华控股集团及爱蒙床垫共同主办，将贯穿 2011 年全年。而作为首个与中国红十字会结盟的家具企业，爱蒙床垫今年的一举一动，都受到了行业人士及广大消费者的广泛关注。联手举办慈善活动已经是这几年出现的一个全新的“营销模式”。爱蒙床垫通过与中国红十字会联盟开创了家具品牌慈善营销的“先例”。作为敏华控股旗下的床垫品牌，爱蒙已经做足了前期宣传，但想要“一飞冲天”，在人们对于各式各样的床垫宣传语已产生“免疫”的情况下吸引眼球，则需要一个与众不同的“口号”。爱蒙床垫的这场“中国红”行动，在很大程度上给消费者树立了一个品质优异的“好企业”形象，建立了良好的口碑。

纵观 2011 年上半年家具业最成功的几次营销活动，虽然形式各异，手法不同，但都不约而同地选择了活动营销方式。在具体活动内容的选择上“剑走偏锋”，通过另辟蹊径的做法，在最短的时间内引起最大的关注度。当然，企业在活动营销之后，更要注意持续的品牌“维护”，以赢得口碑。①

一般来说，企业活动营销的实施可以参照以下步骤。

第一步，广泛搜集特定消费者的数据信息，建立数据库。通过各种渠道搜集消费者信息，这些信息包括：消费者姓名、年龄、家庭住址、联系电话、家庭收入、健康状况等，建立消费者档案数据库，并对这些数据进行分析整理，将消费者按需求状况分类，确定目标消费人群。消费者数据信息搜集的渠道包括：亲戚、朋友、同事、邻居等熟人；熟人转介绍；陌生拜访；通过各种活动等。

第二步，活动营销的组织实施。确定活动的时间、地点后，针对目标消费人群发出邀请。活动营销主要以服务为主，以消费者喜闻乐见的文娱活动来吸引目标人群参加。

第三步，跟踪服务。对购买的客户进行售后跟踪服务，指导使用，并对使用前后的效果进行比较，形成良好的口碑宣传。对未购买的客户进行继续跟踪，通过一对一的沟通，消除其顾虑，促成销售。

宏观活动营销和微观活动营销二者存在辩证关系。微观活动营销是宏观活动营销效果保障的基础。只有把微观活动营销做好，才能实现活动整体的营销意义。下面将着重介绍微观活动营销。

---

① 喜九.家具经典营销事件深解析 让别人照亮自己的路[EB/OL].搜房网，2011-05-10.

6.2 微观活动营销

营销理念的发展经历了生产观念、产品观念、推销观念、营销观念、社会营销理念一系列的转变过程,目前的营销活动更加注意社会利益、经济利益、环境利益和观众利益的均衡。4P 理论的创始人麦卡锡指出:营销不仅仅是促销和广告,更要从消费者需求出发,研究并满足目标市场即特定人群的消费心理和需求。因此,活动营销的实质就是活动的主办方或承办方与活动参与者和活动的参观者持续沟通互动,了解并满足参与者和参观者需求的过程。对活动项目而言,需要灵活运用经典的市场营销组合策略,从产品(Product)、分销渠道(Place)、价格(Price)、促销(Promotion)4 个方面着手,做好活动项目的整体营销。

6.2.1 微观意义上的活动营销的含义

微观意义上的活动营销是指活动的主办方或承办方通过各种媒介和方式进行活动开发、活动目标市场定位、活动定价、活动推广、活动促销以及场地选择等过程,其最终目的是吸引观众。为了塑造大型活动独特的价值属性和卖点,活动主办方必须以满足顾客需求为基础创造相应的活动项目,最小化观众参与活动的时间成本,最大化观众的利益,然后对活动项目进行合理定价并考虑如何将活动信息传递到目标群体,还要继续对活动进行推广和促销以便促使潜在顾客购买活动产品并参与活动过程。

与有形产品的提供不同,活动项目创造的是无形的服务,借活动创造愉悦的体验或传递信息。因此,活动营销是一种服务营销,具有无形性,比有形产品营销更加具有挑战性,因为掌控活动中的人员远比掌控物品更难,营销者要在可变的情境中营造特定的活动氛围,使参与者产生特定的活动感受。此外,活动营销还具有高度的不可弥补性,潜在顾客错过此次活动,便是主办方全部的损失,因为入场券不可能像其他产品那样后期打折。由于活动项目具有无形性和不可弥补性,因此,活动营销也就更难并且更加重要。

活动营销以满足观众需求为原动力,既要满足观众需求,又要提高活动本身和赞助商的知名度,还要提高活动的收入。非营利性的节庆活动一般受到政府资助,其主要营销目的是提高潜在参与者对活动的参与率、创造良好的娱乐效果、吸引媒体的关注和传播。

6.2.2 活动营销的过程

活动营销不是张贴广告那么简单,其关键是了解目标市场,即谁可能会参加活动,他们居住在哪里,将如何被影响而参加活动,可以运用哪些策略来让潜在的活动参与者了解活动并且被吸引到活动中来。由于人们的时间、可支配收入都是有限的,因此活动营销的主要任务是吸引公众注意,让他们将时间和收入都花在本次活动中,而不是去购物、聚餐或参加其他活动。

活动营销工作需要花费时间、金钱和人力,因此,也需要详细地计划。活动营销是一个过滤和研究过程,需要研究活动的目标市场以及活动所处环境的竞争性。一旦获取了这些信息,便可以制订详细的营销计划。通常,活动营销包括以下几个过程:确定活动产品的特色;确定细分市场以及相应客户;分析消费者的决策过程;制订满足客户需求的计划;定价并确定入场券方案;推销活动项目。

第一,确定活动的产品和特色。大型活动的产品包括活动的地点,食品和娱乐节目的质量,场地的整洁度,活动的名称、标志和形象以及贯穿于活动始终的服务水准等。活动的特色可以是一种全新的经历,也可以是娱乐体验、学习机会、沟通机会、购物机会、出游机会、品尝美食的机会、特色欣赏机会等。

案例五:中国大型户外音乐节的发展和差异化定位①

中国的大型户外音乐节始于2000年的迷笛音乐学校,几年后,这个校园内部的摇滚狂欢演变成了摇滚爱好者的集体节日。2009年,摩登天空旗下的草莓音乐节和《音乐星空》的“张北音乐节”先后举办。仅以2013年为例,五一期间,北京和上海举办了草莓音乐节,北京举办了迷笛音乐节。7月张北草原音乐节在河北坝上中都草原拉开帷幕。10月国庆黄金周期间,哈尔滨恒大音乐节、深圳热波音乐节、石家庄星光音乐节轮番上演。短短10年间,大型户外音乐节从举步维艰到遍地开花,直至2010年迎来井喷式发展,异彩纷呈的音乐节看得人眼花缭乱。在这种激烈的竞争之下,如何对音乐节进行定位、推广等整体营销至关重要。

草莓音乐节创办人沈黎晖对扎下根来的音乐节的受众和特点都有着清醒的定位,他说,有着最长历史的音乐节,受众主要集中在年轻的热血摇滚青年。明星与观众的互动是该音乐节的最大特色。在音乐节现场,乐迷听听音乐吹吹风,看看风景聊聊天。很多人戴着草莓的配饰,女孩子穿上草莓图案的丝袜,很多小孩子戴着草莓形状的帽子,还有人自带几十米长的草莓地毯,草莓音乐节已经成为每个参与者的节日。音乐节不是释放不满,而是彼此毫无芥蒂地分享,身在其中的所有人,互相不需要语言就很有默契。不过音乐节也陷入“大牌”缺乏的困境,因为主要收入来源是票房,60元一张的门票收入仅够支付灯光、舞美的费用,更别提艺人的出场费。

与草莓音乐节和迷笛音乐节不同,在音乐节的定位上,深圳热波音乐节、石家庄星光音乐节则为小众歌手和独立音乐人开辟了一片天地,形式各异的演出和阵容也吸引音乐发烧友齐聚一堂共享快乐。

此外,“恒大星光”音乐狂欢节与草莓、迷笛等品牌音乐节的不同之处还在于,草莓、迷笛等品牌音乐节拥有固定时间、地点和人群,而“恒大星光”音乐狂欢节是巡回音乐节,致力于打造国内顶级一站式周末音乐嘉年华,将顶级的固定阵容带入二、三线城市,推广周末音乐休闲新方式。由于有恒大地产作为后盾,这种自产自销的模式让“恒大星光”音乐狂欢节在筹办之初免除了财力的后顾之忧,低票价也成为可能。在票房构成中,恒大地产的客户成为商业模式下的潜在受众群,得以欣赏到看似免费的音乐大餐。“恒大星光”音乐狂欢节的低票价也不再把囊中羞涩的摇滚青年拒之门外。

---

① 高爽.京津观众周末尽享户外狂欢[N].今晚报,2013-10-14;高爽.独立音乐人黄金周献艺 三大音乐节吸引发烧友[N].今晚报.2013-10-03;音乐节,在大自然中摇滚[N].今晚报,2013-05-02

第二,确定细分市场及其客户。这里所说的客户是指有可能来参加活动的人,而不是通过其他媒介观看活动的人。比如,大学生运动会的目标市场是在校大学生;婚礼庆典的目标市场是新人的亲戚和朋友;园艺博览会的目标市场是园艺爱好者以及55岁以上的一般大众,其因退休而时间更自由,而且更热衷于园艺。活动的目标市场不止一个,如,乡村游乐会,其首要目标市场是村子里居住的人,其次是邻村的人,最后还可能是来本地旅游的外地游客。一般来说,活动规模越大,其吸引的目标人群就越多样,因此,综合性的市场细分是非常必要的。对大型活动而言,尤其要考虑目标人群聚集地到活动场地的通达性和便利性,这直接影响人们对活动的参与。具体而言,活动市场细分需要回答以下几个关键问题:活动的目标市场是一般公众,还是特殊群体?目标群体的年龄和生活方式如何?活动能否吸引特定的兴趣群体?能够区分活动目标群体的不同细分市场吗?不同的目标群体会对不同的价格敏感而加以反应吗?目标群体居住在哪里?人数是多少?他们距离活动场地多远?他们到活动场地是否方便?他们通过什么交通方式到达场地?他们需要耗费多长时间?从公共关系的角度来看,那些利益相关者和意见领袖也可以被看作单独的目标市场。

第三,分析消费者的决策过程。美国市场学家麦卡锡提出细分市场的一整套程序包括:选定市场范围;列举潜在客户的各类需求;分析可能存在的细分市场;选取重要的差异需求为细分标准;根据所选标准细分市场;分析各个细分市场的购买行为;评估每一个细分市场的规模。在完成市场细分之后,要研究影响目标群体消费决策的因素以及消费者的决策过程,因为并不是目标市场的所有人都会参加此项活动。影响人们参加活动与否的因素包括营销的效果、朋友的意见、天气状况、活动口碑和大众评论或与活动同时发生的其他事情。比如,需要调查和了解是否有其他活动项目吸引消费者从而导致消费者被分流;消费者参加活动项目的交通和住宿便利性和成本;消费者是否担心活动现场存在安全隐患而放弃参加活动;等等。此外,还要具体分析消费者作出是否购买活动门票的时机,以便制订相应的促销计划。在此,饥饿营销方法被应用,让消费者感觉门票供不应求,活动现场将异常火爆。对于活动组织者来说,了解细分市场并分析目标群体的消费心理和消费行为非常重要,能够让组织者知道通过何种方式向特定的群体促销活动;了解目标群体喜欢参加什么活动或者是目标群体对何种宣传媒介更感兴趣(媒体习惯);预测目标群体来参加活动的可能性以及为制订相应计划提供参考。当然,对于活动的购买心理和购买行为与对一般用品的购买心理和购买行为不太一样。很多时候,人们购票参加活动不是看票面的价值,而是看参加活动的人是谁,这是社交的需要。但是,除了社交活动之外,对于体育活动和文化活动等活动类型,其消费者心态是大同小异的。

第四,制订满足客户需求的计划。活动特色是活动项目的主旋律和主基调,但是由于活动参与者的需求和动机具有多元性,因此,在打造活动特色的基础之上,还需兼顾对不同活动参与群体多元化利益的满足,不仅满足忠诚客户的诉求,还要吸引好奇者参加活动,促成多元人群对活动的最终参与。这要求活动策划者在活动的配套环节上为活动注入更多的元素。比如,一场群众性音乐会,既要满足音乐爱好者的需求,也要满足仅仅感受和体验活动氛围的人群以及专程来看焰火燃放等辅助活动环节的人群的需求。因此,大型活动除了主打的标志性活动环节之外,还会在活动过程中提供辅助性、支持性的配套活动环节,这些活动环节通常根据客户细分的不同人群的需求设计而定,以便最大限度地促进潜在参与者对活动的参与。

案例六：基于客户细分的大型活动的配套活动

2013年"恒大星光"音乐狂欢节不仅提供了音乐盛宴，还将音乐与美食和娱乐融为一体，打造一站式的休闲体验，2014年"恒大星光"音乐狂欢节则更加强调丰富、年轻、欢乐等元素，活动环节包含了"极限运动""创意售卖""游艺区"等更多年轻人喜闻乐见的娱乐方式。对于热爱美食的人群而言，2014年的"恒大星光"音乐节更是提出"跨国合作"的全新理念，不仅有全国的特色美食，更会有全世界的风味美食加盟。

2013年天津国际车展组委会在车展期间组织了"幸福家庭少儿涂鸦大赛"活动。活动通过广泛招募对汽车有兴趣有梦想的孩子，齐聚国际车展的盛会之中，进行以"幸福家庭"汽车生活为主题的绘画活动，孩子们用自己最纯真、最多彩的视角重新定义汽车与生活，用绘笔与画卷诠释对汽车的理解。通过此次活动的宣传，让孩子通过画作表达对汽车、对交通工具、对未来的想法，借此让更多的人树立低碳环保节能减排意识，同时表现出对新能源汽车发展的想象和展望。涂鸦大赛也助推了本届车展的人气和氛围。①

第五，确定门票价格和入场券方案。总体而言，门票价格和入场券方案的确定仍然要遵循市场人群及其消费心理和消费习惯，要了解谁是帮大家买票的人，其所能接受的门票价格(price)以及其在哪里(place)去买票方便。对大型活动而言，门票定价是非常棘手又特别重要的事：定价太高，门庭冷落，座位闲置会影响活动的效果和收益；定价太低同样会影响整场活动的口碑和效益。因此，为活动定价，既要考虑到潜在客人的数量，又要考虑到活动本身的规格和档次。以利润作为定价指向的利润导向型定价和以市场占有率最大化为定价指向的数量导向型定价是两种比较典型的定价导向。利润导向型定价的具体目标是追求最大化的利润或者适当的利润，主要考虑投资回报率。数量导向型定价的目标是追求活动产品的市场占有率，追求活动参与者数量的最大化。无论何种定价导向，活动产品定价都需要考虑成本费用、目标客户、市场竞争等影响因素。成本费用既包括固定成本，又包括变动成本。不同的活动参与者对价格的敏感程度是不一样的，因此，价格要有弹性，做到差别定价和优惠定价。同类活动市场的竞争状况也会影响活动产品的定价。入场券的分销渠道很多，既可以在活动现场发售，又可以作为包价旅游的组成部分进行发售，或由促销员销售，还可以支付佣金的方式，由票务代理商或者网点来售票。

案例七：2013年天津国际车展的门票营销方案②

"免费看车展、轻松抢门票"，天津国际车展将于2013年4月27日在天津梅江会展中心拉

① 2014恒大音乐节3月底启动　扩充到60场[EB/OL].网易娱乐，2014-03-03.；杨利宁.国际车展之"幸福家庭少儿涂鸦大赛"[EB/OL].凤凰网汽车频道，2013-04-19.

② 杨利宁.五一国际车展免费看100张门票热抢中[EB/OL].凤凰网汽车频道，2013-04-16.

开帷幕。凤凰汽车天津站推出大型抢票活动,4 月 17 日至 4 月 25 日每天下午 2:00—3:00,所有网友均可报名并回答给出的问题抢取车展门票。届时,凤凰汽车天津站将提供 100 张天津车展门票作为活动奖励,成功抢票者可持票免费到天津国际车展参观,并且可凭票在指定展台获得凤凰汽车专属购车优惠。

在活动规定的时间内,网友可参与以下在线报名。其中包括填写姓名和手机号码并回答所给问题。在 4 月 17 日至 4 月 25 日下午 2:00—3:00,最先报名并回答对所给问题的网友将获得凤凰汽车提供的车展门票 1 张。

活动时间:4 月 17 日至 4 月 25 日每天下午 2:00—3:00。

活动规则:在以下报名系统中填写姓名、电话、回答所给问题。每天选取正确回答问题的前 10 名网友送出车展门票 1 张(每个电话号码仅限回答 1 次问题,按照最先回答计算。每期结束后公布一次获奖人员名单,敬请关注)。

领取方式:凤凰汽车天津站工作人员将以电话形式通知获奖网友领取车展门票。

领取方式 1:到凤凰汽车天津站办公地点领取。

领取方式 2:车展当天于固定时间在车展门口找凤凰汽车天津站工作人员领取,过期不候。

此次活动结束后,成功抢票的人可到车展现场进行汽车选购,凭领取的票可到指定展位享受凤凰汽车专属优惠,同时,到凤凰汽车展厅签到可领取精美礼品!数量有限,先到先得!

咨询电话:×××××××××××(请勿询问竞猜问题答案!)

领票地址:××××××××××

最后一期 4 月 25 日竞猜问题:

1.此次车展的媒体采访日是几号?展厅面积共计多少平方米?

2.天津有几家凯迪拉克 4S 店,分别写出店名及它们在凤凰汽车网的 400 免费电话?

第六,推销活动项目。尤其是针对那些偶发性的活动项目而言,因为没有举办过,很难通过口碑相传的方式让大众了解,因此,推销工作就显得更加重要,需要进行广告造势,并借助大众媒体以及评论家的影响而推广活动。活动推销就是通过各种沟通媒介和方式,围绕活动项目的卖点进行推广和促销,将活动项目的形象和内容传递给潜在的活动参与者,确保其作出购买决策并且实际购买此次活动的门票。当然,除了促进公众参与活动之外,促销还应满足所有有关部门和利益相关者的要求和需求。活动的宣传推广一般包括活动前期宣传、活动中宣传和活动后续宣传三个阶段。首先通过活动预热达到一个小高潮,然后在广告宣传的刺激下维持着相对稳定的关注度,最后在活动开始当天达到最高的关注度。通过现场的广告位摆放,广告方式的组合,将平面、声频、图像等诸多广告媒体有机结合,让目标群形成强烈的印象。活动后续宣传主要以宣传活动的成果、延伸活动的实际效果、拓展活动收益、建立品牌忠诚度为目的。比如,企业在举办促销活动之后通过走访客户来提高忠诚度并获得活动目标群体对活动及产品的意见反馈。推销的方式包括广告宣传、人员推销、公共关系等。广告宣传以广播电台、电视、旅游杂志、网络营销、户外广告为媒介,依托各新闻媒体的特点和优势,通过开辟专栏、专版、专题网页、专门网站和举办专题访谈、制作形象宣传广告等形式来对大型活动进行全方位的宣传报道,通过多次重复将活动的各个阶段、各个方面的信息全方位地传递到潜在的活动参与者耳中。大型活动广告宣传报道的主要内容包括活动的主题、意义、筹备进展、社会关注程度、各项保障工作准备、活动议程、活动议题、出席领导和嘉宾、焦点问题、活动实况、社会反响等。广告宣传的特点是信息传递的受众面广泛，缺点是缺乏针对性。广告宣传的内容和语言设计既要全面、信息量大，同时又要富有感染性和号召力。人员推销相对于广告而言更加注重人际互动和关系建构，是一种针对性较强的促销手段。公共关系管理的主要职责是维护大型活动项目在参与者、观众以及公众心目中的形象。召开新闻发布会是公共关系管理的重要工具，当大型活动出现意外情况或负面新闻时，大型活动主办方需要通过召开新闻发布会等方式通报信息、进行危机公关，避免或减少信誉损失。公关关系营造不仅针对观众和大众，还针对贵宾和外宾，具有贵宾和外宾接待功能，了解他们的需求，与之进行有效沟通，为之提供礼遇、信息和帮助。为此，公关人员要具备宽容、耐心、尊重等性格和能力特征。有些活动项目更多的是依靠口碑相传以及对各方需求加以回应而获得各方支持，而不只是依赖于广告，因此，这类活动项目就更多地依赖公共关系这种推销工具。成本及预算的限制以及推销的最佳时机是活动推销的两个最需要加以考量的因素。一般来说，一般产品的推销成本占其总支出的百分之三到百分之四，但由于活动具有短期性和独特性，推销对活动成功至关重要，因此，有人认为活动的推销支出应占其总支出的百分之十。考虑到大型活动的营销成本，相对而言，互联网和当地报纸的报道以及横幅宣传是相对效益较高的推广手段。如果大型活动的目的是吸引国际来访者，那么就需要为国际来访者设计一项涵盖住宿和景点活动的旅游包价方案，因此，在必要时还需要与旅行机构合作。推销活动项目的过程经常会涉及新闻发布稿的撰写，对一般活动而言，需要活动组织者向媒体供稿。为了更好地推广活动，撰写新闻发布稿需要遵循以下原则：①首句引起读者关注和兴趣；②交代活动的基本情况，包括活动的时间、地点、原因、主要事件等；③言简意赅；④描述活动的潜在收益或实际影响；⑤必要时提供联系方式；⑥图片应加标题。下文为一些活动新闻发布稿范例。

案例八：文化中心过“五一”真惬意　各场馆举办丰富多彩活动吸引市民①

“五一”假期，天津文化中心各文化场馆精心准备了各种文化活动，让观众在轻松愉悦的假期中感受艺术的魅力。天津博物馆举办《零距南极——相约科考队员走进神秘冰川》南极科普知识活动周。该活动由实物展示和讲座两部分组成，部分展品由热心市民王先生提供，另外还有历次科考队员的珍贵收藏。通过对国家南极科考纪念邮票、相关书籍以及南极石、南极地衣等 74 件实物的展示，让观众感受独特的南极风光。天津博物馆和广州孙中山大元帅府纪念馆主办的《共和魂——伍汉持烈士生平展》，全面介绍了伍汉持烈士的一生及其子女的重要历史活动。在天津美术馆举办的“星云大师一笔字书法展——2013 中国大陆巡回展”现场，观众除了可以把星云大师的作品直接“拓印”回家外，还可以通过感应器把祝福投射到自己的手掌上，“捧”在手中。另外，美术馆还举办了“祈福雅安，赈灾义卖——天津市第二届民营企业职工书画艺术展及作品拍卖会”，“大港版画展”和“中国当代美术名家捐赠展”。假期中，儿童活动室还持续向小朋友开放，“刮画制作”“面具、雕塑 DIY 手工坊”和“千奇百怪的彩泥”等趣味活动受到孩子们的喜爱。

① 刘静华.文化中心过“五一”真惬意　各场馆举办丰富多彩活动吸引市民[N].今晚报,2013-05-03.

案例九:天津妈祖文化传承风采独特[①]

有着800余年悠久历史的天后诞辰祭拜活动昨天上午隆重上演,海内外4万余人参与了活动。妈祖祭典与祭孔、祭陵并称为“中华三大祭典”,天津的妈祖诞辰活动具有鲜明的津域文化特色,不仅包含祭祀大典,还有天后出巡散福、皇会踩街表演、共享催生饺子和长寿面的环节。此次诞辰庆典在祭祀大典中增添了祈福礼,点燃祈福蜡烛为四川地震受难的同胞祈福;随后在正殿月台前安置了满花刺绣,海水江崖图案的千秋带两组;最后将享誉世界的国家级非物质文化遗产天后出巡和法鼓、舞狮、舞龙、挎鼓、法鼓等天津皇会表演进行活态展示,使津门百姓更加立体、真切地感受中华传统文化的人文魅力和天津妈祖文化传承的独特风采。

活动营销对于活动吸引参与者以及提高活动质量至关重要,但是要切记,营销必须建立在满足顾客需求的基础之上,因为营销不仅是把人们吸引到活动中来,更重要的是让人们感觉他们实现了对活动的预期,这样,活动才会形成良好的口碑,实现可持续发展。新活动项目和旧活动项目的营销重点也不同:前者更要注意广告以及预热活动吸引人们关注活动项目;后者除了广告之外,更需要做活动参加者的满意度调查,以便有针对性地制订营销计划促进下一届活动的预售并改进下一届活动的服务质量。

营销作为一个有趣的活动,对于很多人来说极具吸引力,人们愿意去做营销。然而,就像物流和财务等活动管理的其他方面一样,营销工作也需要很强的技巧以便实现营销的目的。营销者首先要知道谁(无论是作为参与者、参观者还是客户)会参加活动,营销者还要知道如何提高人们对活动的认知、如何为活动做广告、如何推广活动、如何促销活动、如何维护活动的形象、如何提升活动在媒体中的影响力。活动营销还有一部分非常重要的工作,就是在活动进行中或活动结束后对活动参加者进行调查,了解活动的效果以及活动需要改进的地方。

【要点和进一步的思考】

1.如何理解宏观意义上的活动营销?
2.如何理解微观意义上的活动营销?
3.宏观意义上的活动营销具有哪些意义?
4.什么是目的地活动营销?
5.城市目的地对大型活动的运作策略包括哪些?
6.企业活动营销的实施步骤有哪些?
7.微观意义上的活动营销,其过程包括哪些方面?

① 刘静华.天津妈祖文化传承风采独特[N].今晚报,2013-05-03.

第7章 活动赞助

【本章简介】

本章强调了活动赞助金对大型活动的重要财政意义。赞助方和大型活动主办方之间平等的互惠关系是赞助行为发生的前提和核心关注点。在这种互惠关系中,活动主办方获得赞助资金或物品,赞助方借助大型活动的平台、影响力和社会效应,获得展示或销售机会,获得客户群,进入目标市场,提高自身的形象和知名度,营造有利的发展空间。冠名赞助、联合赞助、媒体赞助、产品或服务赞助构成了丰富多彩的赞助形式。与之相应,活动的赞助方也会得到活动冠名权、活动指定用品权、特许销售权、标志使用权、活动转播权、产品展示权、活动广告机会、折扣或免费门票等不同级别或组合的赞助回报。赞助方在选择是否赞助、赞助哪个活动以及具体的赞助形式时,除了要考察大型活动的特点、声望、竞争优势,以及其所能带来的展露潜力、客户群、分销渠道、娱乐与接待机会等收益之外,还会考虑赞助的成本以及资源投入问题。活动主办方在作赞助决策时也需审视活动是否能为赞助方带来收益,活动的利益相关者是否同意商业赞助,潜在的赞助方是否在业务范围、声誉和价值观上与活动主题相匹配,是否有不适合作为赞助方的机构,自身是否具有足够推销赞助的资源等问题。最后,本章还探讨了活动主办方如何寻找和接近赞助方、活动赞助的评估和执行等问题。

在一项大型活动的运行之初,较常出现的错误便是没有筹集到充足的资金。而资金不足会影响到活动筹办的方方面面,并最终可能导致活动失败。因此,寻求赞助作为一种重要的筹资渠道对活动的顺利展开至关重要,赞助方也乐于赞助科学、教育、文化、体育、卫生、艺术等公益活动和休闲活动。如今,赞助资金成为活动产业的重要财政基础,这不仅体现在国际大型活动中,也体现在国内大型活动中。

案例一:世界经济论坛的赞助情况

世界经济论坛(达沃斯论坛)及其经营的活动是商业运作的典范,赞助遍布在论坛日常运行以及活动操办的每个环节当中。除了会员会费之外,合作伙伴的年度资金支持是世界经济论坛(达沃斯论坛)的最主要资金来源之一,这些资金用于维持论坛本身的运转和发展。而作为世界经济论坛主要活动内容的年会和区域高峰会的资金则完全来源于会议收入本身。会议的收入除了包括会议费之外,还包括合作伙伴的赞助。合作伙伴赞助的范围包括宴会、会议茶歇的提供,交通和通信费用,部分会场费以及会场使用的投影仪、电脑和同声传译设备等大部分日常支出。

案例二:第六届东亚运动会的赞助情况

第六届东亚运动会首开天津市举办大型国际性综合运动会之先河。本届运动会具有规格高、规模大、持续时间长、综合性强、竞技水平高、赛场分布广等特点,成为各类赞助方赞助的焦点,运动竞技赛场本身也成为企业品牌的秀场。山东康纳斯体育器材有限公司、天津双象体育用品有限公司、惠州雷士光电科技有限公司、天津市医药集团有限公司、天津新世界房地产开发有限公司、天津龙达生态园建设发展有限公司、玖龙纸业(天津)有限公司、天津地城建设投资有限公司等8家企业作为东亚运动会的赞助商,为运动会提供了资金、产品和服务赞助。天津惠驰汽车销售有限公司、天津桂发祥集团、天津富都房地产公司、渤海钢铁集团、天津农垦集团、滨海团泊新城(天津)控股有限公司、天津房地产开发集团等赞助企业为组委会提供了50辆中巴车作为第六届东亚运动会的指定用车,获得了组委会颁发的赞助证书。天津市浩物机电汽车贸易有限公司是本届运动会服务用车的唯一合作伙伴,在活动举办之前与组委会签署了合作协议,向组委会提供了400辆车。天津航空有限责任公司为本届运动会赞助了"东亚运动会号"飞机。中国人民财产保险股份有限公司与组委会签署合作伙伴协议,为运动会各类参与人员、财产及责任提供全方位保险服务,承担约220亿元风险保障。三星(中国)投资有限公司在活动举办之前也与组委会签署了合作伙伴协议,成为本届运动会的赞助商。三星(中国)投资有限公司还曾于2003年冠名赞助天津男排亚锦赛,于2006年赞助"三星电子杯"迎奥运天津国际市民马拉松赛。天津可口可乐饮料有限公司与组委会签约,成为运动会的赞助合作伙伴。(来源:作者根据相关媒体报道整理)

案例三:奥运会的赞助营销

众所周知,奥运会花费巨大。1972 年慕尼黑奥运会花了 10 亿美元,1976 年蒙特利尔奥运会花了 20 多亿美元,1980 年莫斯科奥运会花了 90 多亿美元。20 世纪 80 年代中期以前,举办奥运会几乎是"赔本赚吆喝",1976 年蒙特利尔举办奥运会之后,竟然留下了一笔高达 10 多亿美元的债务,直到 1984 年的洛杉矶奥运会,才扭转了奥运会亏损的局面,也正因如此,造就了这届奥运会的名望。洛杉矶奥运会是 1896 年奥运会创办以来首次由民间承办的运动会,既不能征税和发行彩票,又没有政府补贴,一切资金全靠奥组委自行筹措。当时,奥组委由尤伯罗思这个商人出身的人领导,他开源节流,一方面极力压缩各项支出,另一方面广开财源。在压缩支出方面,尤伯罗思主张:充分利用现有体育设施,减少修建体育场馆;不盖奥林匹克村,而是租用加利福尼亚州两座大学的宿舍供运动员、官员住宿;招募志愿人员为大会义务工作。在广开财源方面,尤伯罗思不仅继续出售电视广播权和比赛门票,还开辟了奥运会赞助营销之路,以赞助的方式将奥运会与商业接轨,促进奥运会与一些商业品牌建立合作伙伴关系,并创造性地把竞争机制引入奥运会赞助之中,将赞助商的总数严格限制为 34 个,采取竞标的方式要求每个行业只吸收一家赞助商。通过行业内部的激烈竞争来最大限度地提高赞助价位,通过一系列商业运作,仅赞助一项就筹资 14 亿美元。

为了巩固洛杉矶奥运会赞助营销的成果,保证奥运会充足而稳定的财政收入,国际奥委会于 1985 年推出了"奥林匹克全球赞助计划(The Olympic Programmer)"①,从全球范围内选择各行业内最著名的大公司作为国际奥委会的正式赞助商。"TOP"计划以每 4 年一届的奥运会为一个周期,加入计划的这些商业伙伴和赞助商通过向国际奥委会,奥运会组委会以及 200 多个国家和地区奥委会提供资金以及企业自己的产品、技术、服务、人力资源来支持和发展整个奥林匹克运动,而它们会获得在全球范围内使用奥林匹克标志进行商业宣传的专有权利和在全球范围内提供某类产品、技术、服务的排他权利,这种排他权利通过国际奥委会与各国(地区)奥委会和奥运会组委会签订协议的方式加以保障。第六期"TOP"计划(2005—2008 年)的奥林匹克全球合作伙伴包括联想公司、可口可乐公司、源迅公司、美国恒康人寿保险公司、伊士曼柯达公司、麦当劳公司、松下电器产业株式会社、三星电子有限公司、斯沃琪集团有限公司等。时至今日,赞助商已经参与到奥林匹克圣火传递、奥林匹克公园建设、赛场产品提供等各个方面,赞助成为奥运会的主要财源之一。② 2022 年北京冬奥会赞助计划的赞助层级共分 4 级,依次设定为:官方合作伙伴(第一层级)、官方赞助商(第二层级)、官方独家供应商(第三层级)、官方供应商(第四层级)。其中,官方合作伙伴共 11 家,包括:中国银行、中国国航、伊利集团、安踏公司、中国联通、首钢集团、中国石油、中国石化、国家电网、中国人保、中国三峡;官方赞助商共 11 家,包括青岛啤酒、燕京啤酒、金龙鱼、顺鑫农业、文投控股、北奥集团、恒源祥、奇安信、猿辅导、百胜中国、盼盼食品。这些赞助商纷纷借力奥运盛事展开事件营销。

---

① 奥林匹克全球赞助计划也称奥林匹克营销计划,后又改名为"The Olympic Partner",即奥林匹克全球合作伙伴。

② 李晓静,宋翠翠.体育赛事赞助商风险评估与风险规避的研究——以奥运会为例[J].武汉体育学院学报,2009(9):25.

除了奥运会本身,赞助还出现在申办奥运会的过程中。2001年,联想公司确立了国际化愿景,而彼时IBM公司刚刚退出奥林匹克全球合作伙伴行列,这使联想公司看到了机会,意图通过赞助北京申办奥运会进而进军国际市场,最终成为北京申奥活动的最大赞助商。2004年,联想公司成为奥林匹克全球合作伙伴,全力支持北京奥运会。赞助奥运会为联想公司带来了丰厚的回报,在业务、品牌和企业文化上都有诸多收获,扩大了品牌国际影响力。农夫山泉也曾赞助北京申奥活动。从2001年1月1日至7月31日止,每销售一瓶农夫山泉就提取一分钱,以代表消费者来支持北京申奥事业,以企业行为带动社会行为、以个体力量拉动整体力量、以商业性推动公益性。其广告语是“再小的力量也是一种支持。从现在起,你买一瓶农夫山泉,你就为申奥捐出一分钱。”随着刘璇、孔令辉那颇具亲和力的笑脸,这个广告曾渗透进人们的生活。日本在申办2020年奥运会的过程中,获得出资的赞助商多达21家。1964年,东京奥运会将日本品牌带给了全世界,如今,日本有很多企业期待东京通过再次举办奥运会,重新拾回世界对日本制造的信心。

电视广告成本的走高以及有效性的降低、大型活动的风生水起及其突出的传播效应助推了活动赞助的盛行。在受众注意力最为珍贵的时代,大型活动为赞助方提供了一个嵌入广告、加深与消费者互动的机会和平台,赞助方期待通过冠名或赞助大型活动而迅速提升品牌的知名度。同时,赞助商赞助科学、教育、文化、卫生、体育、艺术等公益活动,彰显了其对社会责任的重视和践行,有助于消费者对赞助商及其产品、品牌产生美好的联想。赞助商赞助娱乐活动、艺术活动和休闲活动也有利于其获得潜在消费者的认同和好感,拓展公共关系。由于体育活动观众数量较多,同时也是媒体热衷报道的焦点,因此,体育活动赞助炙手可热。如知名运动品牌阿迪达斯便较为热衷赞助世界杯足球赛等体育赛事。巡回音乐会也是赞助方积极赞助的活动类型,如德国大众公司于1997年发起成立了大众汽车音乐基金,赞助了许多世界一流音乐家演出的音乐会。大众公司希望通过音乐来提高人们的文化生活水平,通过较单纯的、商业色彩较淡的赞助营销来打动消费者。可口可乐公司作为奥林匹克运动会持久的合作伙伴,从1928年开始,就携手国际奥委会共同推动国际体育事业和世界和平的发展。可口可乐的红色身影无处不在地出现在每一届奥运会的赛场内外。

案例四:2022年冬季奥运会中的安踏赞助营销①

2022年冬季奥运会是“最火”的冬奥会。从开幕式各国羽绒服惊艳亮相,到全民疯抢冰墩墩,到短道速滑队获得混合接力冠军,再到谷爱凌夺得中国雪上项目首金,全民的“冰雪”热情好似冬天里的一把火,被极大地激发了出来。2017年9月28日,安踏成为北京冬奥会官方体育服装合作伙伴。安踏作为冬奥会官方合作伙伴,借力“最火”冬奥会,也受到了极大的关注,从官方赛时制服装备到运动员的比赛服、领奖服,从火炬手的定制服装再到社交媒体上的广告、信息,“满屏”皆是安踏。而这和安踏十几年来实施奥运战略成功,抓住奥运营销密码密不

① 叶蓁.北京冬奥会,安踏凭什么成为最大赢家[EB/OL].深眸财经,2022-2-18.

可分。北京冬奥会 15 个分项里，安踏共计为 12 支中国参赛运动队打造比赛装备，是支持中国国家队比赛装备最多的运动品牌。

“安踏刷屏”，口碑、业绩、市值三丰收

当冬奥会开幕式上，各国运动员穿着各色羽绒服走上运动场时，本次冬奥会在社交媒体上开启了第一次“爆”热搜。不仅是中国运动员，包括国际奥委会的官员、甚至是开幕式导演张艺谋也都身穿安踏，一时间，国货“安踏”成为民众讨论的焦点，2 月 5 日微博指数“安踏”词条冲出了火箭式形态，环比上涨 423.45%。再到谷爱凌在自由式滑雪女子大跳台项目中为中国队拿下雪上项目的首枚金牌，身穿安踏领奖服的谷爱凌，再次将安踏羽绒服送上热搜。满屏都是安踏，以百度搜索指数为例，能明显看出，冬奥会期间安踏的讨论热度，远高于其他运动品牌。民众的热情转化为对安踏产品的购买力，将产品买“爆”了。在安踏官方旗舰店，多款羽绒服销量激增，国家队同款甚至出现一“衣”难求的现象。安踏的运动鞋也受到蜂拥而入的消费者的青睐，多款运动鞋在 2 月不到两周时间就突破 10 万以上的销量。

在资本市场，安踏股价接连攀升，受到市场认可。2021 年末到 2022 年初，全球资本市场氛围低迷，安踏在冬奥会的预期之下，逆市上扬，股价从 1 月最低价提升近 30%。截止到 2 月 11 日，安踏总市值近 3500 亿港元，是目前体育品牌国内第一，全球第三。毫无疑问，安踏是此次北京冬奥会的最大赢家之一，赛程接近尾声，安踏亦在口碑、业绩、市值上获得三丰收。

奥运战略大获成功，推出营销组合拳

此次北京冬奥会上，安踏收获空前关注，源于其成功推出了一整套营销组合拳：第一，深度参与冬奥会赛事，加深品牌印象。在本次冬奥会上，安踏为 1 200 位火炬手定制装备，同时还为 15 大赛项的 12 支中国国家队打造了比赛装备，再到开幕式羽绒服、运动员领奖服，安踏作为中国奥委会官方合作伙伴、北京 2022 年冬奥会官方合作伙伴，深度参与冬奥会赛事，也让品牌在国民心中的印象进一步加深。第二，提前“伏笔”谷爱凌，最大化红人效应。众所周知，营销领域的“派克法则”强调的就是名人对人们的消费心理会产生非同寻常的影响力，经他们宣传后的产品与服务往往更容易被人们所熟知和接受。据不完全统计，目前“天才少女”谷爱凌签约的品牌高达 26 家约合 2.5 亿人民币，而且还在持续增加中。但安踏早在 2019 年年底之前，谷爱凌只有一家赞助商之时就与她签约，因此，在其他品牌被“喊话”之时，安踏已经和谷爱凌携手登上了领奖台。第三，多种营销手段跟进，打造新玩法。在营销新环境下，安踏摆脱过去“你说我看”的旧营销手段，用多种营销手段和消费者持续互动，打造新玩法。比如安踏在微信即时推送运动员获奖信息，让民众第一时间获得赛况信息时，也保证了品牌露出。再比如，安踏携手天猫超级品牌日，为爱运动的每个人打造互动数字空间，并命名“安踏冰雪灵境”。同时，安踏还借助微信、微博、抖音、小红书、头条号等多种形式的社交媒体，不断推出年轻人喜欢的营销内容，让安踏品牌和消费者互动黏合。第四，科技助力，品牌用实力“出圈”。“科技”是本届冬奥会的关键词之一，安踏的运动科技也随处可见。在保暖、运动减阻等多个品类实现科技创新。由于冬季运动特殊气候条件的需求，制服需要有抵御严寒、防风保暖的功能。安踏突破式地将超强保暖“炽热科技”应用于赛时制服，为全球各地的工作人员、技术官员和志愿者们提供全面保护。比如说，冬奥会赛时制服使用的保暖材料——聚热棉，蓄热层利用远红外升温，快速感受温暖体验；隔热层阻隔外界低温入侵，阻隔热量流失提升约 20%，能够锁住温度，高效保暖。防水透湿科技针对户外降雨降雪等恶劣天气，安踏还将防水透湿科技与炽热科技无缝融合。防水透湿科技能在防止衣服淋湿的同时，及时导出人体排出的湿气，避免穿着者产生低温寒冷感觉。科技不仅让安踏获得专业认同，专注运动科技，安踏还将众多“奥运科技”应用于大众产品中，让国人享受更好的运动科技，同时促进参与运动，受到消费者的认同。

奥运战略贯彻十年，安踏“永不止步”

安踏深度参与奥运会赛事由来已久。2009 年，安踏成为了中国奥委会合作伙伴。此后经历了 2010 年温哥华冬奥会、2012 年伦敦奥运会、2014 年索契冬奥会、2016 年里约奥运会、2018 年平昌冬奥会、2020 年东京奥运会，以及此次的 2022 年北京冬奥会。回顾这十年奥运历程，安踏能够代表中国品牌闪耀奥运舞台，本质上，是安踏的努力与实力得到了从国家层面到体育市场以及广大民众的认可。

首先，安踏“永不止步”的品牌精神，是“更高、更快、更强”的奥运主张的中国式表达，更是民族品牌借助奥运赛事，站上世界舞台的自信与自强。从 2009 年开始至今，安踏已经累计为 28 支中国国家队打造比赛装备，是为国家队打造奥运装备最多的中国本土运动品牌。武大靖的夺冠战袍、吕小军的吨位鞋……安踏每一次技术突破的“更快”，都是助力运动健儿成绩的“更高”。其次，安踏的整体战略布局，契合了中国体育的发展路径。自 2015 年北京赢得 2022 年冬奥会举办权，冰雪项目势必成为全国运动未来几年发展的重点项目。凡事预则立，不预则废。安踏的整体战略紧跟冰雪项目发展势头，通过并购、参股等方式形成了品牌矩阵，提前布局。在本次北京冬奥会上，除了安踏主品牌，安踏集团下的多个品牌都有亮相。今年与日本代表团达成合作的迪桑特，其中国业务的经营权已经在 2016 年底由安踏获得；FILA 除了赞助荷兰代表团、中国香港代表团等，同时还有中国自由式滑雪空中技巧国家队比赛服，自由式滑雪女子空中技巧金牌获得者徐梦桃，身着 FILA 斐乐专业滑雪服登上最高领奖台，而安踏也在 2009 年收购了 FILA 的中国区业务，瞄准了中高端消费群体。此外，安踏旗下品牌还有萨洛蒙、始祖鸟、阿托米克等。这些品牌构成了专业运动、时尚运动、户外运动三大差异化品牌群。第三，安踏对研发和创新的重视，铸就了品牌硬实力。安踏还表示，未来 5 年计划投入超 40 亿元研发成本，完善全球研发体系，通过核心科技提升高阶商品占比，逐步建立在主力消费人群中的市场地位。“2022 的北京冬奥，中国国家代表队将穿着安踏的顶级装备，代表中国走向世界。我们国家自己的体育盛事，作为支持中国体育多年的专业运动本土品牌，安踏有责任为这场盛事出一份力，这也是我们的使命。”安踏方面表示。连续 8 届官方合作，安踏投入了超过 30 亿的研发费用，推动科技自主研发，让中国品牌有自主创新、比肩国际水准的科研能力，让 275 位奥运健儿身着安踏登上领奖台。助力中国体育代表团突破世界纪录、助力中国体育走向世界，是安踏应有的使命感。科技助力体育发展已是大势所趋，竞技装备在奥运赛场上的作用越来越重要。为了满足奥运赛场的竞技需求，安踏始终在产品科技、品质和工艺等方面进行研发和打磨，这促使安踏拥有了足够的经验积累和技术储备，去助力中国奥运健儿征战赛场、突破纪录！

尽管冬奥会即将落幕，但冰雪产业已被带动。国家体育总局提出规划“2025 年冰雪产业总体规模达到 1 万亿元，带动 3 亿人参与冰雪运动”。奔跑在传递北京冬奥会火炬的大道上，安踏携手奥运的故事还将继续续写，只不过，这一次会是一个全新的起点，一个盛大的开始。依托奥运会这一世界性传播介质，安踏在新十年的“国际化”战略中，将奥运精神传递到世界各地。

7.1 活动赞助的含义

从赞助方的角度来说,活动赞助是指某一机构无偿地为某一大型活动提供人力、财力、物力的支持,以便获得一定商业回报或形象传播的行为。活动赞助的形式既可以是为大型活动提供资金支持、物品支持,也可以是为大型活动提供免费服务,比如报刊赞助商为大型活动提供免费的广告业务。虽然赞助行为看似无偿,但是,赞助的实质是一种商业投资和市场行为,赞助方和大型活动主办方之间平等的互惠关系是赞助行为发生的前提。如果赞助方不能从活动赞助中获得益处,赞助行为便不会产生。在这种互惠关系中,赞助方期望借助大型活动的平台、影响力和社会效应获得展示或销售机会,进入特定目标市场,提高自身的形象和知名度,营造有利的发展空间。赞助方的名称、标志在活动场地及各类媒体上反复出现,加深了观众对赞助方及其品牌的印象。大型活动将赞助方及其产品的信息传递给观众,加深了观众对赞助方产品的认知和信任,赢得了将观众转化为消费者的机会。当然,有些赞助机构具有非营利性,其赞助活动不以获利为目的,而在于帮助活动本身提升形象,而最终实现公益目的。比如,潘利兹美洲豹俱乐部就是一家非营利机构,其赞助澳大利亚日活动的目的是最终提升社区的地位和影响力。

7.2 活动赞助的回报

目前,获得赞助已经成为大型活动减少成本或增加盈利的重要渠道。为了寻找赞助的潜在目标市场,获得充分的赞助,活动主办方需要充分了解赞助方进行赞助的环境因素以及赞助方通过赞助可获得的赞助回报方式等问题。

赞助作为一种宣传方式,其赞助回报具有多种形式:①通过赞助同行业领域的专题活动获得大量的潜在客户;②通过赞助目的地的大型活动进入新的地区市场;③通过赞助提倡某种生活方式,吸引潜在消费者;④通过赞助区别于竞争者;⑤通过与某一受欢迎的活动相联系来提高品牌和产品的形象和认知度;⑥通过赞助展示实力,重新获得消费者的信赖和支持;⑦通过赞助为分销商在活动现场展示产品、参加庆典赢得机会,建立或加强与分销商的联系;⑧通过赞助获得产品销售的独家代理权;⑨通过赞助直接向活动参加者销售产品;⑩通过赞助获得款待合作伙伴和高端客户的机会;⑪通过赞助获得活动门票并用以对员工进行奖励,对员工关系和精神产生积极的影响、提升员工士气;⑫通过赞助公益活动展示良好的、负责任的社会形象,提升名望、增强抗压能力、抵御和反击不利言论;⑬通过赞助加强与商界、媒体的伙伴关系。

案例五:第六届东亚运动会的赞助回报

第六届东亚运动会组委会的市场开发部特别重视对赞助企业的回报。在宣传方面,电视、网络、报纸上都可以看到赞助企业的标志,组委会方面也给予了赞助商特别待遇,包括开幕式登上主席台、组委会领导会见赞助商代表等。在比赛开始后的酒店接待、观赛服务、交通迎送、赛事冠名、奖杯颁发等方面也令来津的160余名赞助商代表感觉非常满意,不少企业已经开始询问2017年全运会的赞助事宜了。

对于政府、慈善机构等公共部门或准公共部门而言,其赞助大型活动主要缘于其对某项公益项目、公益主题或特殊群体的关注和帮助以及对拉动经济发展、完善基础设施、提高当地声望、凝聚社区共识等回报的期望。

7.3 活动赞助的形式

活动赞助具有多种形式,常见的有冠名赞助和产品或服务赞助两种形式。

①冠名赞助是指赞助方通过支付一定的资金而使其品牌名称成为某一活动名称的组成部分(通常为前缀)的行为。活动冠名赞助一般是独家的。"蒙牛超级女声"活动由内蒙古蒙牛乳业(集团)股份有限公司冠名赞助。"索尼杯——全国大学生电子设计竞赛"由索尼公司冠名赞助。中国·天津"银联杯"国际啤酒节由中国银联股份有限公司天津分公司冠名赞助。联合赞助是指多个赞助方共同提供赞助。媒体赞助是指媒体赞助方为活动提供现金或宣传等支持。

②产品或服务赞助。有些赞助方不对活动提供资金支持,但是,其所提供的人力资源、场地、设施设备、食宿和安全保障对活动降低成本和顺利运行至关重要。地方政府及其各个部门、电信公司、电脑公司、办公设备公司、公交公司、饮料公司、糖果公司、生活用品公司经常作为活动的产品或服务赞助方。

由于活动赞助具有多种形式,其对活动的贡献程度也不相同,因此,其获得的赞助回报也呈现出差异性。一般来说,大型活动会对赞助方进行分级管理。比如,奥运会的赞助方包括合作伙伴、赞助商、独家供应商/供应商三个不同的级别。合作伙伴是最高级别,赞助商是第二级别,独家供应商/供应商是第三级别。由于不同级别的赞助方对奥运会贡献的大小不同,其享有的权益回报也不同,具体体现在宣传媒介使用的范围和优先权、标志使用组合方式、吉祥物使用权、荣誉待遇、接待权益、识别计划等多个方面的差异。因此,活动主办方需要有针对性地设计和提供赞助回报的具体形式并对其进行宣传,通过为赞助方提供活动冠名权、活动指定用品权、特许销售权、标志使用权、活动转播权、产品展示权、活动广告机会、折扣或免费门票等权利和待遇而获得赞助。

案例六:中国经济形势报告会的赞助计划

一、赞助中国经济形势报告会的价值与商业利益

(一)赞助中国经济形势报告会的价值

掌握政策、拓展视野、结交朋友、实现目标。

(二)赞助中国经济形势报告会的商业利益

根据不同的赞助等级,赞助本届“中国经济形势报告会”可以相应获得广泛的商业利益:

1.企业品牌宣传机会

①作为“战略合作单位”“合作单位”“协办单位”“支持单位”或“指定用品单位”。赞助商品牌将出现在报告会专题网站、宣传资料、媒体平面、大会会场、背景布置、酒会宴会、新闻中心等现场推广媒介中。

②赞助商将在大会媒体宣传和新闻发布会中被提及。

③赞助商可在报告会会场展示其宣传资料或陈设展品。

④特别赞助商可成为其所代表行业唯一报告会特别赞助商。

2.领导人风采展示机会

赞助商代表有机会被邀请担任报告会的主讲嘉宾或对话嘉宾,与国家部委领导或司局长同台亮相。

3.拓展商务网络机会

赞助商享有报告会免费参会席位,邀请其高管人员参加会议,与各界参会者直接交流。

二、中国经济形势报告会赞助商的分类

中国经济形势报告会赞助分为特别赞助和其他赞助两大类。

(一)特别赞助

按赞助金额多少,分为:

1.特级赞助商(战略合作单位)

赞助金额:每位赞助商赞助现金180万元人民币。

2.一级赞助商(合作单位)

赞助金额:每位赞助商赞助现金100万元人民币。

3.二级赞助商(协办单位)

赞助金额:每位赞助商赞助现金50万元人民币。

4.三级赞助商(支持单位)

赞助金额:每位赞助商赞助现金20万元人民币。

(二)其他赞助

包括:物品赞助、宴会赞助

物品类别:酒水、生活日用品、办公设备(复印机/传真/电脑/数码产品/软件等)、其他。

物品要求:符合国家对产品的质量标准。

数量要求:满足会议使用或组委会日后开展相关工作(总价值不低于人民币5万元)。

宴会赞助费用:人民币10万元。

三、中国经济形势报告会的赞助回报

(一)特级赞助商回报细则

1.参与权回报

①将特级赞助商冠名为本次报告会“战略合作单位”。

②由会议主办方领导书面邀请特级赞助商出席本次报告会(特级赞助商享有5个免注册费参会名额),单位董事长/总裁免费参加有名额限制的“战略与决策圆桌会议”。

③邀请特级赞助商代表作为本届报告会发言嘉宾,并由会议主持人现场鸣谢赞助商。

④推荐作为中国国际跨国公司研究会特约副会长单位,免交第一年会费人民币30万元,单位领导担任中国国际跨国公司研究会特约副会长。

⑤会议开幕式特邀单位领导在主席台后排就座,单位领导合影时在第一排两侧就座,宴会时单位领导在嘉宾席就座,会议期间将为特邀合作单位安排1名会务秘书。

2.宣传回报

①在报告会官方网站鸣谢页中出现赞助商Logo或名称。

②在国内主流媒体(大会指定)上刊登不少于两次的鸣谢广告,并在报告会期间组织有关媒体作一次赞助商专访。

3.现场推广回报

①在会场显要位置统一提供给赞助商形象宣传展台及面向报告会代表开放的其企业宣传品摆放台。

②在会场重要背景板上出现赞助商Logo或名称,主持人在报告会所有会议现场对特级赞助商进行特别鸣谢。

4.其他回报

安排特级赞助商代表在报告会前或会后与主办单位主要领导见面并举行会谈。

5.经甲乙双方协商同意的特别回报

(二)一级赞助商回报细则

1.参与权回报

①将一级赞助商冠名为本次报告会“合作单位”;

②由会议主办方领导书面邀请一级赞助商出席本次报告会(一级赞助商享有4个免注册费参会名额),单位董事长/总裁免费参加有名额限制的“战略与决策圆桌会议”;

③邀请一级赞助商代表在“金色5分钟联谊会”上演讲,并由会议主持人现场鸣谢赞助商;

④推荐作为中国国际跨国公司研究会副理事长单位,免交第一年会费人民币20万元,单位领导担任中国国际跨国公司研究会副理事长;

⑤会议开幕式特邀单位领导在主席台后排就座,单位领导合影时在第一排两侧就座,宴会时单位领导在嘉宾席就座,会议期间将为特邀合作单位安排1名会务秘书。

2.宣传回报

①在报告会官方网站鸣谢页中出现赞助商Logo或名称。

②在国内主流媒体（大会指定）上刊登不少于一次的鸣谢广告，在报告会会刊上刊登鸣谢广告。

3.现场推广回报

①在会场较显要位置统一提供给赞助商形象宣传展台及面向报告会代表开放的企业宣传品摆放台；

②在会场重要背景板上出现赞助商Logo或名称，主持人在报告会开幕式现场对一级赞助商进行特别鸣谢；

③赞助商可按组委会的统一安排在现场向报告会参与者分发宣传品及适当的礼品。

4.其他回报

安排一级赞助商代表在报告会前或会后与主办单位主要领导见面并举行会谈。

5.经甲乙双方协商同意的特别回报。

（三）二级赞助商回报细则

1.参与权回报

①将二级赞助商冠名为报告会"协办单位"。

②由主办方领导书面邀请二级赞助商出席本次报告会（二级赞助商享有3个免注册费参会名额），协办单位董事长/总裁优先参加"战略与决策圆桌会议。

③邀请二级赞助商代表在"金色5分钟联谊会"上演讲，并由会议主持人现场鸣谢赞助商；

④推荐作为中国国际跨国公司研究会常务理事单位，免交第一年会费人民币10万元，单位领导担任中国国际跨国公司研究会常务理事。

⑤会议期间单位领导在嘉宾席就座，单位领导合影时在第一排两侧或第二排中间就座，宴会时单位领导在嘉宾席就座，会议期间可为特邀合作单位安排1名会务秘书。

2.宣传回报

①在报告会官方网站鸣谢页中出现赞助商Logo或名称。

②在国内主流媒体（大会指定）上刊登不少于一次的鸣谢广告，在报告会会刊上刊登鸣谢广告。

3.其他回报

安排二级赞助商代表在报告会前或会后与主办单位主要领导见面并举行会谈。

4.经甲乙双方协商同意的特别回报事项

（四）三级赞助商回报细则

1.参与权回报

①将三级赞助商冠名为报告会"支持单位"。

②由主办方领导书面邀请三级赞助商出席本次报告会（三级赞助商享有2个免注册费参会名额）。

③邀请三级赞助商代表在"金色5分钟联谊会"上演讲，并由会议主持人现场鸣谢赞助商。

④推荐作为中国国际跨国公司研究会理事单位，免交第一年会费人民币2万元，单位领导担任中国国际跨国公司研究会理事。

⑤会议期间单位领导在嘉宾席就座，单位领导合影时在第一排两侧或第二排中间就座，宴

会时单位领导在嘉宾席就座，会议期间可为特邀合作单位安排1名会务秘书。

2.宣传回报

①在报告会官方网站鸣谢页中出现赞助商Logo或名称。

②在国内主流媒体(大会指定)上刊登不少于一次的鸣谢广告，在报告会会刊上刊登鸣谢广告。

3.其他回报

安排三级赞助商代表在报告会前或会后与主办单位主要领导见面并举行会谈。

4.经甲乙双方协商同意的特别回报事项

(五)其他赞助商的回报细则

1.对以现金形式交纳赞助款项5万元人民币的赞助商，将其作为报告会“支持单位”，并在有关媒体宣传和现场推广中提及。

2.对提供价值等同于5万元人民币的报告会实物、服务的赞助商，将其列为报告会“指定用品单位”，并在有关媒体和现场推广中提及。

3.推荐该赞助单位作为中国国际跨国公司研究会副理事长单位或常务理事单位或理事单位(注:视赞助物品的价值而定)，免交相关的第一年会费，赞助单位领导担任中国国际跨国公司研究会副理事长或常务理事或理事。

4.会议期间单位领导在嘉宾席就座，单位领导合影时在第一排两侧或第二排就座，宴会时单位领导在嘉宾席就座。

5.在报告会官方网站鸣谢页中出现赞助商Logo或产品名称。

6.经甲乙双方协商同意的特别回报事项。

[特别提示]

以上所有回报细则为大会组委会基础回报，最终回报条款可根据赞助商需要进行商谈并做适当调整，并以合同签订内容为准。

7.4 赞助方选择活动赞助所要考察的内容

由于赞助方是赞助活动的买家，并且各类大型活动之间的竞争越来越激烈，赞助行业市场呈现出更多的买方市场特征，因此，赞助方在赞助活动中拥有较大的主动权。相应地，活动主办方在制订赞助计划时，要特别注意分析潜在赞助商的需求，同时也需要了解赞助方在选择赞助活动时所重点考察的内容，以便在竞争对手中脱颖而出，获得赞助商对活动的青睐。

大型活动本身的大众认知度、正面形象等属性和特点及其所提供的排他性等具体赞助计划是影响赞助方是否赞助本次活动的重要因素。一般来说，赞助方在选择大型活动进行赞助时，会考虑客户群、展露潜力、分销渠道、竞争优势、资源投入、特点、组织者的声望、娱乐和接待机会等方面。

第一，在客户群方面，赞助方在做赞助决策时首先会考虑是否能占领新的市场分区，因此会考察活动的参与者是否与赞助方的目标客户群相一致,以老年群体为主要消费者的企业就不太可能会赞助体育赛事活动,耐克则一直只赞助体育活动,可口可乐专门赞助奥运会和足球世界杯,雪碧则专注于赞助音乐活动和篮球活动。

第二,在展露潜力方面,赞助方会考虑活动的持续时间、传播范围和传播效应是否能够满足本机构的要求,具体来说,包括活动的主播媒体是否知名、活动的新闻价值如何、活动传播所覆盖的地域是否是产品的销售地区或与未来进入市场相一致、各种媒体对本机构的名称和标志的展示是否可见、活动海报以及新闻稿的数量、是否赞助展位,等等。

第三,在分销渠道方面,赞助方会考虑自己的批发商、零售商和代理商是否会参加与赞助有关的宣传活动并从中受益。

第四,在竞争优势方面,赞助方不仅会考察活动本身的特殊性、优势和卖点,还会考虑自身与其他赞助方相比具有哪些优势、其他赞助方的存在是否会影响自身的赞助效果。

第五,在资源投入方面,赞助方会考虑赞助活动所产生的人力、物力、财力投入及其回报,即投入是否容易运作和管理,是否能取得预期效益。赞助方极其关注赞助标的的数额,因为这是其全盘营销资金预算额度中最为重要的一部分,因此,对这方面的考虑会极其仔细。

第六,在活动特点方面,赞助方会考虑活动的声望及成熟度和社会认知度以及活动的主题是否与本机构的形象、品牌、产品和业务范围相联系且匹配,以便公众能够在参与、观看或提及此次活动时想起本机构及其产品或品牌,在心理和情感上与消费者或潜在消费者产生共鸣。

第七,在活动组织者的声望方面,赞助方会考虑活动组织者是否曾成功举办过该活动,是否具有满足预期赞助效果的能力,是否具有责任心和可靠性,是否曾与自身有过合作并且合作愉快,是否能对赞助方的要求作出迅速的回应。

第八,在娱乐与接待机会方面,赞助方会考虑活动主办方是否会提供免费入场券以及贵宾招待专区用以接待客人,是否邀请了知名人士参加,是否安排研讨会、聚会和娱乐活动。

7.5 活动主办方寻求赞助所应审视的问题

很多活动主办方和活动管理者形成了寻求赞助的习惯,然而在耗费了人力、物力、财力之后并不总能如愿以偿地获得赞助。这就不禁令人思考,是否每个活动都有必要寻求赞助呢?实际上,在决定是否寻求获得赞助之前,活动主办方应审慎思考以下几个问题:第一,活动是否能为赞助方带来收益。在我国,有些大型活动主办方欠缺回馈意识,不能满足赞助方的期望,打击了其继续赞助的热情。如果活动不能为潜在赞助方带来宣传推广、业务促进等利益的话,与其寻求赞助不如寻求捐赠,因为很多大型机构和公司都有用于慈善捐赠的专项资金,以提高机构和公司的社会形象。第二,活动的利益相关者是否同意商业赞助。活动的利益相关者包括主办单位、协办单位、支持单位及其成员,活动的潜在消费者,等等。如果有利益相关者激烈反对赞助的话,赞助就很难顺畅地进行,赞助的效果也会大打折扣。第三,潜在赞助方是否在业务范围、声誉和价值观上和活动主题相匹配,是否有不适合作为赞助方的机构。比如,体育赛事、公益主题大型活动就不适宜选择烟酒公司作为赞助方。第四,活动主办方是否具有足够的推销赞助的资源。活动主办方要考量获得赞助所带来的收益是否远大于募集赞助所需要的成本,如果答案肯定,那就要安排足够的人力和物质资源积极地与潜在赞助方沟通和游说。

7.6 活动主办方如何寻找和接近赞助方

漫无目的地向潜在赞助商投放广告无异于大海捞针,要迅速有效地获得赞助:

第一步是仔细开展市场调查研究。有效的市场调查研究和市场定位有利于获得高质量的赞助并减少反对的声音。活动主办方要分析本活动项目能为潜在赞助方带来哪些收益,通过具体的数字和举证来说明活动带给赞助方的商业利益、市场渗入、公关推广等好处,仔细研究哪些赞助方可能对本活动项目感兴趣。除了企业之外,许多贸易和商业协会为了促进商业组织之间的关系也可能会为活动提供赞助或其他支持。

第二步是分析潜在赞助方的各种情况,了解潜在赞助方的赞助政策、赞助经历、赞助习惯、形象和名望、近期的目标市场及其与活动本身的契合之处,了解其关键的决策人物。

第三步是提出赞助的方式和赞助的水平、赞助方参与活动的程度、赞助收益、营销机会等赞助的初步构想,与潜在赞助方沟通,积极回应和满足赞助方的要求。这要求活动主办方足够灵活、打破陈规,对赞助方要求给予更多细节方面的照顾。

第四步是跟进与潜在赞助方的沟通和协商,争取达成合作。

第五步也是最根本的一步,即要打造好活动本身。活动本身成功与否、人气如何、媒体的评判都直接影响到赞助收益的多少,因此,活动主办方要全力以赴打造活动本身,推进赞助方获得预期收益。

在环节设计上,活动主办方要为活动增加大众钟爱的元素、加大对活动的市场营销和推广力度、借鉴活动竞争对手好的做法、寻求媒体支持,调动更多人参与活动并提高其满意度,借以实现赞助方发掘潜在客户、品牌推广的意愿。如果活动举办得风生水起、人气爆棚并引发媒体竞相报道,那么,赞助方对活动会更加热情。

7.7 活动赞助文案和表格

7.7.1 活动赞助策划书的内容构成

赞助概要:简要介绍活动的背景和内容、赞助的机会和收益、活动的预算、赞助截止日期。

活动背景:介绍活动的简要历史、活动举行的日期和持续时间。

赞助价值:交代活动举办的意义、活动与赞助方在目标和利益方面的关联、活动与类似赞助方成功合作的信息。

赞助形式和收益:介绍赞助方的赞助形式(资金、物品、服务、媒体支持)及其回报内容(冠名、标志使用、安排节目、业界领袖会面、门票赠送、媒体宣传等)。

活动的支出预算:介绍活动的主要支出项目和数额。

赞助截止日期:说明赞助方需要在哪个时间节点就赞助事宜进行回复。

附录:可附活动介绍、以往的赞助情况、相关媒体报道等。

7.7.2 活动赞助回执表

活动赞助回执表见表 7.1。

表 7.1 活动赞助回执表

单位名称					
详细地址				邮 编	
负责人		职 务		性 别	
电 话		传 真		E-mail	
联系人		电 话		传 真	
赞助类别	□特级赞助商 ( ) □一级赞助商 ( ) □二级赞助商 ( ) □三级赞助商 ( ) □其他赞助商 ( ) 请在括号内打钩				
赞助金额	(大写) 佰 拾 万元整				
物品赞助	类别:		数量:		
付款账号	户 名:××××××××				
	开户行:××××××××				
	账 号:1234567890				
活动联络	地 址:××××××××××××				
	联系人:×××、×××、×××				

说明:务必请于××××年××月××日前将此表和汇款凭证回执到组委会。

7.7.3 活动赞助协议

活动赞助协议应以书面形式确立,并由合作双方签字。协议应说明赞助方赞助的形式和内容及其获得的相应回报。协议应说明违约责任和争议处理等问题。具体见表 7.2。

表 7.2 活动赞助协议范本

甲方(主承办方):______________ 乙方(赞助方):______________

甲乙双方本着诚实信用,平等互利的宗旨,经过认真协商就乙方成为甲方举办的______________的活动赞助商,特订出以下协议。

一、甲方权利

1.甲方拥有本次活动全程解释权和组织权利;

2.甲方拥有代收本次活动赞助费用和全权调配使用该费用的权利。

二、甲方义务

1.积极策划活动方案,布置活动现场,保证活动正常进行;

2.为乙方提供相应的赞助回报,保证乙方赞助权益的实现。

三、乙方权利

1.乙方在甲方举办的______________活动中享有赞助商资格,活动中参与______________,在活动现场及其宣传前期、后期同时享受报纸、电视、网站等媒体优先报道的权利;

2.乙方享受在甲方运营站点______________开通活动主页进行相关宣传介绍的权利。

四、乙方义务

1.积极配合甲方参与现场活动;

2.于______________之前交纳活动赞助费用________元,赞助物品________;

3.提供营业执照副本复印件一份以及相关的宣传资料。

五、争议处理

1.如遇不可抗力而导致本次活动意外取消或者中断,甲方退返乙方相关费用(如前期已有相关宣传费用投入,这部分费用不予退返)。

2.甲乙双方在出现违约或其他争议时,应本着友好协商,解决矛盾的原则来处理,尽量使事情有一个圆满的解决方案。如甲乙双方协商不成时,可采取以下方式:变更和修改合同;终止合作协议;可向甲方所在地的人民法院提出诉讼。

六、其他

1.本协议涉及内容双方均需严格保密,未经双方同意不得向外泄露,否则追究相应的法律责任;

2.活动细则及其相关赞助回报详见附件;

3.未尽事宜,双方应友好商议,并签订书面协定;

4.本协议一式两份,甲乙双方各执一份,自签订之日起具有法律效力。

甲方(盖章):______________ 乙方(盖章):______________

负责人(签字):______________ 负责人(签字):______________

年 月 日 年 月 日

7.8 活动赞助的执行与评估

7.8.1 活动赞助的执行

在活动赞助的执行过程中,满足赞助方的期望是最重要的工作。这样不仅可以保证本次赞助合作的顺利进行,而且还可能让赞助方变成活动的忠实客户,省去以后重新寻找赞助方的麻烦。在满足赞助方期望方面,有几个技巧需要铭记:第一,保证赞助收益超过赞助方的预期或协议中的赞助承诺;第二,无论如何都要确保赞助方愉快;第三,经常与赞助方交流和沟通。

7.8.2 活动赞助的评估

虽然有的赞助方会进行自我评估,但是,活动主办方主动做出评估并将评估报告提交给赞助方将是一种良好的营销之道,让赞助方感受到主办方对赞助效果的重视以及专业水准,给赞助方留下深刻印象,为日后持续合作奠定良好基础。对活动主办方而言,对赞助进行评估,有利于总结经验、查找问题,让日后的赞助工作更加出色。对未来的赞助营销来说,赞助评估报告也是一个营销的素材。

活动赞助评估报告应包括活动的基本情况、活动目的的实现程度、参与数据、活动组织水平、媒体报道等内容。因此,在做评估之前,需要评估者围绕以上内容确定评估指标,通过各种途径对各项指标的表现进行测量,在分析和总结之后撰写并提交评估报告。对赞助评估而言,尤其要注意收集以下方面的数据:活动参与者(赞助方目标群体)以及政界要人、政府官员、明星等贵宾的人数;印有赞助方标志的传单、服装、悬挂旗帜、张贴海报等资料的照片和数据;本次活动的媒体数量,赞助方在宣传册和报纸、广播、电视、网络等新闻媒体上出现的频次。为方便评估,活动主办方需要在整个活动中以图片的方式记录相关过程,并在活动中进行问卷调查和问卷回收。

【要点和进一步的思考】

1.活动赞助的含义是什么?

2.活动赞助金对大型活动具有何种重要意义?

3.活动赞助回报包括哪些形式?

4.对活动进行赞助时,可以采用哪些形式?

5.赞助方在选择是否赞助、赞助哪个活动以及具体的赞助形式时,需要考察大型活动的哪些方面?

6.活动主办方在做赞助决策、选择赞助方时需要审视哪些问题?

7.活动主办方如何寻找和接近赞助方?其主要步骤是什么?

8.活动主办方在满足赞助方期望方面可采用哪些技巧?

9.如何撰写活动赞助评估报告?

HUIZHAN
会展经济与管理

第8章 大型活动风险管理

【本章简介】

本章探讨了大型活动风险的含义、风险类型以及活动风险的识别、活动风险的评估、活动风险的预防和活动风险的管理等过程。活动风险是指当举办某一活动项目时，由于不确定性而导致活动中断、收益受损等可能性。活动风险管理就是对活动举办过程中的风险进行识别、评估、防范、监控以及应对的过程。活动风险的来源包括系统性风险和非系统性风险两种类型。系统性风险是指那些由于某些外力因素给活动主办机构带来经济损失的可能性，其具有一定的不可抗性。自然灾害，战争、内乱、政权更迭、政府干预等政治风险，宏观经济发展态势以及活动市场环境变化等经济风险都属于系统性风险。非系统性风险是指活动运行过程中面临的风险，只要管理得当，此类风险相对容易规避。常见的活动运行风险包括运营风险、财务风险、合作风险、人为操作风险和技术风险等。此外，本章还总结了活动中经常出现的聚众滋事和犯罪活动风险、自然灾害、安全事故，以及疾病风险、人群聚集风险、合作风险、员工和志愿者风险等常见风险，并探讨了各自的应对措施。

虽然大型活动会带来诸多益处,但也可能发生难以预料的结果,一旦出现败笔,相关负面消息便成为媒体报道的焦点,进而形成负面的公众评价,导致活动本身和活动的组织者名誉受损,甚至引起法律纠纷。活动的规模越大、调子越高,越容易出现问题。现金流危机、负面的大众舆论、恶劣天气、火灾、活动环节安排的欠缺、危险物品和堆放物、电气设备故障、临时性的舞台和座椅坍塌都是大型活动的风险源。

8.1 活动风险的含义

Anton Shone 和 Bryn Parry 在《成功的活动管理》一书中指出:活动风险管理就是要意识到活动在某些方面可能存在隐患并制订相应的计划去防止其发生或降低这些风险。活动风险是指当举办某一活动项目时,由于不确定性而导致活动中断、收益失败等可能性。一年一度的澳大利亚悉尼节(Sydney Festival)自 1977 年举办以来,已成为悉尼市吸引世界各地艺术家和游人的国际盛会。然而,在 1992 年,澳大利亚悉尼节却在活动安排设计上出现了较大的纰漏。为了纪念悉尼港大桥开通六十周年而举办的庆祝活动,按照计划,活动时关闭大桥车辆通道,邀请公众从大桥两头行进,并到大桥中央会合去体验一场音乐会。但是,谁也没能预见到两股庞大的人流汇集所产生的秩序风险,最后现场一片混乱,活动失败。[①] 对于活动项目的组织者来说,通过事先的计划以及控制机制防范和处置风险,进行精心设计、周密布置的风险管理是保证活动顺利进行,同时也是在危机发生后减少自身受到玩忽职守指控的必要举措。活动风险管理就是对活动举办过程中的风险进行识别、评估、防范、监控以及应对的过程。

8.2 活动风险的类型

活动风险的来源包括系统性风险和非系统性风险两种类型。

系统性风险具有一定的不可抗性,是指那些由于某些外力因素给活动主办机构带来经济损失的可能性。这类风险是由市场和社会宏观环境造成的,仅靠单个活动主办机构自身的力量很难克服。一般来说,大型活动项目所面临的系统性风险包括:自然灾害;战争、内乱、政权更迭、政府干预等政治风险;宏观经济发展态势以及活动市场环境变化等经济风险。暴雨、冰雹、风雪、酷暑等自然风险都会对临时场地和室外场地的安全以及活动参与者出行造成巨大影响。意外事故、骚乱、恐怖事件都会对活动场地的安保带来挑战,构成安全威胁。在体育赛事、狂欢节等大型群众性活动中,从参赛选手到观众,发生人身伤害的风险更大。此类活动的组织者需要采用全新的技术、制订周密的计划来预防和应对意外伤害事件。

非系统性风险是指活动运行过程中面临的风险,只要管理得当,此类风险相对容易规避。常见的活动运行风险包括以下几个方面。

①运营风险。是指由于活动定位不准、赞助不力、宣传效果欠佳、新竞争者的出现、管理不

① Anton Shone, Bryn Parry. Successful Event Management: A Practical Handbook[M]. London: Cengage learning Business Press, 2010.

善等原因,造成活动购买者稀少、现场秩序混乱、食品不安全等问题。

②财务风险。主要指低于预期的收入、被处以罚金、遭遇诈骗、现金流危机等不可预测的风险(活动的现金流状况如图 8.1 所示)。

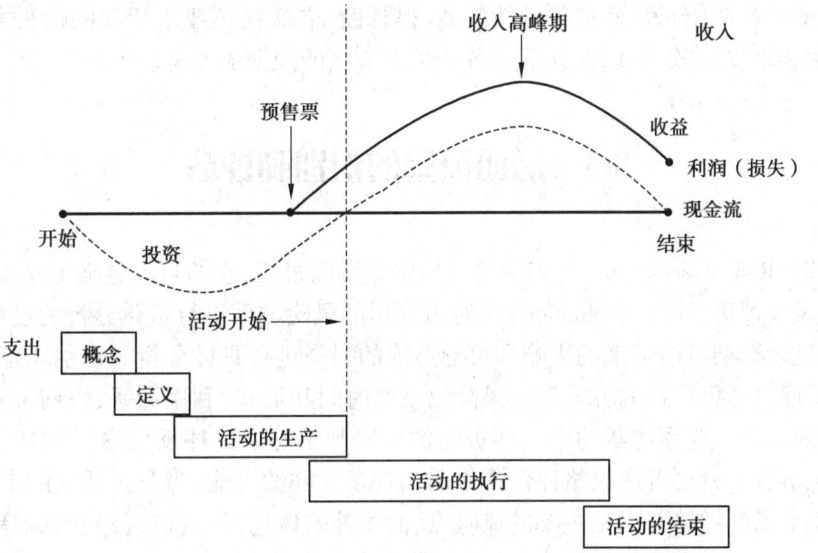

活动的现金流动状况

资料来源：Anton Shone, Bryn Parry. Successful Event Management: A Practical Handbook[M]. London: Cengage learning Business Press, 2010: 107.

③合作风险。也被称为法律风险,指活动举办方与活动场地、服务商、供应商、赞助商、营销中介之间的合作出现问题而导致的活动运行过程或活动效果受到影响。如果场地方在电力提供以及货车停靠便利方面不能达到要求便可能产生争执。

④人为操作风险。自满、粗心和冒险心理是造成活动项目风险的重要诱因,而项目的复杂性、新颖性、工作压力以及不确定性则大大增加了人为失误的可能性。

⑤技术风险。由于计算机系统故障网络或共享网络、共享系统密码而造成客户数据丢失或客户信息泄露对活动主办方来说无疑是重大的损失和重大的过失。燃放烟火也有极高的技术要求。2014 年索契冬奥会开幕式在索契奥林匹克公园菲什特主体育场上演,但在开幕式上出现了令人尴尬的失误,在雪绒花“绽放”成奥运会五环的环节中,其中一朵竟未开放,这是一个明显的技术失误。俄罗斯为了主办 2014 年索契冬季奥运会花费了数百亿美元,仅新场馆建设就花了 50 亿美元。但俄方为运动员和媒体记者提供的食宿条件仍令人不满,包括未能正确翻译的菜单、一半砌入墙里的马桶、没有窗帘的浴室、强行扒开变电箱架设的路由器等,这些都使活动留有遗憾。

Anton Shone 和 Bryn Parry 把活动风险分为 4 个方面:①经济风险(Economy Risks);②表演风险(Performance Risks);③心理风险(Psychological Risks);④身体风险(Physical Risks)。[1] 此外,活动还要具有合法性并获得相关的官方许可,因为各个国家和地区的法律规定不同,所以

① Anton Shone, Bryn Parry. Successful Event Management: A Practical Handbook[M]. London: Cengage learning Business Press, 2010:171.

管理者应该对其活动举办地当地的法律要求有所了解。

当活动在获得任何收入之前就必须支付场地租金、嘉宾邀请定金等费用时,活动组织机构就会面临财务风险,在这种情况下平稳的现金流就变得非常重要。这不仅要求活动主办方要有充足的活动准备金(自筹、政府部门拨款、获得赞助、借款),还要求活动的购买方(团体订票者等)能够尽快地支付款项,以保证活动各个关键节点的现金流安全。

8.3 活动风险的识别和评估

风险识别(Risk Assessment)是识别潜在风险根源的过程,它的目的是确定存在何种可能的潜在风险。风险评价(Risk Evaluation)是对识别出的风险类型进行量化分析的过程,即对识别出的每一种风险类型可能带来的影响和可能造成的损失进行具体分析。识别风险是风险管理的第一步,要通过集思广益的方式确定风险出现的时间和形式,利用调研、咨询、访谈等方法归纳可能出现的问题。要预防活动中一些极小的风险却引起了连环反应最后破坏了整场活动。比如,举办风筝竞赛就要考虑风筝掉落击中活动现场人群的可能,当竞技活动的参观者人数不多的时候,主赛场的拥挤并不是主要的风险点,而场外的休息区、通道、公共厕所等区域则成了主要的风险集聚地。因此,每一场活动的风险源都是不一样的。在确定风险之后,就要评估它的后果并为之划出等级以便进行后期的分类处理。比如,当暴雨可能对活动产生影响时,就要考虑以下几个问题:暴雨发生的可能性有多大,会对什么人产生威胁,会造成何种影响,受到威胁的人会做出何种反应、有何需要等。

由于活动本身的规模和属性以及管理者和参与者经验不同,因此活动本身的总体风险也是差异较大的。因此,在对活动的各种风险进行识别和评估之后,也要回到活动本身,对活动总体的风险等级进行划分,看它属于哪一类。一般而言,根据活动风险等级,可以将活动划分为低风险活动、中等风险活动、高风险活动三类。宴会、晚会等在室内举办的常见活动就属于低风险活动,其活动场地和活动参加人群都相对固定和熟悉,管理者和职工也都十分有经验。中等风险活动是指大规模的运动比赛、演唱会、街道节庆活动等室内或室外活动,有一定数量的公众参加,虽然活动参加人数较多但是没有明显的危险行为,管理者和出席者也具有一定的活动经验。高风险活动是指那些活动所在的环境以及参与人群极不稳定的活动类型,比如高速赛车活动、首次举办的大型开放活动等。这类活动要求活动组织者具有丰富的经验、活动举办地的当地知识并且具有规范的安全制度和安全知识。

8.4 活动风险的管理

识别和评估风险之后,就要对风险进行管理。整体来说,活动风险管理有 4 种方法.

①规避风险,当活动项目风险潜在威胁发生的可能性太大,不利后果也很严重,又无其他策略来减轻时,最好主动放弃活动项目或改变活动项目的目标和行动方案,从而回避风险。

②转移风险,即设法将活动风险的后果连同应对责任转移到第三方身上。具体可采用购买保险、签订担保书、合同条款约定等办法来转移风险。活动项目的保险包括:遇不可抗力活

动取消险、活动运营商破产险、名人未出席险、未能及时撤展险、参展产品损坏险、法律责任险以及设备和公共设施损坏险等。除了保险之外，为了保证表演者、音乐家、名人如约出席活动，签订合同也是常见的方式，此类合同应认真准备，并就合同条款提前进行法律咨询，合同内容应包括提前付款的形式，并标注因任何一方而取消合作时的责任承担问题。

③减轻风险，通过采取措施来降低损失、缩小其不利后果来达到控制风险的目的。

④主动承担风险并制订一套风险发生时所准备实施的应急预案，如预留资金、资源等应急储备，制订和使用备选方案。活动中安置的防噪设备以防噪声干扰、设置安全围栏以控制人流、设立警示标志以防发生危险、培训员工的应急能力并组织演练以备不时之需、制订人群的疏散计划以防拥挤和踩踏、搭建带有顶棚的舞台和通道并准备应急雨伞以防暴晒和暴雨，这些都是应对活动风险的措施。

当然，在大型活动风险管理过程中，以上几种风险应对方法可能都会被运用到：当活动的某个方面存在巨大的潜在风险时，采用缩小活动范围、增加资源、延长时间、以常规替代冒险、避免使用不熟悉的服务商等办法来规避风险；在活动策划之初就考虑到潜在风险，并制订相应的应急预案，主动承担风险；通过保险和合同约定来转移发生概率小但损害大的风险；对于已经发生了的风险最大限度地减轻其损害。可见，预防大型活动的风险、监测大型活动的运行、对活动突发事件进行恰当的处置、持续推进大型活动的精细化管理是避免或减少大型活动风险以及负面影响的关键，这些也是活动策划者和管理者必须加以重视的工作环节。

在活动风险应对过程中，意外事件报告是重要的一环。意外事件报告单第一时间记录了意外事件发生的具体情况以及相应的处置措施，这对意外事件的监控、审视、最终解决以及未来风险防范具有重要意义。意外事件报告单模板见表 8.1。

表 8.1　意外事件报告单模板

<table>
<tr><td colspan="2">部门名称：</td><td>报告时间：　　　年　　月　　日　　时　　分</td></tr>
<tr><td colspan="2">报告人及职位：</td><td>联系电话：</td></tr>
<tr><td colspan="2">事件发生时间：</td><td>目击者姓名及联系方式：</td></tr>
<tr><td>事件类型</td><td colspan="2">□1.食品质量及卫生（异物、污染、腹泻、食品形状异常或不符标准、中毒等）
□2.现场服务（服务速度、服务环境、服务内容、企划活动等）
□3.顾客受伤
□4.顾客失窃
□5.媒体采访
□6.政府部门检查（防疫、环保、排水、物价、工商、技监局、劳动局、环卫）
□7.财产损失（停水、停电、设备故障、火灾、水灾、政府城市规划）
□8.人员受伤（烫伤、摔伤、割伤）
□9.财务管理（遗失发票，单据超期及其他财务相关事项）
□10.其他意外事件（顾客口角、斗殴、恐吓、勒索、炸弹、投毒）
注：请在相应项目前打“√”</td></tr>
<tr><td>事件报告内容</td><td colspan="2">事情经过描述：（确切时间、事发地点、涉及人员、原因、过程、现状、结果）</td></tr>
</table>

续表

<table>
<tr><td colspan="5">已采取的应急措施：</td></tr>
<tr><td colspan="5">下一步将如何处理：</td></tr>
<tr><td colspan="5">最终处理结果及应注意事项：</td></tr>
<tr><td colspan="5">可采取何种措施防止此类事情再次发生：</td></tr>
<tr><td rowspan="4">报备主管情况</td><td>主管职务</td><td>姓 名</td><td colspan="2">通知时间</td></tr>
<tr><td></td><td></td><td>月 日</td><td>时 分</td></tr>
<tr><td></td><td></td><td>月 日</td><td>时 分</td></tr>
<tr><td></td><td></td><td>月 日</td><td>时 分</td></tr>
</table>

除了风险预防外，对危机事件和突发事件进行现场处置也非常重要。大型活动的人群密集性以及非常规性都会加剧突发事件的严重程度，这点必须被充分地认识到。由于大型社会活动人数众多并且人员构成复杂，加之人们一般不太熟悉大型活动举办场所的环境以及风险意识薄弱，所以，由人群聚集引发事故的可能性较大，而且一件极小的事情就可能导致非常严重的后果。一旦在活动现场发生踩踏等灾难事故，就需要包括大量人工判断的非程序化决策，要求在有限的信息、资源以及时间条件下寻求满意的处理和应急方案，迅速采取行动进行应急管理，防止事态扩大。活动的风险管理要形成一种机制，使得风险管理责任主体在关键时刻遵循相应的规则和程序迅速采取行动，能够调动重要的资源解决突发事件甚至是停止活动的举办。

风险的识别、风险的评估、风险的预防、突发事件的处置无疑都是风险管理中非常重要的环节。另外，在一项活动举办后，对出现的风险进行记录和总结也非常重要。本次活动中出现的风险将来很可能会再次发生，通过记录和总结可以促进我们在经验中学习。

8.5 活动中的常见风险及其应对措施

8.5.1 聚众滋事和犯罪活动风险及其应对措施

大型活动期间，不排除会出现聚众滋事和犯罪活动的可能。如果对这种情况不做好充分的事前预防和及时有效的现场处置，那么，这类事件的发生将极大损害活动的正常进行以及活动的声誉。为应对聚众滋事以及犯罪活动的发生，体育赛事、乡村音乐节、啤酒节等大型活动的组织者一般都会制订相应预案，防止因酗酒而导致聚众滋事的行为，保护活动的声誉。

2008 年 6 月，欧洲足球锦标赛即将开锣，主办国之一的瑞士当局为防范可能发生的球迷暴动事件，在日内瓦展览中心搭建了临时木制牢房，准备关押“足球流氓”。当时共搭建了 48 间木制牢房，每间牢房可容纳 4 名成年人。据当时记者形容，这些牢房没有窗口，牢房上端有个小洞口，让警察安装的电眼进行 24 小时监控。警方发言人布兰德特说，“足球流氓”不会被关押超过 24 小时。如果他们犯的是严重罪行，就必须出庭受审，否则将被驱逐出境。

2010 年 6 月，南非世界杯赛事举办前，南非司法机关在 9 个球赛主办城市建立了 56 个特别法庭。这些特别法庭还增设了外语口译人员以及其他辅助人员，每天运行 15 个小时。司法当局介绍说：“这些特别法庭的设立旨在使外国球迷能够免于复杂的司法程序，特别法庭会依据完整的法律程序运作，不会提供宽容的或是不同于法律的标准”。此外，南非还在世界杯足球赛的举办城市设立了很多小牢房，以应对足球流氓和其他在世界杯期间滋事的犯罪分子。①

对人群的管理，悉尼除夕庆典夜的管理者经过多年的探索积累了一定的经验。第一，修改了活动的市场战略和活动规则，将活动主旨定位为合家欢庆。第二，从减少人员聚集着手，将燃放烟火的时间由午夜时分提前到晚上九点，以促使合家而来的人群尽早离开。第三，将庆祝活动分散化，并加强各个活动地点之间的沟通和协调。第四，针对酗酒滋事等情况，当地政府出台了禁酒令，禁止将酒精饮料带到聚集场所。逐渐地，悉尼除夕庆典活动中的聚众滋事和犯罪活动越来越少，对悉尼除夕庆典活动的媒体报道也日趋正面与平和。②

天津第十二届国际啤酒节承办单位为了确保活动顺利进行，防止意外事件发生，在会务服务、组织协调、食品安全、环境卫生、摊贩治理、交通秩序保障等方面做足了功夫，并于活动期间每晚 10 时在现场召开专题会议，实现当日发现问题当日解决。③

8.5.2 自然灾害、安全事故以及疾病风险的预防和应对

暴雨和酷热等极端天气会对大型活动的顺利开展带来干扰，导致活动参与人数减少以及潜在的电气设备风险问题。对极端天气，要关注天气预报，注重预防，准备好雨具，确保供电。此外，安全事故风险也是举办大型活动必须加以警惕的风险。以奥运会为例，申办奥运会是世界级的大事件，2013 年，东京、伊斯坦布尔、马德里三地角逐 2020 年夏季奥运会的主办权。日本是本次申办奥运会主办权的最大热门，东京不仅举办奥运会的预算最高，而且曾经于 1964 年举办过一次奥运会，它在比赛场馆、城市基础设施和管理能力等方面具有经验上的优势。但是，福岛核污水泄漏事故让东京受到不少争议，可能会影响他们的票数。因此，日本申奥代表团在 45 分钟的陈述中，不仅强调了东京高度发达的城市功能和雄厚的财力基础，还展现了“放心、安全、可靠的奥运会”理念，努力打消评委们的疑虑。相对于东京来说，西班牙经济持续低迷使得马德里承办奥运会具有一定的经济风险，而伊斯坦布尔发生的大规模反政府示威以及土耳其邻国叙利亚局势动荡也为伊斯坦布尔承办奥运会蒙上阴影。最终，“安全奥运”的理念得到评委们的认可，东京获得 2020 年夏季奥运会的承办权。国际奥委会副主席巴赫对投票结果的评价是：“这是一次在新城市和传统城市之间的选择，大家更倾向于传统城市。”国际奥委会再次选择东京与 2016 年奥运主办城市里约热内卢筹备工作拖沓不无关系。里约热内卢 2009 年获得奥运会的主办权，成为首个主办奥运会的南美城市，然而其筹备工作却让国际奥委会颇有微词。因此，为 2020 年奥运会选一个风险最小的城市，成为国际奥委会委员的共识。

---

① 李贤华.重大体育赛事如何应对突发事件[J].人民公安，2011(15)：56-57.

② 约翰·艾伦，等.大型活动项目管理[M].王增东，杨磊，译.北京：机械工业出版社，2002.

③ 第 12 届啤酒节在天津市和平区闭幕 拉动消费 3 亿元[N].天津日报，2013-08-14.

随着活动人群的跨地域甚至是跨国流动和聚集，疾病风险防范也应加以重视。2019 年和 2020 年之交，新冠疫情爆发并肆虐全球，为会议、展览、体育赛事、节日庆典等特殊活动带来极大的挑战。一般来说，特殊活动的举办会伴随着大规模的人群流动和聚集，这无疑会加重新冠病毒传播的风险。因此，很多特殊活动项目被叫停、由线下改为线上举办、延迟举办或有条件举行，这对活动项目的主办方、投资方、重要的参加者带来收益上的重创和不便，也影响了大众的活动参与需求，对活动产业本身的可持续发展来说更是一种系统性风险和一次巨大的危机。当然，从积极乐观的角度说，新冠疫情的爆发也推动着活动行业在艰难中谋发展和求创新。

案例一：世界杯足球赛的风险管理

第十七届世界杯足球赛（官方名称：2002 FIFA World Cup Korea/ Japan™）决赛周于 2002 年 5 月 31 日至 6 月 30 日在韩国和日本举行，东道国韩国和日本在预防自然灾害和各种瘟疫疾病方面都做足了充分的预防。①

2002 年世界杯即将开赛的时候，由于日本坐落在太平洋火山边缘的地震多发地带，如何逃避自然灾害等安全问题成了当时全世界最为关注的话题。日本方面慎重考虑了地震的隐患对世界杯能否造成影响的事宜。在日本官方出版的灾难预防措施系列丛书中指出，日本为世界杯所设的 10 个主赛场内都配备了双重紧急避难所。全新的避难所除了提供危急时刻的庇护外，还可以为避难者提供各种生活必需品。另外，在球场每个球门后的草皮下面各设有一个 2 200平方米的储藏设备，里面毛毯、饼干甚至是婴儿奶瓶一应俱全。另外，在神户体育场的内外均设有巨大的荧屏，用以在危急中向外传送求救信号，便于救生队能够及早发现并采取适当的营救措施。

2002 年韩日世界赛杯期间，来自世界各地区不同人种、不同阶层的观光客同时涌入举办国，这为疾病的交叉蔓延提供了温床。韩国政府估计，在世界杯期间有 5 000~6 000 名的国际卖淫者进入韩国。大批外国观光者和卖淫人员在韩国的长时间滞留，会促使艾滋病等性病的快速蔓延。首尔的医疗机构向当地居民及世界杯观光客发出了忠告，提醒人们：艾滋病等性疾病不光是通过性行为传播，在日常生活中不当的接触也会导致感染。万一发现异常反应，应当及时到医院接受检查。

即使付出了艰苦的努力，韩日世界杯还是被认为是最糟糕的一届世界杯，其原因在于世界杯举办过程中出现了裁判黑哨、球迷种族歧视、韩日合作不畅等种种问题。裁判过分偏袒东道主，有违公平竞赛的原则。东道主韩国队的打法过于野蛮对于向世界推广亚洲足球有着消极的作用。韩国队球迷在多场比赛场边打出种族歧视的旗帜又抹黑了韩国的形象。主办国韩国和日本的关系导致双方无法充分合作办好比赛。

① 李贤华.重大体育赛事如何应对突发事件[J].人民公安，2011(15)：56-57.

8.5.3　人群聚集风险及其流量管理

大型活动具有高度的人群聚集性,2008 年在北京举办的奥运会仅运动员、教练员和官员就有 6 万多人参加。2010 年在上海举办的世博会拥有 7 308 万名参观者,创下了历届世博会之最。在大型活动举办期间,人员数量一旦超过预期规模就可能会引发管理能力、服务能力以及服务设施的"高峰效应",无法满足活动现场的管理需要和服务需要,进而增加秩序混乱、人群挤压和踩踏、火灾等事故的概率。2010 年 7 月 22 日夜,在柬埔寨金边钻石岛历史悠久的送水节庆祝活动上发生了严重的踩踏事故,由于金边市区连接钻石岛的一座桥产生晃动,在拥挤的人群中谣言四起,有人说吊桥不稳即将坍塌,消息随后迅速传开,人群恐慌,尖叫四起,踩踏发生,最终造成 456 人遇难,700 多人受伤。活动的休闲性质更会降低活动参与者对人身和财产安全风险的警惕。丹麦罗斯基勒音乐节(Roskilde Festival)始于 1971 年,每年都固定在丹麦城市罗斯基勒的一个大牧场举行。经过 40 年的发展,罗斯基勒音乐节如今已成为持续 4 天、拥有 7 座演出舞台、安排百余场音乐演出、日接待观众能力达 9 万余人的、当今北欧规模最大的夏季户外音乐节,也是当今欧洲乃至世界上最有影响力的音乐节之一。音乐节演出涵盖了摇滚,民谣,电子,说唱,流行,爵士,世界音乐等多种音乐类型,体现出音乐上的包容性,以满足不同乐迷的需求。然而,在罗斯基勒音乐节的发展历程中也曾出现过大型突发事件。在 2000 年 6 月 30 日星期五,由于持续下了一整天的雨,地面泥泞,在美国摇滚乐队 pearl jam 表演的时候,将近 70 000 名乐迷在现场。由于心情激动,大量观众簇拥导致了前排的观众滑倒,最终 9 人被踩死,25 人被踩伤。在这起事件发生随后的几天内,电视和报纸猜测该踩踏事件是由吸毒、斗殴等原因导致,并对此进行了不实的报道。虽然这些猜测最后都被证明是子虚乌有,但是,媒体的负面报道在当时已经对音乐节产生了不良影响。事实上,罗斯基勒音乐节在安全方面有着很好的声誉,事件发生后,紧急救助人员和警察立即到位,整个音乐节也未中断。

人群的高聚集性及其潜在风险对活动策划者和管理者的风险意识、风险预案以及应对风险的能力提出较高的要求。大型活动的凭票入场、岗哨设置、保安巡逻、护栏以及路障设置等管理环节都是预防人群聚集风险以及维护现场秩序的举措。以门票政策为例,门票不仅表示活动参加者已经支付费用并有资格进入活动现场,同时,对于活动管理者而言,门票也是一种确保现场安全和秩序的手段。门票具有控制功能,它告诉活动管理者有多少人参加(或将参加)活动,从而确保活动管理者将活动参加人数保持在场地的承载限度内。门票也是统计活动出席人数的凭证。预售票可以满足团体预订或是有特殊需要的人的需求,如坐在一起或位置接近残障设施和通道等。

对大型活动人群的系统管理包括人群预测、人流引导、预警措施、应急疏散等工作内容。

人群预测包括以下几个方面。

①预测人群总量和峰值,参照活动历史参与人数、同类活动的参与人数,并根据活动吸引力、时间便利性等因素对人群的总量和每日峰值加以估算。

②预测活动场所的容量,对活动场所及其关键地点、交通枢纽、设备设施的容量和承载力进行估算,将估算结果作为确定活动规模、参与人数、调度和协调计划的重要参考依据。

③预测人群的构成,这样既能有针对性地提供住宿、餐饮、娱乐等服务,同时,还能对人与

人之间由于文化差异而导致的矛盾和冲突进行预警。

④预测人群的时间和空间分布，根据历史统计、活动特征、季节变化等因素预测人群的时间分布，根据活动场所的空间布局、活动安排环节等因素预测人群的聚集点和覆盖面积。

在对人群数量以及聚集地进行预测的基础之上，需要对人群进入活动现场前开展关口管理、对人群进入活动现场后开展人流引导。尤其是活动规模较大的活动，当人们纷纷涌入时，需要适当增开售票口和入口；当人们进入活动现场并不断汇集的时候，要加强人流引导以防人群过度拥挤，让活动人群在活动现场的空间分布上尽量均衡，通过拓宽出入口通道、增加餐饮和洗手间等具体服务点、优化设计特色活动区、设置引导标志等方式引导人群在空间上的分流。当然，网络预售票阶段的差别售票、提前宣传等方式也是非常重要的引导人群在入场时间上分流的做法。

预警措施是指对人群流动进行实时监控，当人群密度濒临临界点时，发布警戒信息，并迅速做出反应，采取人群限流、分流等应急管理措施。

应急疏散就是要制订应急预案，确定人群疏散的方式、步骤以及责任人，包括确定疏散的人群范围、疏散目的地以及疏散线路等，[①]并在紧急状态下执行应急预案。

8.5.4 合作风险及其应对

大型活动项目的供应商有很多，他们可能是场地经理、舞台经理、灯光音响和视听设备经理、装潢师、表演者、租赁公司、安保公司、餐饮公司、保洁公司、广告公司等。与供应商保持良好的关系能够保障高品质的供货和服务。2022 年，随着北京冬奥会开幕，本届奥运会吉祥物冰墩墩出现“一墩难求”的局面，受冬奥会恰逢春节放假以及新冠疫情的影响，吉祥物及其衍生品也出现限量供应和瞬间抢购一空的场面。诸如奥运会之类的重大国际赛事的菜单和特殊花卉需要提早计划，保证农民的种植时间，保证人们在非时令季节吃到新鲜蔬菜和水果。

8.5.5 员工和志愿者风险及其应对

不合格的员工以及志愿者筛选和培训会影响活动服务的质量和水准，影响顾客满意度。举办大型活动经常招募志愿者，志愿者的专业性以及奉献精神不仅会影响到活动质量，还会影响到活动的氛围。因此，要加强对志愿者的招募、遴选、培训等环节的管理。2008 年北京奥运会的赛会志愿者服务岗位涉及礼宾接待、语言翻译、交通运输、安全保卫、医疗卫生、观众指引、物品分发、沟通联络、竞赛组织支持、场馆运行支持、新闻运行支持、文化活动组织支持等领域，奥运会组委会通过开展宣传发动、招募选拔、教育培训、公益实践、激励表彰等一系列工作，出色地完成了对志愿者的系列管理，志愿服务成为奥运会的一道亮丽风景线。志愿者管理是一项专业的工作，如果无法有效管理，反而会给组织带来内部冲突、效率降低、声誉败坏这样的风险。为了预防志愿者风险，肯·内申斯(Ken Nations)建议：①尽可能使组织分配的任务与志愿者的能力相匹配；②清楚地说明工作职责；③设定详细的行动目标和标准；④清楚地将目标告诉志愿者，并告知组织期望他们达成的目标；⑤告知志愿者如果在工作中感到不是很愉快，可

① 谢振华，孙超，杨琳.大型活动密集人群的风险分析与管理[J].中国公共安全(学术版)，2006(4)：41-43.

以离开或是改换其他工作;⑥制定严格的管理制度,根据责任的标准,惩罚并解雇志愿者。

案例二:2008年北京奥运会的志愿者管理

1.志愿者的来源和服务领域

在2008年北京奥运会期间,奥运会志愿者分为两类:一类是奥运会赛会志愿者;另一类是城市志愿者。按照岗位需求情况,奥运会赛会志愿者又分为专业志愿者和非专业志愿者两类。专业志愿者主要从事专业性强、技术技能要求高的志愿服务工作。

2008年北京奥运会的志愿者队伍以北京高校学生为主体,同时广泛吸纳北京市民、全国各地各民族群众、港澳台同胞、海外华侨华人和国际友人等各界人士。北京奥组委面向大学生志愿者、中学生志愿者、社会志愿者、各省市自治区志愿者、京外赛区城市志愿者、港澳台志愿者、海外华侨华人志愿者、在京外国人志愿者、国际志愿者九种人员以及相关专业社团、机构、企业、高等院校和科研院所等,按照奥运会专业岗位的要求和确定的资格条件招募志愿者。志愿者由北京奥组委统一管理、培训和使用。

赛会志愿者的服务领域主要包括礼宾接待、语言翻译、交通服务、安全保卫、医疗卫生、观众服务、沟通联络、竞赛组织支持、场馆运行支持、新闻运行支持和文化活动组织支持,以及其他北京奥组委指定的领域。赛会志愿者主要在场馆(含竞赛场馆、训练场馆和非竞赛场馆)进行志愿服务。根据奥运会、残奥会运行的实际需要,部分赛会志愿者的工作岗位具有流动性,不在固定场馆进行志愿服务。赛会志愿者原则上每天工作一个班次,一个班次不超过8小时。

2.志愿者的基本条件和工作保障

2008年北京奥运会志愿者的基本条件包括以下7个方面:①自愿参加北京奥运会、残奥会志愿服务;②1990年6月30日(含)前出生,身体健康;③遵守中国法律法规;④能够参加赛前的培训及相关活动;⑤能够在北京奥运会、残奥会期间连续服务7天以上;⑥母语为汉语的申请人应具备基本的外语交流能力,母语不是汉语的申请人应具备基本的汉语交流能力;⑦具备志愿服务岗位必需的专业知识和技能。

2008年北京奥运会志愿者的工作保障包括以下5个方面:①制发身份注册卡;②提供工作制服装备;③提供工作期间的餐饮;④提供市内特定区间的免费公共交通服务;⑤提供工作期间的人身意外伤害保险。

3.志愿者的权利和义务

2008年北京奥运会志愿者的权利包括以下7个方面:①了解赛会志愿者政策;②在岗位确定之前表达工作岗位的意愿;③获得必要的工作保障;④维护自身的正当权益;⑤参加赛会志愿者评比表彰;⑥对赛会志愿者工作提出意见和建议;⑦申请退出志愿服务。

2008年北京奥运会志愿者的义务包括以下7个方面:①遵守奥林匹克宪章,遵守国际残疾人奥林匹克委员会章程,传播奥林匹克精神;②遵守北京奥组委各项政策和规章制度;③履行经本人签署的志愿服务承诺书;④完成相应的培训;⑤服从北京奥组委对志愿服务工作岗位的安排;⑥服从北京奥组委的指挥和调配,认真完成志愿服务工作任务;⑦服从志愿服务期间所在团队的管理。

4.开展志愿者项目的运行计划

①宣传计划。在北京奥组委总体宣传计划的框架内，志愿者的宣传工作通过广播、电视、报刊、网络等媒体，分阶段、有重点地向公众宣传介绍奥运会赛会志愿者工作的重要意义、相关知识、工作规划、工作进展和需求信息等内容，扩大信息覆盖面，提高公众知晓率，凝聚社会力量，增强社会动员能力。宣传运行计划分为四个阶段。2005 年 6 月至 2006 年 7 月为前期宣传阶段，主要面向全社会普及奥林匹克知识、推广志愿服务理念，倡导奉献友爱精神，介绍奥运会志愿者工作的总体安排等。2006 年 8 月至 2008 年 4 月为招募宣传阶段，主要宣传参与奥运会志愿服务的意义，介绍招募的方式方法、资格条件要求及服务的场所和领域，动员各界人士积极报名参加赛会志愿者项目。2008 年 4 月至 7 月为赛前宣传阶段，主要宣传介绍志愿者工作的进展情况，提升社会对赛会志愿者的关注度。2008 年 8 月至 9 月为赛时宣传阶段，主要宣传报道赛会志愿者的出色表现和优秀事迹。

②招募选拔计划。奥运会赛会志愿者招募的一般程序包括：申请人报名、材料审核、工作预分配及面试、初步确定岗位、发出录用通知、志愿者接受任务、背景核实等步骤。奥运会赛会志愿者的招募工作主要采用定向招募与公开招募相结合、集体报名与个人报名相结合、网络申请与书面申请相结合的方式，建立高效便捷的招募机制，按照有关程序分阶段、分人群进行招募。奥运会赛会志愿者原则上应具备以下条件：遵守中国法律法规，热心公益事业，具有基本的体育运动常识，具备一定的外语交流能力，符合奥组委对于志愿者所申请岗位的资格要求和时间要求。其中，专业志愿者除满足以上基本要求外，还应具备特定岗位所要求的专业技术和专门技能。奥运会赛会志愿者招募工作于 2006 年 8 月底正式启动，到 2008 年 5 月结束。

③公益实践计划。公益实践计划旨在通过开展社会公益活动，把日常志愿服务与奥运会志愿服务有机结合起来，实现志愿服务的日常化，增加志愿者的服务经验和服务技能，满足奥运会对志愿者的素质要求。根据奥运会筹备进程，每年确立一个公益实践主题，在全市设立一批奥运会志愿者实践基地，围绕城市建设和社会发展，开展环保、科普、文化等志愿服务活动。

④培训计划。奥运会赛会志愿者的培训主要分为四类：通用培训、专业培训、岗位培训、场馆培训。通用培训的主要内容是介绍奥林匹克知识、国情市情、传统文化和礼仪规范，志愿者的权利义务，应对紧急情况等方面的知识，培养志愿者的大局意识、服务意识、形象意识和责任意识。专业培训的主要内容是根据服务岗位的具体要求，培训志愿者相关的专业知识和技能。岗位培训的主要内容是介绍岗位的基本情况、工作任务、业务流程、操作规范以及紧急情况的处理措施和志愿者团队管理等。场馆培训的内容包括场馆功能、场馆内比赛相关知识、内部设施、组织结构、规章制度等。培训方式包括：远程培训、面授、实践培训。远程培训主要包括网络培训、广电媒体培训和函授培训。专业培训将以面授为主，主要由奥组委及指定的培训机构来组织实施。实践培训主要包括公益实践活动、专题活动和参加测试赛。培训工作依托北京的教育资源优势，奥组委组织专家学者编写相关文本教材和多媒体教程课件，利用互联网远程教育或开展课堂教学来进行培训。

⑤激励保留计划。北京奥组委将通过表彰奖励和相关保障措施，确保志愿者队伍的相对稳定。志愿者的激励表彰以精神鼓励为主，激发志愿者的内在热情，保持志愿者较高的工作积极性，使志愿者获得有价值、令人愉快的工作经历。主要实施以服务时间和服务效果为基本依

据的普遍激励。开设志愿者维权热线和心理热线,切实维护志愿者合法权益。对作出突出贡献、表现优异的志愿者集体、个人以及志愿服务项目给予特别奖励。奥运会结束后,开展志愿者评比表彰及纪念活动:颁发奥运会、残奥会志愿服务证书和证章;评选优秀赛会志愿者个人、团队和工作机构,授予荣誉称号。根据服务时间和服务效果,赛会志愿者可以获得奥运会、残奥会纪念品。在奥运会、残奥会结束后,建立志愿者纪念设施。对于不履行义务的赛会志愿者,北京奥组委将根据相关规定,取消其北京奥运会、残奥会赛会志愿者资格。

⑥岗位计划。根据赛时岗位的具体需求,结合赛会志愿者的服务意向、专业技能和在参与公益实践活动中的表现,为志愿者安排适当的固定工作岗位、分配相应的工作任务,指定固定的工作联系人,确保岗位清晰、职责明确,保证志愿者与工作岗位的准确对接,实现志愿者的转型定岗。岗位明确后,奥运会赛会志愿者应按照指定工作岗位的要求接受相关培训。

⑦赛会计划。赛会期间,北京奥组委负责赛会志愿者的指挥调配工作,建立工作指挥体系,转入场馆及区域、领域运行管理体系,逐级落实工作任务,做好志愿者的上岗、考勤、轮休、评价等管理工作,做到指挥有力、反应灵敏、行动迅速、信息顺畅、配合默契、保障有力。各需求场馆和部门应指定专门联络员,按照自身职责,及时提供准确的志愿者需求信息,建立有效的人岗对接机制,落实调配任务。

总之,大型活动具有规模大、参加人员多、危险系数高、安全问题突出等特点。据统计,近几年来,全国每年举办各类大型群众性活动1.4万多场,近3亿人次参加。在这类活动中,安全事故、治安和刑事案件时有发生,有的甚至酿成群体性事件,给人民群众的生命、财产安全以及社会治安秩序和公共安全带来较为严重的危害。随着各种大型群众性活动日益增多,其安全问题也越来越引起全社会的关注。在这样的背景下,2007年国务院公布并随后施行了《大型群众性活动安全管理条例》,明确规定大型群众性活动的安全责任制度和安全监督管理措施,保证大型群众性活动安全举办。根据条例规定,大型群众性活动的承办者对其承办活动的安全负责。承办者具体负责下列安全事项:①落实大型群众性活动安全工作方案和安全责任制度,明确安全措施、安全工作人员岗位职责,开展大型群众性活动安全宣传教育;②保障临时搭建的设施、建筑物的安全,消除安全隐患;③按照负责许可的公安机关的要求,配备必要的安全检查设备,对参加大型群众性活动的人员进行安全检查,对拒不接受安全检查的,承办者有权拒绝其进入;④按照核准的活动场所容纳人员数量、划定的区域发放或者出售门票;⑤落实医疗救护、灭火、应急疏散等应急救援措施并组织演练;⑥对妨碍大型群众性活动安全的行为及时予以制止,发现违法犯罪行为及时向公安机关报告;⑦配备与大型群众性活动安全工作需要相适应的专业保安人员以及其他安全工作人员;⑧为大型群众性活动的安全工作提供必要的保障。大型群众性活动的场所管理者具体负责下列安全事项:①保障活动场所、设施符合国家安全标准和安全规定;②保障疏散通道、安全出口、消防车通道、应急广播、应急照明、疏散指示标志符合法律、法规、技术标准的规定;③保障监控设备和消防设施、器材配置齐全、完好有效;④提供必要的停车场地,并维护安全秩序。

【要点和进一步的思考】

1.大型活动风险的含义是什么?

2.大型活动的风险类型有哪些?

3.如何对大型活动的风险进行识别?

4.如何对大型活动的风险进行评估?

5.我们可以采取哪些方法来对活动风险进行管理?

6.大型活动中的常见风险有哪些?

7.如何应对大型活动中的聚众滋事和犯罪风险?

8.如何应对大型活动中的自然灾害、安全事故以及疾病风险?

9.如何化解大型活动中的人群聚集风险?

10.如何降低大型活动中的合作风险以及员工和志愿者风险?

11.你了解《大型群众性活动安全管理条例》所明确的活动承办者以及场所管理者所负有的安全责任吗?

HUIZHAN
会展经济与管理

第9章 大型活动知识产权保护

【本章简介】

本章就大型活动知识产权保护问题进行了探讨。大型活动知识产权包括两个层面:第一个层面是大型活动中现场使用物品的知识产权,包括参与活动的主体所拥有并带入现场的知识产权,如活动参与者带入活动现场用于展示和交流的文章、创新课题、研究成果、表演、展出物品的专利权和商标权等;第二个层面是活动主办方或承办方自身拥有的知识产权,包括活动的设计理念及其表现形式,活动现场搭建的设计方案与布置,活动的标志(Logo)以及活动名称等。当前我国大型活动知识产权的保护对象主要侧重于第一个层面,而对第二个层面的保护对象的重视程度不够。因此,对大型活动知识产权保护的范围要有全方位的理解。

知识产权是一种无形财产权,是从事智力创造性活动取得成果后依法享有的权利。知识产权包括对下列各项知识财产的权利:文学、艺术和科学作品;表演艺术家的表演及唱片和广播节目;人类一切活动领域的发明;科学发现;工业品外观设计;商标、服务标记以及商业名称和标志等。尽管活动组织者越来越重视运用法律机制来保护活动的知识产权,保护活动产品的品牌、程序、主题概念、名声和标志语。但是,当前我国活动行业知识产权保护仍然存在一些问题,行业主体缺乏诚信意识和尊重知识产权的意识,对活动相关的设计方案、品牌及名称等知识产权的保护欠缺,对活动知识产权侵权纠纷缺乏快速有效的化解机制,因此,大型活动知识产权保护问题尤其值得关注。

9.1 大型活动知识产权的含义和范畴

知识产权是一种无形财产权,是从事智力创造性活动取得成果后依法享有的权利。大型活动知识产权包括两个层面:第一个层面是大型活动中现场使用物品的知识产权;另一个层面是活动主办方或聘用方自身拥有的知识产权。前者包括参与活动的主体所拥有并带入现场的知识产权,如活动参与者带入活动现场用于展示和交流的文章、创新课题、研究成果、表演、展出物品的专利权和商标权等;后者包括活动的设计理念及其表现形式、活动现场搭建的设计方案与布置、活动的标志(Logo)以及活动名称等。

然而,当前我国大型活动知识产权的保护对象主要侧重于第一个层面,而对第二层面的保护对象的重视程度不够。以会展类大型活动为例,当前知识产权保护的范畴不全面而导致对第二层次知识产权的保护缺失。根据目前国际展览业的先进经验和做法,展会知识产权保护并不局限于展品的专利权、商标权及版权,更多地已涉及展会名称、展会标志、展台设计等方面。但我国目前展会知识产权保护范围并不全面,与国际通常做法有所脱节。根据我国《展会知识产权保护办法》,展会知识产权保护是指对"在中华人民共和国境内举办的各类经济技术贸易展览会、展销会、博览会、交易会、展示会等活动中,有关专利、商标、版权的保护"。保护范围不全面导致目前一些涉嫌侵权的现象无法得到有效规制,损害了相关当事人的利益,[①]克隆会展项目日渐增多,许多办展公司剽窃其他公司的会展项目,很多有影响且效果良好的会展经常被模仿。对于多数参展商和参观者来说,很难对展览名称进行有效辨别。

因此,对大型活动知识产权保护的范围要有全方位的理解。具体来说,大型活动知识产权保护的范围包括:①大型活动组委会的名称、域名;②大型活动的名称、会徽、吉祥物、口号、歌曲、旗帜、火炬、奖牌、奖杯、纪念品等;③大型活动组委会自行或者委托他人创作完成的各种与活动相关的艺术表演、影视宣传片、计算机软件、开幕式和闭幕式创意方案等作品;④其他与活动有关的具有知识产权的智力成果。以展会为例,其知识产权不仅包括展出的产品和技术,还包括展会的名称和标志、知名会展的品牌效应、展会的设计理念和展台搭建设计等。[②]

① 对我国展会知识产权保护问题的分析及建议[EB/OL].国际商报网,2011-06-14

② 天津市第六届东亚运动会知识产权保护办法[EB/OL].天津市政府网,2012-6-13.

9.2　大型活动知识产权的类型

按类型来划分，大型活动的知识产权分为无形资产权、创意成果权、活动展示产品和技术支持的知识产权、知名活动项目的交易权等。①

①大型活动的无形资产权。大型活动的无形资产权包括活动名称权、活动标志的专有权等。大型活动的会徽或特有标志（即 Logo）目前能够依据《中华人民共和国商标法》进行注册登记并获得专用权。然而，对于活动的名称，尤其是知名活动的名称则既不能像商标一样进行注册，也不能像一般企业名称那样通过工商登记而得到法律保护。于是，一些假冒、仿冒知名活动的情况便时有发生。

②大型活动的创意成果权。大型活动的创意成果权是指对某个具体活动项目的创作思路、表现方式的构思和设计。奇思妙想的活动创意成果不仅仅富有美感，还会在具体的活动项目中提升活动项目的品位，吸引更多的参与者，在行业竞争中为主办方带来更好的效果和更高的收益。因此，活动创意成果具有智力劳动成果的属性和经济价值的属性。它们的形式也不仅仅是简单的设计图纸、文字说明或音像资料等，有时还可以通过其他物质载体加以呈现，最终表现为不同种类的知识产权。所以，创意成果带来的价值常常大于其自身的实用性价值。目前的问题是，由于活动从业人员知识产权保护意识薄弱和相关法律的缺位，对活动创意成果权的保护还不够明确。一些权利人的创意常常被剽窃、抄袭或无偿使用。

③大型活动展示产品和技术支持的知识产权。相关知识产权包括展品、展板、展台、展具、产品及照片和视听资料、相关宣传资料、操作系统或控制系统的软硬件及其组合、支持活动的声讯系统、光电设备的设计方案或软件著作权，等等。这些内容涉及的知识产权类型可以是专利、注册商标、版权、软件著作权或其他知识产权，它们分属于参展商、承办方和主办方，这也体现了活动项目中知识产权的综合性和权利人的复杂性。其中最容易发生的是侵权问题。比如，在展会展台搭建的招投标工作中，作为展台设计的搭建商，他们最担心的就是参展商以种种借口不让他们的方案中标，然后却又转手将扣留下来的设计图纸或方案提交给第三方抄袭使用或略有改动使用，其目的在于省钱，这样的现象就涉及了知识产权侵权与保护的问题。

④大型活动项目的交易许可权。特别是一些经过多年培育、精心打造起来已经形成品牌效应的活动的标志，其蕴含的无形资产价值足以给拥有者带来巨大的影响和经济利益。为加快相对落后地区活动业发展的步伐，一些知名活动的名称及其项目包括举办模式等便通过合作办活动或许可使用该知名活动的名称，抑或直接买断等方式成为交易的对象。此类交易包含了活动项目所有者高度的知识产权内容，是活动业特有的智力成果转让形式。大型活动项目在转让时便发生了交易许可权问题。

一般来说，组委会是大型活动知识产权的权利人。其他主体如果想使用相关知识产权，需要经过权利人同意从而成为知识产权相关权利人才可以。组委会既是大型活动知识产权的权利人，同时也是保护知识产权的责任主体。对政府主导型的大型活动而言，知识产权保护的责

---

① 展会知识产权保护研究[EB/OL].上海市法制办.中国政府法制信息网.2012-06-07.

任主体除了组委会之外，还包括商标、专利、版权等知识产权行政管理部门以及文化市场行政执法机构。

9.3 关注和保护大型活动知识产权的意义

活动项目，尤其是品牌活动项目知识产权保护问题越来越受到重视。对于活动项目的所有者来说，保护活动项目的名称、标志等知识产权尤为重要，以免辛苦打造的活动品牌及相关创意被复制和扩散。

从现实来看，我国活动行业快速发展，由于法规不健全和少数企业急功近利的行为，导致知识产权纠纷的发生。这种现象出现的直接结果就是扰乱了活动行业的市场秩序。以展览活动为例，在我国骗展现象时有发生，一些无名小展缺少品牌号召力，转而依托相关品牌展览生存，当品牌展览举办时，这些无名小展将一些不明真相的外地参展商骗到自己的展会现场。这种骗展行为无疑是对相关品牌展览知识产权的侵犯。对大型活动知识产权的关注不仅体现在品牌保护这个环节，还体现在品牌移植、品牌交易等环节。当活动品牌向外移植时，通常会寻找合作伙伴，这样在继续使用原活动品牌名称和标志的过程中，如果不对这些原有的无形资产予以认定就会引发知识产权的纠纷。随着活动经济的不断发展，资本运作频繁，活动项目的买卖逐渐增多。对活动项目所有权的转移和交易，必然会涉及活动项目知识产权的作价、转移和交易。因此，制定和完善有关知识产权保护法律法规就显得十分重要。

9.4 侵犯大型活动知识产权的几种表现

侵犯大型活动知识产权的行为包括以下几个方面：①未经许可，在生产、经营、广告、宣传、表演、展览等营利性活动中使用与某大型活动知识产权权利人依法拥有的注册商标、特殊标志、作品相同或者近似的商标、特殊标志、作品；②未经许可，在法人和其他组织名称中或者网站、域名、地名、建筑物、构筑物、场所等名称中使用与某大型活动知识产权权利人依法拥有的注册商标、特殊标志、作品相同或者近似的商标、特殊标志、作品；③伪造、擅自制造与某大型活动知识产权权利人依法拥有的注册商标、特殊标志相同或者近似的商标标志、特殊标志；④销售伪造、擅自制造的与某大型活动知识产权权利人依法拥有的注册商标、特殊标志相同或者近似的商标标志、特殊标志；⑤未经许可，以生产经营为目的实施某大型活动知识产权权利人依法拥有的专利；⑥假冒与某大型活动有关专利的行为；⑦故意为侵犯某大型活动知识产权行为提供场所、仓储、运输、投递等便利条件；⑧违反法律、法规、规章规定，侵犯某大型活动知识产权的其他行为。对大型活动知识产权的侵犯不仅表现在伪造和违规使用大型活动的名称和标志，还表现在对活动主题、吉祥物、设计方案等各个环节创意和设计的剽窃、复制和违规使用。

9.5 我国大型活动知识产权保护法律层面的现状

我国已经制定的《著作权法》《商标法》《专利法》《合同法》《民法典》中的有关条款涉及知识产权的保护。但是,如果想要按照法律的具体规定去找可以对上号的条款,以解决活动业中涉及的知识产权保护问题则比较困难,因为相关法律尚不足以涵盖活动知识产权的维护范围。

首先,对活动标志的保护不足以保护活动项目本身。有一些活动项目的标志是按照商标的概念进行注册登记的,这时一旦有人使用相同的或类似的图案作为其他活动的标志,就可以被认定是侵犯了原有活动项目的知识产权。但实际情况往往是,几乎不会有人直接使用或明显地仿冒别人的活动项目标志,而一般只是在活动项目的标题、展出内容等方面进行重复。在这种情况下,《商标法》的有关规定就不够起到保护活动项目本身的作用了。并且,由于展会内容和展会标题的文字部分(包括英文的文字缩写)是无法进行注册登记以排他使用的,所以单纯的活动项目标志注册几乎无法防止活动项目的名称被仿冒和活动内容被克隆现象的发生。

其次,对活动项目品牌以及相关设计的保护存在困难。由于目前会展项目的品牌并不能进行商标注册,所以单独对会展品牌进行保护是比较困难的,活动名称、活动策划理念和活动特色都难以进行整体保护。从法理上说,设计方案、设计图纸也应当是具有著作权性质的保护对象,因此可以按照《著作权法》进行规范。但是,由于实际操作中对违法行为的取证很难,对抄袭行为的界定也很不容易,所以相关的诉讼成本和执法成本都会很高。

9.6 保护大型活动知识产权的手段

大型活动的组委会可以采取申请商标注册、申请特殊标志登记、申请专利、申请作品登记、申请计算机软件登记、申请互联网络域名注册、申请知识产权海关保护备案等多种措施来保护大型活动的相关知识产权。而对大型活动品牌本身的整体保护则更加复杂。一个大型活动品牌在国内外市场上的竞争,归根到底是自主知识产权的竞争,除了大型活动的名称和标志外,策划理念和活动特色的完美结合形成了独特的无形资产,即"核心竞争力",引领组织的长足发展,这更值得保护。因此,在涉及大型活动项目品牌的使用、合作、交易等相关环节上当事双方可以通过具体的协议、合同来加以规定,然后再按照《合同法》和《民法典》对协议、合同进行约束。从长远考虑,应开发我国大型活动品牌保护的相关行政管理规定和法律条款。

当然,知名大型活动本身有其独特的运作模式,而且这种运作模式在特定的历史条件下产生,并且成为活动本身的核心竞争力。那么,对这种大型活动进行复制的可行性就很小,达沃斯论坛便是一例。所以,除了行业、政府等主体对大型活动知识产权的保护要加以重视并采取措施之外,还需要活动主办方积极创新,精准定位并不断打造和充盈活动的独特性,以保持活动品牌更长久的生命力。

案例一：达沃斯论坛的运作模式[①]

许多了解达沃斯论坛的人都认为，达沃斯论坛能够不断扩大影响力的一个手段就是它的运作模式。其实，不管是议题，还是商业运作，达沃斯论坛的不可复制归根结底是它的理念不可复制。

对于达沃斯论坛（世界经济论坛）这个非营利机构来说，它也需要资金保证。目前，论坛是通过收取会员费、论坛战略伙伴的合作费、地区性会议的会费等来维持运转。扣除每年所需成本外，盈余会用来再次投资，或者是建立新的项目。

虽然对大众来说，财富论坛、福布斯论坛的品牌影响远远超过达沃斯论坛，但这并不会让达沃斯论坛有任何不安。他们明确地锁定着目标客户，就是政府部级以上领导和大型企业的CEO，他们只在精英层面上推广。他们甚至认为，大众层面的主动推广或许会损害品牌。高品质、高端化的坚持最终为论坛赢得了控制世界85%财富的大人物，并且还在不断吸引世界级企业和全球精英的关注。

案例二：2022年冬季奥运会吉祥物知识产权保护[②]

一墩难求！2022年虎年新春，冬季奥运吉祥物“冰墩墩”成为新晋顶流，走红网络。2月4日，北京冬奥会开幕，“冰墩墩”登上微博热搜榜榜一，就此拉开爆火的序幕。“冰墩墩”形象可爱，深受各国运动员、记者、国家领导人的喜爱。“冰墩墩”周边产品包括盲盒手办、钥匙扣挂件、盲盒印章、保温杯、抱枕……这些周边产品在国内线上开售可一秒卖光，线下则排起长队，久则四五个小时才能买到。

作为一个现象级的热门话题，“冰墩墩”还一跃成为各品牌方的流量神器。北京冬奥会签约赞助商达45家，其中，安踏、伊利、盼盼等品牌方借势“冰墩墩”在“一墩难求”的需求背景之下，迅速捕捉住流量焦点，在直播间以“抽奖送冰墩墩”吸引了大量用户停留。以品牌“盼盼”直播间为例，盼盼休闲食品官方旗舰店从2月7日开始，在抖音开启专场直播。专场开播前，通过多个视频为直播预热，为直播间引流。2月8日，品牌“盼盼”在直播间送出100个冰墩墩，不到20分钟时间，在场观众数量升至1.7万，在抽奖时间段，人数更是迅速激增，“冰墩墩”的弹幕不断飘屏。

冬奥会吉祥物的火热和供不应求，让不少商家剑走偏锋，试图自行销售相关产品。但要明确的是，“冰墩墩”和“雪容融”受著作权法保护，生产和销售盗版周边产品属于“未经许可复制使用奥运标志和涉奥作品”，触犯《中华人民共和国广告法》等法律，非法借吉祥物提高企业声誉也构成侵权。基于此，很多互联网电商平台就奥林匹克标志和特许商品使用权进行要求和

① 张晓辉.难以复制的“达沃斯模式”[EB/OL].新华网，2008-09-26.

② 下单就送“冰墩墩”，平台强制删除商品链接，商家起诉认为处罚过于严重[N].杭州日报，2022-02-18.

提示。抖音、小红书、视频号等各平台的内容创作者合理利用吉祥物进行热点营销的方式集中于以下几类:分享整理冰墩墩官方抢购渠道、美食号制作冰墩墩面食教程、手绘漫画博主制作手绘教程等,获得了不错的数据展现。

那么,什么情况下“冰墩墩”可以依法合规地使用?需要履行哪些手续,遵守哪些规则?此前,北京冬奥组委对外发布了相关法律说明。首先,吉祥物“冰墩墩”是北京冬奥组委的重要财产,北京冬奥组委对“冰墩墩”的形象依法享有著作权、注册商标专用权、外观设计专利权,对“冰墩墩”中英文名称还依法享有注册商标专用权。因此,任何人对“冰墩墩”形象或者名称的使用,都应当遵守《中华人民共和国著作权法》《中华人民共和国商标法》《中华人民共和国专利法》(以下简称著作权法、商标法、专利法)等相关法律法规的规定。简单来说,“冰墩墩”的形象作为美术作品,北京冬奥组委的著作权是受法律保护的,未经北京冬奥组委许可,其他任何单位或者个人不得使用该作品,更不得将“冰墩墩”的形象进行歪曲、篡改和不当使用,按照法律规定合理使用的除外。同理,北京冬奥组委对“冰墩墩”的形象和名称享有的注册商标专用权、外观设计专利权同样受法律保护。对于违法违规使用,北京冬奥组委有权追究侵权人的法律责任。其次,北京冬奥组委对“冰墩墩”的形象和名称除了享有传统的著作、商标、专利等知识产权以外,还特别享有奥林匹克标志专有权。对一些重要的奥林匹克元素采取特殊的保护措施,是我国所特有的,其源于《奥林匹克标志保护条例》,也体现了我国对奥林匹克规则的尊重。目前,国家知识产权局已经公告总计63项奥林匹克标志。这里既包括可爱的吉祥物“冰墩墩”,也包括奥林匹克五环图案、北京冬奥会会徽等标志。《奥林匹克标志保护条例》规定,未经奥林匹克标志权利人许可,任何人不得为商业目的使用奥林匹克标志。北京冬奥会吉祥物“冰墩墩”形象和名称属于我国法律法规确定的奥林匹克标志,未获北京冬奥组委的许可,任何人不得为商业目的使用“冰墩墩”形象和名称。

【要点和进一步的思考】

1.关注和保护大型活动知识产权的意义是什么?

2.大型活动的知识产权包括哪两个层面?

3.大型活动现场使用物品的知识产权包括哪些方面?

4.活动主办方或承办方自身拥有的知识产权包括哪些方面?

5.侵犯大型活动知识产权的表现都有哪些?

6.当前我国大型活动知识产权保护的现状是什么?

7.保护大型活动知识产权的手段有哪些?

HUIZHAN
会展经济与管理

第10章 活动财务管理

【本章简介】

本章是关于活动的财务管理问题。活动财务管理对活动相关主体具有指导和参考意义,对活动执行者具有约束作用,对活动进程具有控制作用。活动财务管理的流程包括制订财政目标、制订财务预算、监控预算实施、调整预算方案、现金流管理、财务决算等一系列过程。大型活动的财务预算包括收入预算和支出预算两个部分。如何降低成本、提高利润是活动主办方极为关注的问题。运用科学的方法进行预算编制、减少预算误差、注重预算执行过程中的财务控制和调整、大量招募志愿者、积极寻求赞助是通行的做法。

管理是指在特定的环境条件下，对组织所拥有的资源进行有效的决策、计划、组织、领导、协调和控制，以便达到既定组织目标的过程。活动财务管理主要是对活动资金进行管理，包括财政预算、财政过程记录和财政监控等活动。与零售业等其他商业的财务管理相比，大型活动的财务管理较为特殊，因为大型活动前期投入较大，而大部分活动收入需要等到活动即将开始时才能获得，整个过程持续的时间较长，风险也较大。因此，对大型活动进行科学有效的财务管理是不可忽视的。

对于大型活动的主办方来说，他们最关心的是活动带来的收益、利润以及如何减少对活动的投入，即以较低的成本获取较高的收益。因此，本章主要关注活动的收入、成本、利润、成本控制等相关财务问题。

10.1 活动财务管理的作用

10.1.1 活动财务管理对活动相关主体具有指导和参考意义

活动的财务管理者需要提供一个在活动计划阶段、运营阶段和收尾阶段的财务状况概述，这是一个非常重要的参考，它能够告诉活动主办方在活动前和活动中发生了什么，对活动主办方具体掌握活动的总体进程、进行各个流程的决策以及从财务目标方面判断活动是否成功都具有非常重要的意义。对于奥运会、世博会等特大活动而言，财务管理和控制有利于活动主办国的政府及其相关部门对活动的各个环节进行监督，减少贪污腐败的发生。对于活动的赞助方来说，财务管理以及财务状况等信息为赞助方决定是否给予赞助提供了参考。

10.1.2 活动财务管理对活动执行者具有约束作用

预算管理是大型活动财务管理中最主要和最重要的组成部分，对活动的执行者包括高层管理部门和基层执行人员都有较强的约束作用。相关人员必须依据财务预算进行财务支出，在活动执行过程中不能超过既定预算，若有特殊情况，必须向上级部门申请，获得批准才可以超额支出。

10.1.3 财务管理活动对活动进程具有控制作用

财务管理贯穿活动的始终，包括活动的前期策划、中期宣传、活动实施到最后的活动评估等各个环节。在活动进程当中，要随时进行财务的管理与监控，保证财政资金的高效利用。

10.2 活动财务管理的流程

活动财务管理的流程大致包括以下几个方面。

10.2.1 制订财政目标

在策划大型活动时,要设定活动目标,进行市场调研,并且做财务可行性分析,针对活动的项目进行整体的财务决策(即财务计划)。

目标的设定对于整个活动来说是重要的,对于财务管理来说也是非常关键的。受活动目标的指引,活动组织者会面临一系列的财务选择。活动组织者在早期阶段需要仔细和谨慎,以便确保良好的财务管理以及所有可能的支出与收入都能够得以确定。对于小型私人活动而言,其目标是参与者的自娱自乐,在财务管理上相对简单;对于地区级、国家级乃至国际级的大型活动而言,财务管理则比较复杂,需要依赖成本效益分析、活动项目效益评估等一系列财务分析技术。

10.2.2 制订财政预算

小型的活动预算可能只是一张收入与支出的列表,而大型活动的预算要比它复杂得多。不论是哪种,它必须与活动的目标相符。如果是一项经常举办的、相对成熟的活动,预算可以在上一次的基础上稍做修改而产生。如果是一项新型活动,预算就要从零开始制作。制订新的活动预算这项工作并不简单,不仅需要投放相当多的时间和精力,还要收集大量信息并掌握许多新技术。预算的核心工作是估算收入和支出。

支出的计算相对简单,而收入的估算则相对困难。收入估算困难是由于定价是一项能动性特别强的工作。活动门票价格的确定要么是基于活动的成本定价,要么是基于对活动参与人数的估算以及对活动利润的预期,要么是根据先前经验。在定价时,特别要考虑价格高低和出席率之间的关系,要考虑出售多少门票时场馆会满员,还要考虑需要售出多少门票才可以实现收支平衡。收入估算困难还由于活动收入的获得具有一定的风险性,某项和财务并不直接相关的决策甚至也会影响收入的获得。比如,我们策划一场活动时,只对潜在的市场需求做了充分的调研,而很难预测同类活动的竞争情况,加之活动门票售卖又具有远期性,一般在活动举行前期或当天才能实现现金流入。那么,一旦出现同类活动的竞争,必将导致门票收入、活动中涉及的售卖收入和服务收费减少,就会对这场活动最终获得的收入和利润产生不利影响,甚至出现亏损。当然,收入来源不单单是门票收入,还包括赞助、政府补贴等。

10.2.3 监控预算的实施

预算既是一项计划,也是一种管理工具,它设置了组织者所努力要实现的目标并帮助活动组织者在一个给定的时间里控制活动的运行。预算制订出来还要进行记录并将实际收支和计划收支进行对比,以便实现预算监控,寻找差异和不足,并作相应改进。预算也是控制支出的一个方法,因为它建立了清晰的职责。关于谁能用钱,每一部分的财务预算都需要有人对其负责。

预算应该力图保证资源使用的经济和效率,这样可以帮助控制成本和保证盈余。现实中,活动在财政上分为收入进取型和支出控制型两种类型,前者将工作重心放在如何创造收入上,后者将工作重心放在如何控制支出上。支出控制导向的财务理念要特别注意的是不要因为控制支出而影响到活动的质量，否则就得不偿失了。

预算作为一种管理工具对活动的调整会给予一定的指引作用，但是它不应是唯一的控制因素，而只是一种财务上的指导，而不是束缚。

监控活动过程中的现金流也是比较重要的，特别是对于包含提前预订支出环节的活动。一些场地的预订支出会在产生收入或售出门票之前发生，这可能会将组织者置于财务失败的危险境地。因此，活动组织者要保证拥有足够的资金以支持活动到最后，这样，活动组织者就需要格外关注相应的收入款项是否在付款期限内到账。

10.2.4 调整预算方案

由于大型活动持续时间较长，从活动策划到最后的活动总结中，有许多不可预见的因素会导致实际支出与预算不一致或差距较大，此时就需要调整预算方案，当然，预算方案的调整很重要，必须严格按照流程进行。

预算也是显示什么地方出错的一个机制。当账目出现错误、超支的时候就可以通过预算快速找到原因，做出处理。如果原因是正当的、必要的，那就要考虑调整剩余的预算了，可以通过提高票价或者削减其他一些支出而达到新一轮的收支平衡。另外，如果原因不是正当的，那么就可能存在欺诈、盗窃、贪污等问题，需要迅速采取治理行动。

10.2.5 评估和总结

在活动后期的评估中，财务情况是评估与考核的一个重要内容。要总结给此次活动带来额外收益的、节约成本的，并且不影响活动效果的做法。在活动完成之后，要总结此次活动的经验教训，为下次活动的举办提供参考价值，要对活动的相关财务数据和报表以及财务评估报告进行归档保存。

10.3 活动预算

现在大型活动日益频繁，各活动公司之间的竞争加剧，做好活动预算能够提高公司的竞争力。预算控制是做好大型活动经费管理工作很重要的一个环节，只有遵循严格的预算管理，大型活动的收支才能实现规范化运作。预算是根据以往或类似的活动数据，并对未来市场情况进行预测后所做的估算。预算由收入预算和支出预算组成。

10.3.1 收入预算

收入预算由大型活动的主办机构及其相关部门根据财政安排数额、捐赠、赞助、门票收入等收入统一编制而成。

大多数大型活动项目的收入预算中包括如下条目：财政补贴收入、捐款收入、赞助收入、注册费收入、商业销售收入（如体育活动的转播权、展览活动的摊位费等）、票房收入、经销商佣金收入等。例如，对于一场运动会来说，其收入可能包括门票收入、电视转播收入、赞助收入、纪念品贩卖收入、企业赞助、政府拨款以及其他收入。

多数大型活动的主要收入来源是门票收入,因此门票的定价也是很关键的一部分,具体定价方法包括成本导向法、竞争导向法、利润导向法等。

①成本导向的定价策略主要考虑投入的成本量,收入大于成本就有利可图,收入等于成本时不盈不亏,收入小于成本时则处于亏损状态。

保本点又称零利润点、盈亏平衡点、盈亏临界点、损益分歧点、收益转折点。通常是指全部销售收入等于全部成本时(销售收入线与总成本线的交点)的产量。以保本点为界线,当销售收入高于保本点时活动盈利,反之则活动亏损。保本点可以用销售量来表示,也可以用销售额来表示。

要计算保本点必须明确固定成本和可变成本的含义,固定成本是指不随业务量的变化而变化的成本,比如场地租赁费、广告费、固定成本折旧费等,可变成本是指随着业务量的变化而变化,比如门票的印制费用、工作人员的差旅费等。总成本是固定成本和可变成本的总和。保本点的计算公式如下:

$$\text{保本点} = \frac{\text{固定成本}}{\text{单价} - \text{单位可变成本}}$$

如下图所示,总收入与总成本的交点就是保本点,既不盈利也不亏损,活动主办方的门票销售量不能低于保本点,这样才能保证活动项目不亏损。如果预计门票销售量不能达到预期,则需要提高门票的单价。

假设某大型活动主办方固定成本为30万元,门票定价为50元/张,单位可变成本为35元,如何计算盈亏平衡点?即卖出多少张门票,活动才不亏损?计算方法是:300 000/(50-35)=20 000(张)。即销售20 000张门票才能达到平衡点,否则就会亏损。如果预期只能售出15 000张门票,则需将票价提高到55元,才能保持收自平衡,门票高于55元,才可能盈利。在既定的预期门票销售量之下,门票价格的确定就要看主办方想要达到的利润率。

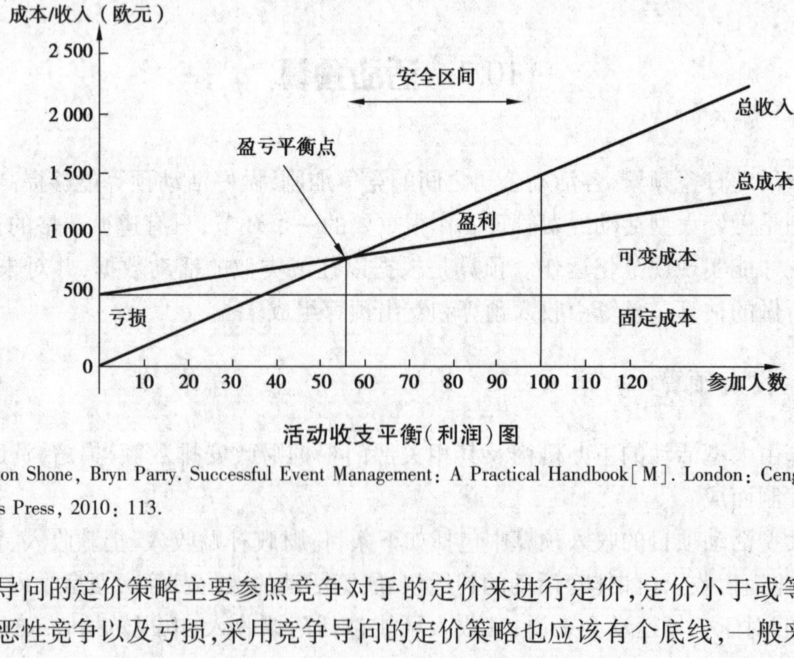

活动收支平衡(利润)图

资料来源:Anton Shone, Bryn Parry. Successful Event Management: A Practical Handbook[M]. London: Cengage learning Business Press, 2010: 113.

②竞争导向的定价策略主要参照竞争对手的定价来进行定价,定价小于或等于对手的价格。为避免恶性竞争以及亏损,采用竞争导向的定价策略也应该有个底线,一般来说定价不应

该低于成本。但是,如果是在开发活动以及打开活动市场这个早期阶段,那么,为了尽快占有市场而不是以迅速盈利为目的的话就可以低于竞争对手甚至是低于成本定价。

③利润导向的定价策略是指定价时必须确保活动项目的总收入大于总支出,活动主办方有利可图。在此基础上,依据预期利润率来定价。

差异化定价是指根据不同目标消费者进行差别定价的方法,是主办方确保收入稳定所采取的经常性策略。明星演唱会门票或音乐节等大型活动,为了尽早取得收入,会采取预售、学生票、团体票、老年票等差别定价法。

10.3.2 支出预算

一般的预算支出是指对集中的预算收入有计划地分配和使用而安排的支出。大型活动支出预算有它的特殊性,由于计划阶段相对较长而获得收入的时间较短,而且所有这些开支需提前支付才有可能获得未来的资金收入。

按活动阶段来说,大型活动的成本类型包括活动的创意和决策成本、设计成本、获得举办权的成本、实施成本。活动的创意和决策成本是指活动策划前的市场调研、可行性分析等支出。活动的设计成本是指为了达到良好的活动效果,在活动立项后对活动策划的进一步设计创新,塑造活动品牌。奥运会、世博会、世界杯等国际大型活动,其举办权是由招投标的方式确定的。获得举办权的支出是指为了获得大型国际盛事的举办权而产生的申办成本,当然这并不是每个大型活动的必要支出。活动的实施成本是指活动策划完成之后进入实施阶段的支出,包括活动的宣传、活动现场、活动后期等一系列过程中发生的支出。

具体来说,活动的实施成本主要包括场地租金、人工成本、设备租金、材料成本、管理费用、促销费用、财务费用、应急费用等。场地租金是指举办大型活动时租用场地的支出,它受租赁的时间、地点、期限、场地设施配备、交通等因素的影响而呈现出一定的差异性,大型活动主办方可根据经验以及场地的报价来制订预算。人工成本是指大型活动举办过程中涉及的一系列工作人员服务费用,包括内部人员、临时招聘的工作人员、设计师和咨询师的费用。在音乐节等大型活动中,表演者的出场费是一大笔开支。材料成本也是活动成本的主体之一,既包括举办活动所需建设工程的原料,比如在场馆建设过程中需要的油漆、木料、墙纸、地毯,又包括举办活动时所需的纸、艺术品、纪念品、食品等物品。大型活动的管理费用主要包括装饰费用、保险费用、现场电话费、法律咨询费、执照费、许可费、复印费、摄影费、邮费、活动项目单编辑设计和印刷费、报告编制与出版费、按比例分摊的日常管理费。管理费用通常被定在总成本的10%~15%。促销费用是指大型活动的门票销售过程中发生的费用,包括广告宣传费、为销售门票专门成立的销售部门员工工资、差旅费、销售部的日常开支、门票的邮寄费用等。财务费用是指大型活动主办方企业为筹集资金而发生的筹资费用,包括利息支出、汇兑损益以及相关的手续费。由于大型活动本身的特殊性,支出大多是提前支出,收入往往在活动快开始的时候或活动结束后才会收到,这样活动主办方的财务费用是不可小觑的。应急费是指大型活动编制预算时必须留有一定数额的应急费用,主要用于一些因失误和疏忽而发生的支出,这种未知支出项目的支出可能是活动成本的5%(如果活动组织者确信成本的可控制性)到10%(如果存在一系列未知变量或成本难以确定)。但是如果涉及活动的重大变故导致成本大量增加时,应急费用就不够了,需要重新估算追加投资。

10.4 如何降低成本、提高利润

为了实现较大的利润,必须进行成本控制,降低成本。那么如何降低成本呢?

10.4.1 运用科学的方法进行预算编制,减少预算误差

过高的预算会导致成本的上升,过低的预算会影响活动的效果,所以如何选择预算估计的方法是极为重要的,一般的预算估计方法包括"自上而下"法和"自下而上"法两种方法①。"自上而下"法是指活动组织的高层管理者根据自己多年来的经验或者同类型活动的预算进行估计,然后分配到各执行部门。"自下而上"法,是指活动的执行部门先根据自己部门的活动需要编制初步预算表,上交后由上级部门统一汇总。在实际操作中,预算编制一般会综合以上两种方法,采用"两上两下"的方式,即先由下级执行部门编制预算草案,交由上级指导,上级根据实际情况进行调整,交由下级修改,再交由上级部门审核,最后上级部门进行正式的预算编制并下达预算。虽然采用综合编制方法在时间、资金、人力等方面的成本会上升,但是这样能减少后期的工作量,从而节约成本。

10.4.2 注重预算执行过程中的财务控制和调整

由于大型活动计划时间较长,有可能在活动举办一年之前就开始策划,而真正举办的时间与策划的时间是相差很大的,所以活动主办公司应当具有良好的财务控制制度,把好财务关,从活动策划到活动举办的各项花费都必须认真记录,这就需要设置专门的财务部门来负责。相关的财务人员必须了解大型活动的预算,财务记录、财务分析、财务控制以及相关的财务软件等知识。

预算的制订并不一定是十分准确的,往往存在一定的误差,并且在执行的过程中容易出现与预期不符合的情况。活动主办方应当在活动进程中注意预算的控制和调整,与计划对比各项支出明细,进行累计项目预算与总预算的比较,一旦累计项目预算超过总预算时,就必须追加投资。同时,也必须及时找到预算超支的原因并及时改进。在活动进程中如果遇到预算紧张的状况,可以采用敏感度分析,即考虑哪项成本的预算是对活动影响比较小的,也就是敏感度较低的,可以适当缩减相应成本。

10.4.3 积极寻求赞助

赞助活动可以是资金投入或物资投入,很多大型活动的赞助有交互推广的作用,活动主办方可以得到资金支持,赞助方可以得到宣传推广的机会。以"爸爸去哪儿""奔跑吧,兄弟"为代表的很多大型真人秀节目,其赞助商是很多的。这些活动类型的节目的受众很多,收视率以及网络点击量非常可观,有助于赞助商借助赞助这些节目来达到良好的品牌传播效果。

① 卢晓.节事活动策划与管理[M].上海:上海人民出版社,2006.

10.4.4　充分吸收志愿者

很多大型活动需要非常多的志愿者,2010 年上海世博会的志愿者人数达到 79 965 名①;2008 年北京奥运会期间,城市志愿者达 40 万人,北京招募了 74 615 名赛会志愿者,同时青岛、香港、天津、上海、沈阳、秦皇岛等 6 个京外赛区招募了 7 600 名赛会志愿者②。志愿者中不乏大学生,其素质相对较高,在进行岗前培训之后可以为大型活动提供志愿服务,这样可以节约很多人力成本。

案例:2010 年上海世博会财务状况③

根据《中华人民共和国审计法》规定,经国家审计署批准,2005 年 3 月至 2011 年 3 月,上海市审计局组织对中国 2010 年上海世博会运营财务收支情况和世博会园区主体项目建设情况进行了全过程跟踪审计。《中国 2010 年上海世博会跟踪审计结果公告》指出,在党中央、国务院的领导下,上海市委、市政府认真落实"勤俭办博、廉洁办博"的方针,历时 8 年顺利完成上海世博会的筹备和举办任务,世博会取得圆满成功,获得国际社会和国际展览局的高度评价,实现了举办一届"成功、精彩、难忘"世博会的目标。

审计结果显示,截至 2011 年 3 月底,经对上海世博会事务协调局提供的财务决算报告审计,世博会运营收入累计为 130.14 亿元,由于门票收入、特许经营权收入、场馆出租收入等好于预期,总收入较预算增加了 6.96 亿元。上海世博会在 184 天会期内吸引了 7 300 多万名游客前往参观,在上海世博会的运营收入中,门票收入占了最大比重,共计 73.55 亿元,约占运营总收入的 56.52%;其次占较大份额的是赞助收入,达 39.73 亿元。

世博会运营支出累计为 119.64 亿元,其中数额最大的一项是场馆和设施运营维护,共支出 41.24 亿元;其次为信息化及安全保障,支出 19.51 亿元。国际展览局(BIE)门票提成为 1.48 亿元。由于加强了对预算资金的支出控制,实际支出较预算略减少 0.79 亿元。

据上述数据计算得出,上海世博会运营收支结余为 10.50 亿元。该审计公告称,经上海世博会执委会批准,世博会运营资金结余将主要用于中国国家馆续展、世博会博物馆、当代艺术馆等公益性文化展览和设施建设。

针对世博会的运营收支,公告评价称,基本做到了制度健全完善、预算控制有效、收支程序规范、管理监督严格、资金使用效益总体较好。审计未发现重大违法违规问题。与此同时,公告也指出,在对世博会跟踪审计过程中,也发现了预算编制、赞助物管理、项目招投标和承发包管理等方面存在一些问题。公告对上述问题的整改情况逐一进行了介绍。

根据《中国 2010 年上海世博会注册报告》,世博会的支出应当是指直接为世博会举办服务的资金支出,不仅包括上述的世博会运营支出,还包括世博会园区主体建设项目支出。在世博

---

① 数据来源:上海世博会网站。

② 志愿者部部长:志愿者的微笑是北京最好的名片[EB/OL].中国奥委会官方网站,2008-07-16.

③ 中国 2010 年上海世博会跟踪审计结果公告[EB/OL].中国政府网,2011-09-30.

会园区主体建设项目支出方面，审计结果显示，上海世博会园区主体建设项目共47个，自2006年8月起陆续开工，到2010年4月为止全部竣工并交付使用，项目完成总投资197.37亿元，比注册报告预计投资规模增加了17.37亿元。公告分析了有关主要原因。一是根据部分参展国及参展企业的需求，部分自建馆改为租赁馆，部分租赁馆增加展馆面积，增加了相应投资；二是世博会主体工程项目建设过程中，大量采用了地源热泵和太阳能等新技术、新工艺，以及钢材、水泥等主要建筑材料和人工等价格因素有较大的上涨而增加了投资。审计结果还显示，47个项目建设资金全部到位，其中：地方政府财力安排26.6亿元，企业和社会定向赞助、捐赠中国馆28.6亿元，文化专项资金12亿元，世博债券55亿元，其余资金通过注入项目资本金和银行贷款等方式解决。公告称，总体来看，世博会园区主体工程建设克服了工期紧、任务重以及集中施工、交叉作业影响等困难，基本做到资金筹集使用合规、项目推进统筹有序、工程施工优质安全、投资成本控制有效、结算工作高效及时，世博会园区主体工程建设中未发生重大质量和安全生产事故，也未发现重大损失浪费和违法违规问题。

审计结果公告指出，自2005年3月起，上海市审计局按照“全面审计、重在预防、依法监督、保障世博”的要求，结合世博会筹备、运营实际和世博会主体建设项目的实施，有序推进跟踪审计工作，做到有问题早发现、早提示，并将落实整改贯穿于跟踪审计工作全过程，促进“勤俭办博、廉洁办博”目标的实现。截至2011年3月底，上海市审计局累计组织审计人员105人，累计完成审计工作量14 962人·日，提出各类审计意见和建议1 504条，审计建议已全部采纳，被审计单位根据审计意见和建议制定、完善制度等117项，审计成效显著。

表1　上海世博会运营收入

收入项目	金额(亿元)	占运营总收入的比重(%)	备　注
门票收入	73.55	56.52	较预算增加6.96亿元
赞助收入	39.73	30.53	
场馆出租收入 特许经营权收入等	16.86	12.95	
总收入	130.14	100	

表2　上海世博会运营支出

支出项目	金额(亿元)	占运营总支出的比重(%)	备　注
场馆设施运营维护	41.24	34.47	较预算减少0.79亿元
信息化和安全保障	19.51	16.31	
BIE门票提成	1.48	1.24	
其他支出	57.41	47.98	
总支出	119.64	100	

表3 上海世博会园区主体建设收支

总支出(亿元)	支出来源	金额(亿元)	占主体建设支出的比重(%)	备　注
197.37	地方政府安排	26.6	13.48	比预计增加17.37亿元
	赞助、捐赠	28.6	14.49	
	文化专项资金	12	6.08	
	世博债券	55	27.87	
	注入项目资本金和银行贷款	75.19	38.08	

【要点和进一步的思考】

1.活动财务管理具有哪些意义?

2.活动财务管理的流程是什么?

3.什么是大型活动的收入预算?

4.大型活动项目的收入预算中包括哪些项目?

5.有几种活动门票定价方法?

6.什么是活动门票定价的成本导向法?

7.什么是活动门票定价的竞争导向法?

8.什么是活动门票等价的利润导向法?

9.按活动阶段来说,大型活动的成本类型包括哪些方面?

10.活动的实施成本主要包括哪些费用?

11.我们可以采取哪些措施来降低活动的成本,进而提高活动的利润?

第11章 大型活动后勤保障

HUIZHAN
会展经济与管理

【本章简介】

本章介绍了大型活动后勤保障方面的工作内容和注意要点。大型活动后勤保障工作是大型活动成功举办的基石,不仅为活动举办提供必要的物质基础,还是衡量活动质量的标准之一。大型活动后勤保障工作具有社会性、经济性、服务性、时间性、复杂性、群众性等特点。依据大型活动的特点以及具体后勤保障工作的重要性,在大型活动中,后勤保障的主要工作包括餐饮服务工作、住宿服务工作、交通物流工作、设备和技术支持等。

11.1　大型活动后勤保障的内涵

传统意义上的后勤保障是军队组织实施物资经费供应、医疗救护、装备维修、交通运输等各项专业勤务保障的总称。随着社会经济的发展以及各类活动日益频繁地开展,后勤保障的概念也越来越广地运用到各个领域。按照后勤保障最本质的含义,它是指为整个专项工作的完成提供基础支持以及为整个团队人员提供最基本生活服务的一项活动。后勤保障工作通常是幕后的琐碎工作,也是容易被人们忽略的工作,可是后勤保障无论在什么样的工作中都起着极为重要的作用,它是获得一切工作成果的前提条件,是这个组织正常运行的有力支撑。

对于大型活动而言,良好的后勤保障工作更是不可或缺的环节,一项活动能否顺利举办,后勤保障工作起着至关重要的作用。一项活动的进行总体上可划分为前期准备、活动进行、善后总结三大板块,而后勤保障工作贯穿于整个活动的始终。从活动的筹划开始,后勤工作就已经逐步展开,此时的后勤保障就是要保证活动所需物品、设备以及相关活动人员能够有组织且有计划地到达指定地点。活动的前期准备工作结束之后便是最为重要的、参与度最高的活动实际举行的过程。在这个过程中,后勤工作也相应进入了最为繁忙的阶段,因为此时不仅仅涉及为工作团队提供相关服务,还要为其他活动参与者提供相关服务。因为此时人员庞杂,流动性大,不确定性增加,所以后勤保障工作的工作量相当巨大和复杂。在活动举办完毕以后,开始进入活动的善后阶段,在善后工作中,后勤保障主要包括所用物资的撤离和场地的清理等工作。

根据大型活动的特点以及具体后勤保障工作的重要性,大型活动后勤保障工作主要包括餐饮服务工作、住宿服务工作、交通物流工作、设备和技术支持等。

案例一:上海国际汽车展的后勤保障

为保障第十六届上海国际汽车工业展览会的正常开展,活动举办的目的地政府以及活动主办方通力协作力保活动运营有序。由于活动举办地国家会展中心(上海)仍处于试运营阶段,上海市政府各有关方面通力协作,积极应对交通、餐饮、通信等方面的挑战。主办方做了周全部署并制订了应急预案,倡导观众绿色出行、错峰参观;部分热门场馆门口设立排队区域,有序引导控制人流;餐饮服务引入了中、西式快餐及连锁超市,还有老弱休息室、医务室、120急救车、移动通信保障车等服务设施。中外媒体也从观众的角度对此次上海车展的综合服务纷纷点赞。此外,数千名公安、武警、消防、交警和安保人员为车展有序运营提供保障。350名上海车展志愿者——“小柠檬”分布在展馆的各个角落现场服务,他们的微笑、热情和积极奉献也成为车展上一道亮丽的风景线。

11.2 大型活动后勤保障工作的特点

后勤保障工作的特点主要包括社会性、经济性、服务性、时间性、复杂性、群众性和知识多科性。

11.2.1 社会性

后勤保障工作的内容决定了此项工作的社会性特点。后勤保障工作其实是组织内部同社会的一个交流过程。无论是后勤中的餐饮住宿还是物流交通,都离不开社会服务的支持。在很大程度上,现代化的后勤保障工作更多的是将其工作内容进行外包,而组织内部后勤部门的工作主要是协调、管理和监督。

11.2.2 经济性

后勤保障工作既是行政工作,又是经济工作。通常情况下,后勤保障部门会对所需要的物资与服务进行详细的性价比分析,之后择优选择合作伙伴为整个后勤工作提供保障。尤其对于大型活动的后勤保障工作而言,由于经常出现餐饮外包和指定旅行服务公司,其后勤保障工作的经济性就更加明显。

11.2.3 服务性

服务性是后勤保障最直接、最明显的特点,也是后勤保障管理的重要意义所在。对于大型活动来说,后勤保障工作的主要内容就是为活动参与者提供餐饮、住宿和交通出行等服务。

11.2.4 时间性

由于所有工作都是有时间限定的,那么作为一切工作基本支撑的后勤保障工作也要根据其他相应的工作安排设定时间节点。大型活动中,在前期准备、活动举行、善后总结三大时间板块内,后勤保障工作的内容及其工作量和注意事项也不尽相同,因此,根据时间要求调整工作也是后勤保障的一大特点。

11.2.5 复杂性

后勤保障工作繁重,具有高度的复杂性。大型活动的后勤保障更为复杂,其特点就是参与人数众多,涉及的社会部门广,后勤部门往往要处理诸如人事、财务、物资、设备、基建、房屋、伙食、交通等众多问题,因此后勤保障工作的复杂性极为明显。

11.2.6　群众性

后勤保障的大量工作是为广大群众服务的,与群众的切身利益有密切的关系。因为大型活动的参与人数众多,后勤保障工作又是涉及参与者吃、住、行的基本问题,所以其带有强烈的群众性特点。

11.2.7　知识综合性

后勤保障工作需要有广泛的知识作为基础,涉及管理学、会计学、心理学、社会学、法学、物流学等。大型活动后勤保障工作的知识综合性具体表现在场地的合理利用、时间的准确把握以及各项工作的统筹安排等方面。

11.3　大型活动后勤保障工作的作用

11.3.1　为活动提供必要的物质基础

在大型活动中,后勤保障工作所提供的餐饮住宿和交通服务正是一切工作顺利开展的基础。因此,后勤保障工作最基本也是最重要的作用就是为各项工作提供物质基础。

11.3.2　提高举办活动的工作效率

拥有了充足的物质保障仅仅是开展活动的最基本条件。良好的后勤保障工作还会根据活动的具体需要进行相应的调整,对相关的人、财、物进行最合理的搭配和使用。大型活动中合理的场地利用以及有效的时间安排就是后勤工作中经常要考虑的问题,而且这些问题也常常关系到活动举行的效率和效果。

11.3.3　衡量活动举办的质量和水准

在大型活动中,后勤保障部门不仅要为工作人员提供服务,更重要的就是为活动的嘉宾、客人以及普通参与者提供服务,比如为展览会的参展商和观众、为会议的与会人员、为参与节庆活动的普通市民等提供服务。而后勤部门所提供的餐饮、住宿、接待等服务恰恰是活动参与者能够身临其境体会到的,因此,后勤保障工作的优劣往往是活动参与者最直接体会到的,也是活动参与者衡量活动好坏的一项显性指标,关涉活动的声誉。

随着活动举办规模的不断扩大以及层次的不断提升,各项活动之间的竞争日益加剧,高质量的活动现场服务成了品牌活动的重要构成要素之一。后勤保障中的餐饮服务、酒店服务和交通运输服务都是非常重要的现场服务内容。

11.4 餐饮服务工作

11.4.1 餐饮服务的重要性

餐饮对于任何活动来说都是必不可少的，从一个简简单单的聚会到举世瞩目的奥运会、世博会等特大活动，餐饮服务都贯穿始终。大型活动中的餐饮服务是一项极为重要的工作，因为它不仅要解决工作人员以及参与者的饮食需求，还要应对短时间大量人员集中用餐的突出性问题，而且还要格外注意饮食的质量和安全。美好的食物享用本身是一件非常惬意的事情，它内含于活动的服务质量当中。在大型活动中，常见的餐饮服务类型有两种，即指定餐饮服务商（餐饮外包）和推荐活动的场馆及其周边的餐饮设施。

绝大多数活动主办单位都倾向于指定一家餐饮代理商，负责供应活动筹备期间、举办期间及撤离期间的各项餐饮（包括各种快餐、自助餐、工作餐、冷热饮料等），提供现场餐饮服务。当然，活动场所常设的餐饮服务设施也能提供一定的餐饮服务。为了给活动参与者及观众营造良好的就餐环境，有些大型活动的主办单位在现场设立几千平方米的餐饮区和咖啡区（往往以临时搭建帐篷的方式），可供几千人甚至上万人同时用餐。小型活动的主办单位可能不提供现场餐饮服务，但应事先向活动参与者声明，并提供活动场地及周边餐饮设施的推荐和介绍信息①。

11.4.2 餐饮服务的特点

第一，服务范围广。对于大型活动来说，参与人数众多，人员流动性巨大，用餐时间集中等一系列特点决定了其中餐饮服务的特点之一就是服务范围广。大型活动，特别是大型会展活动中的餐饮服务往往要在一天之内接待几万人甚至几十万人，在整个活动从开始到结束的几天到十几天的过程中，餐饮服务总共接待人员数量甚至可以达到百万级乃至千万级，而且宾客往往是来自不同地区、不同国家，拥有风格迥异的饮食文化和饮食习惯。餐饮工作必须要考虑到用餐人数以及各类人群的用餐习惯。因此大型活动中的餐饮工作服务范围特别广泛。

第二，单位时间任务量大。在大型活动中，参与活动人员的用餐时间基本上都处于重合状态，这也是人类正常的生活规律所决定的。活动现场的餐饮活动主要是午餐和晚餐，这两个时段的用餐高峰对活动的正常进行是重大的考验。

第三，食品安全要求严格。一般来说，大型活动具有群众聚集性，因此，其餐饮服务的受众数量较多，餐饮卫生以及食品安全问题是重中之重。在大型活动的餐饮服务工作中，一定要详细筛选及记录食品来源，并保证工作人员的身体和心理素质足够健康。为确保食品安全，还应该设立一系列的餐饮服务指标，以保证有据可依、有据可查。

---

① 王春雷，陈小连.活动管理原理、方法与案例[M].北京：清华大学出版社，2013.

案例二:国家会展中心的餐饮服务

2014 年 10 月 19 日国家会展中心(上海)的首展中约有 8 000 名展会工作人员,试运营每日观展客流约 5 万人次。而用餐高峰主要出现在 11:00—13:00 这两个小时,如何应对高负荷的用餐高峰,保障每位人员都能够顺利满意地用餐是摆在主办方面前十分重要的问题,也是活动能否成功举办并获得好评的一个重要因素所在。主办方的做法就是在 4 号馆的二楼安排临时用餐点,可供 1 600 人同时用餐。主办方引入了 5 家中餐、4 家快餐和 2 家面点,用餐时间按照 15 分钟计算,3 小时内可提供近 2 万人现场用餐。现场盒饭面点的价格大多在 20~30 元,同时展馆内还有 5 个便利店。这仅仅是在场馆处于试运行的状态下。如果用餐设施全部开放,再加上周边推荐餐饮设施的使用,单位时间内所接纳的用餐人数还会增加。这个例子充分体现出了大型活动中餐饮服务的突出特点,需要在准确评估的基础之上进行周密的餐饮服务安排。

11.4.3　餐饮服务的指导原则

餐饮服务的基本出发点是支持活动的顺利举办,而且前提条件是在既定的预算范围内。每次餐饮服务的设计都应该有明确的目标,充分了解活动的类型,并根据活动类型以及到场人员的身份特点筹划并实施餐饮服务。餐饮服务部门要开展食品安全管理,应以控制食品危害、确保所供应食品的安全、预防食品安全事故为宗旨。

11.4.4　餐饮服务的预估和准备

在活动中,餐饮负责部门要对餐饮的菜单、食品等进行预估和准备,以便充分满足活动现场各类人群对餐饮服务的需求。第一,预估和准备菜单、食品,要考虑活动参观者的人数及其用餐的可能性、用餐频次和用餐习惯,这就要对参观者群体进行细分,了解其身份、年龄阶段、男女比例以及是否有素食者等特殊人群;第二,还要掌握工作人员和志愿者的数量及其用餐需求;第三,要考虑餐饮的成本,餐饮成本是否包含在票价内,还是要享用者额外付费;第四,要保证供餐机构及其人员具有相应的执照和供餐能力;第五,要考虑活动场所是否能提供供餐所需的设施设备、供餐服务器具,以及现场是否具有食品、食物的储存能力;第六,如果食物是由活动场地外部机构供给,就要考虑食物以何种方式被运送到场内;第七,设计并布局好用餐取餐的出入口,以保证用餐秩序,减少发生混乱的可能性,减少等待时间。第八,确定何时为用餐的开启和关闭时间,如何安排相应的清洁工作。①

① Anton Shone, Bryn Parry. Successful Event Management: A Practical Handbook[M]. London: Cengage learning Business Press, 2010:143.

案例三:天津夏季达沃斯论坛的餐饮安排

天津夏季达沃斯论坛在饮食安排上格外注意细节,确保食物供给彰显出地方特色、安全、健康、新鲜等特征。在保障食品特色方面,早餐除了供给牛奶面包之外,还有供给津味色彩浓厚的天津早点锅巴菜,午餐中的面条、虾饺、烤鸭等中餐受到外宾的欢迎。在保障食品安全方面,主办方也采取了很多防控措施,比如不提供生的三文鱼,而是将其做成菜品;不提供生海鲜,而是以鸡鸭鱼肉为主;用人工养殖的鱼,而不采用野生的鱼,以保证用料安全可靠。在保障食品健康方面,注重所提供的食品和饮料的健康指数,比如提供具有降血脂功能的榨小麦汁,作为饮品之一。在保障食品新鲜方面,邀请大厨进室当场制作食品,既保证食物的新鲜可口,又避免浪费。

11.5 酒店服务工作

11.5.1 酒店服务的重要性

酒店的基本功能是为宾客提供安全、舒适的休息或睡眠空间,综合性酒店不仅提供住宿服务,还提供餐饮、游戏、娱乐、购物、商务中心、宴会及会议等设施和服务。在大型活动举办过程中,由于参与人数众多,各项活动举办的时间长短不一,参与者往往需要酒店提供相应服务以得到休息和娱乐享受。正因为参与者人数多,流动性大,人员群体复杂,在给酒店等接待机构和部门带来效益的同时也带来巨大的工作压力。

一个活动的举办,相关配套酒店服务质量的优劣往往成为参与者在事后的评论内容,因此酒店服务必须令各界参与者满意。尤其是在举办大型活动的特殊招待时期,酒店的数量、质量、安全状况会受到宾客的重点关注,也给活动的组织方带来了相应的问题和挑战。主办方首先要满足酒店在数量上的硬性要求,然后还要在酒店的质量与安全保障方面做好全面的工作。主办方不仅要考虑到酒店的档次,还要考虑到酒店与活动场地的距离与交通便利问题。

第九届中国北京国际文化创意产业博览会举行期间,共举办了主题报告会、展览会、推介交易、创意活动、论坛会议等150多场文化创意主题活动,吸引了3个国际组织、33个国家和地区的51个境外代表团,国内从中央到地方各级政府,文化创意产业园区和企业机构、高等院校及市民百姓参与其中。活动现场新品发布、项目推介、合作签约等轮番登场,此起彼伏。主展场中国国际展览中心和遍布京城的60多个会展场馆及文化园区,成为寒冬时节的北京最火爆、最聚人气之地。共有来自海内外文化创意产业及相关业界的123万人次参加了文博会活动。

从此案例中可以看出,本次文博会的场馆数量众多,布局分散,参加人数众多,对于整个活动期间的酒店供应和接待能力有着极大的需求和极高的要求。尤其是对于大型活动而言,酒店及相关机构所能提供的住宿、接待、餐饮和娱乐服务,是大型活动能否顺利举办的基础条件。即目的地活动业发展所需仰赖的高度发达的配套设施和服务设施是大型活动主办方在选择举办城市和举办场地时所要考虑的重要问题。

11.5.2 酒店服务的操作方式

1)主办方推荐周边酒店供个人预订

对于大型活动而言,可能会涉及多个场馆同时举办不同类型的活动,限于各个场馆的差异,主办方很难保证每个场馆都有独立的酒店服务设施。由于参与者人数众多,主办方也很难为每一位参与者都预订酒店服务。因此,主办方需要对没有单独酒店服务设施的场馆进行外部酒店介绍和推荐,经过活动组织者对相关酒店卫生、服务、安全保障的核查,把场馆周边符合标准的酒店信息推荐给参与者,其中包括酒店的地址、联系电话、网站等相关信息,以便参与者能够进行高效的自主预订并保障入住宾客享受到相应的服务。

2)主办单位自行安排酒店服务

推荐周边酒店并协助预订酒店是活动主办单位为活动参与者提供的基本配套服务,因而一般的活动主办单位都会提供此项服务。而有时候,一些活动的举办场地本身就是酒店,这时活动主办方需要与酒店进行整体性的谈判,以商定服务内容和价格。尽管都是主办单位自行安排,但是其提供服务的程度不同,给活动参与者和观众带来的感受也不一样。有的活动组委会只在活动筹备期推荐一些活动举办地周边的酒店;而有的活动组委会不仅推荐酒店,而且只要是前来参与活动的嘉宾和专业观众都能享受优惠价格;有的主办单位还会安排专人负责接受活动参与者和专业观众的预订,并在酒店大堂设置接待处,然后统一和酒店结算费用。除了部分主办单位希望通过提供客房预订服务来谋利的因素外,统一结算这种方式还能为活动参与者提供更加便利的服务。

3)指定旅行代理商

在一些大型活动中,由于人员庞杂,事务繁多,组织方自己对酒店服务的细节工作难以做到事无巨细,所以会对这方面的业务进行外包,也就是指定旅行代理商。其基本程序为:活动组织方指定一家旅游公司,然后由该旅游公司为活动参与者提供酒店、票务、旅游和订车等服务。指定旅行代理商一般会在活动现场设立接待台,为现场与会人员提供相关住宿、旅行的咨询和预订服务。

4)指定酒店专业代理机构

随着旅游产业分工的不断细化,一些专业的代理机构开始将大型活动作为公司的主要业务,与指定旅行代理商不同,酒店专业代理机构通常是指:大型旅游服务网站、酒店预订网、会展商旅服务公司等。这些公司主动与活动主办单位联系,并能够提供优惠的价格和专业的服务。

11.5.3 酒店服务工作的指导原则

与大型活动举办期间的餐饮服务工作一样,酒店服务工作的基本出发点也是支持活动的顺利举办,并在服务工作进行中给参与者留下良好印象,提升活动的整体品质。

酒店服务的内容和形式主要根据活动内容、活动规模、活动议程以及参与者的行动等情况而定。如果以主办方推荐酒店的方式为参与者提供酒店服务,那么主办方一定要事前充分了解该酒店的详细信息,以提供给参与者作为参考,包括价位、星级、地址、预订电话等。如果是主办方自行安排的酒店,那么一定要与酒店方进行详细洽谈,把所需要求准确地传达到酒店服务方,以保证高质量的服务,包括活动主题、预计入住人数、人群类型、入住时间等。如果是指定旅游代理商或酒店专业代理机构,主办方同样要跟对方进行详细地洽谈,包括所需酒店的类型、对酒店的期望、地理位置、服务档次等。对于大型活动而言,不同类型的酒店服务操作也有着不同的指导原则,但是不同指导原则的目的都是为了使酒店服务工作更加优秀,以便令其服务对象满意。

11.6 交通运输服务工作

11.6.1 交通运输服务的重要性

对于大型活动来讲,交通运输也属于一个非常重要的组成元素,因此对于交通方式及通行路线的设计要具有独创性和便利性。第 46 届巴黎—布尔歇国际航空航天博览会的参观人数达到了创纪录的 48 万人次,数量这么巨大的观众在同一时间聚集到同一个地点,交通压力可想而知,所以其交通线路安排和停车场的规划尤为重要。经过周密的计划和安排,巴黎—布尔歇国际航空航天博览会凭借其优秀的“观众流组织”获得广泛的好评。国家会展中心(上海)的首展,日均客流量达到 5 万人次,高峰时段客流约 2 万人次。根据预测数据,主办方以会展日均客流规模 3 万~10 万、10 万、10 万人次以上 3 个等级,实行交通保障分级管理。为了保证首展的顺利举行,主办方安排了多种交通方案,包括公共交通和自驾等多种路线选择,还对不同交通路线进行具体介绍,这也是首展顺利进行的一项特别重要的支撑。

11.6.2 交通运输服务的指导原则

无论采用什么类型的交通方式,都应尽量让参与者在旅途中感到愉快并兴致勃勃,要尽量使旅途变成舒适宜人的体验活动,而不要仅仅把它当作交通的一种方式。例如,在新加坡举办的某次活动上,嘉宾们体验到了独一无二的交通工具——一字排开的人力车送客人去活动现场,车夫身上穿的是印有主题标志的 T 恤衫,而送客人回来的交通工具则改为普通巴士。

参加活动所提供的交通方式有三种,即水路、陆路和空路。水路包括包租船只、包租驳船等;陆路包括豪华汽车、专车、巴士、专列等;空路包括专用喷气式飞机、包机、商务航班、直升机、热气球等。对于交通方式、换成次数以及时间的安排要细心周到。如果活动在当地举办,活动参加者自行前往会场,那么参加者在交通方面的需求在活动选址时要加以重点考虑,要选择最具通达性和交通便利性的活动场地。不论采用何种交通方式,都必须把交通运输看作活动的一个有机组成部分,交通安排和活动的主体部分一样,都要让客人感到是一种享受,并且最大限度地计划好经费。①

11.6.3　交通运输服务的主要类型

对于大型活动而言,其主要的交通方式包括空路、水路和陆路三种类型,而陆路交通是最基本的也是最常用的一种方式。在比较特殊的活动当中,为了特别的效果也会用到空路交通和水路交通,比如游船、热气球等。

1)空路

空路交通最常见的就是客机运输,受制于参与者与活动地点的距离和时间,客机也是最常用的一种交通方式。许多企业通常将其公司活动的地点选在外地甚至国外,要让参与活动的嘉宾享受到旅途的愉快,而不是把旅途变成对人们忍耐力的考验,这种方式最为合适。交通方面,有的是活动主办单位负责,也有的是参与者自行选择。当由主办方负责的时候,还要注意为客人安排周到细心的登机、转机、接站服务。而当由参与者自行解决交通问题时,主办方也要详细清楚地介绍最优路线选择等信息。当然在一些特殊的活动中也会有比较新奇的环节,也有可能用到其他空中交通工具,比如直升机、热气球等。

2)水路

水路交通在大型活动的举办中并不是最常见的交通方式,但是某些特殊活动还是必须要用到水路交通的。比如,在一些海岛上举办的活动,在一些水城举办的活动,船只是必不可少的交通工具。主办方要根据活动人数的多少具体安排所用船只的数量和规格。对于外地的团体参与者,可能需要包船服务,根据这些情况,主办方应该考虑是推荐船只租赁公司,还是与相关公司合作形成外包关系。当然水路交通中的安全问题是最为重要的关注点,主办方应切实设计并实施相关安全方案。

3)陆路

在大型活动的主办过程中,陆路交通是最为常见的交通运输方式。也因为陆路交通的便捷、价格优惠等受到广大活动组织者和参与者的欢迎。

陆路交通可以分为公路和铁路两种形式,对于大型活动而言,公路交通是最为常见的交通运输方式。公路交通运输方便灵活,形式多样,在大型活动举办期间,参与者可以通过公共巴

① 朱迪·艾伦.活动策划全攻略[M].卢涤非,译.北京:旅游教育出版社,2010.

士、自驾等方式前往活动地点,主办方在活动中需要的物资也大多通过公路运输到达场地。公路运输不仅可以满足较为分散的参与者准时到达场地,也能通过许多妙趣横生的做法使客运交通成为活动的有机组成部分,并最终成为客人难忘的经历。

一次活动的成功举办,良好的交通设计安排必不可少。主办方一定要了解大多数客人的出发地以及对其交通所需时间造成影响的因素。不论举办何种类型的活动,都必须考虑停车、路边停车证以及其他各种收费问题。除去交通高峰时段之外,影响行车时间的另一个因素是在举办活动期间是否还有其他大型活动在同时举行。一般情况下,主办方会在其网站和观众须知中说明从各个方向通往场馆的路线。国家会展中心(上海)在活动举办期间会公布到达场馆的各条路线,详细说明各条路线及场馆停车场的位置并给出相关建议,以便参与者能够选择最为适合自己出行的方案。在大型活动举办期间,公共交通运输起着举足轻重的作用,其中除了对地铁、公共交通汽车的有效利用外,还包括主办方提供的活动巴士。活动主办方选择巴士的前期准备及巴士的运行都是后勤保障工作中的重要环节。选择巴士时要明确自己的需求,如果路途遥远,车内最好装备电视、DVD,以方便乘客在乘车途中观看公司介绍短片或其他节目来打发时间。举办团队活动的公司可能希望利用乘车时间将自己的团队成员组织起来,增进相互间的了解。主办方要计算客人总数,考虑客人的乘车时间,必须清楚了解巴士停车处的位置、容量及收费情况,并将停车费计入预算。总之,一个活动的成功举办离不开清晰明了的交通介绍以及高标准的交通服务质量。

11.7 设备和技术支持

在活动后勤保障工作中,还包括对背景墙、舞台搭建、灯光、音响、视听设备、通信设备等技术设备的准备和运行保障。以展示设备为例,活动举办方既可以租用从投影仪到幻灯机以及视频播放器等基本的展示设备,也可以租用从多媒体到视频墙等高水平的技术设备。为了满足活动需要,活动举办方经常会购买技术和设备支持服务。设备和技术支持可以从公司租用,有的公司只租用设备,有的公司则提供设备、培训以及技术支持。比如,活动举办方向视频制作公司购买活动记录服务的情况非常普遍,视频制作公司利用自身成熟的记录方法、声音编辑以及制作设备为活动举办方提供完美的活动记录服务。

【要点和进一步的思考】

1.大型活动后勤保障的内涵是什么?

2.大型活动后勤保障工作具有哪些特点?

3.大型活动后勤保障工作的作用是什么?

4.大型活动餐饮服务的特点是什么?

5.大型活动餐饮服务应遵循哪些指导原则?

6.如何做好大型活动餐饮服务的预估和准备？
7.大型活动中酒店服务的重要性是什么？
8.大型活动中酒店服务的操作方式有哪些？
9.大型活动中酒店服务的工作指导原则有哪些？
10.大型活动中交通运输服务的重要性是什么？
11.大型活动中交通运输服务的指导原则是什么？
12.大型活动中交通运输服务的主要类型有哪些？
13.在大型活动的设备和技术支持服务方面需要注意什么？

第12章 活动收尾和评估

HUIZHAN
会展经济与管理

【本章简介】

本章探讨了大型活动的收尾和评估工作。活动的收尾以及评估工作是最容易被展馆中心和活动组织者所忽略的,但实际上这部分工作非常重要,不可轻视。具体来说,活动收尾工作包括整理账目、支付账单、兑现薪资、更新职员绩效记录表、活动资产处理,从活动现场撤出设备、清理现场、召开新闻发布会、收集活动反馈、致谢等。大型活动评估是指外聘的评估机构或企业内部的评估委员会对大型活动项目的运营状况、实际效果以及参与各方的反应进行调查,搜集相关数据信息进行分析,以期对活动的效果进行一个总体的把握和评价,为以后的活动提供经验。活动评估能为活动主办方提供活动的相关信息,及时发现问题并不断加以改进,提高决策的科学性,为规范和完善大型活动提供参考,考核活动的目标是否完成。受活动规模的影响,活动评估包括从小规模活动项目的评估到地方性活动、地区性活动乃至全国性活动的评估。活动评估工作涉及的主体包括:所聘请的专业评估公司或公司内部的评估委员会,活动的策划小组,活动的参加者、观众、赞助商、供应商等。

活动的收尾以及评估工作是最容易被活动组织者忽略的,这部分工作非常重要,不可轻视。具体来说,活动收尾工作包括:整理账目、支付账单、兑现薪资、更新职员绩效记录表、活动资产处理、从活动现场撤出设备、清理现场、召开新闻发布会、收集活动反馈、致谢以及收集有关活动评价的问卷并进行评估等。

12.1 活动收尾

12.1.1 活动现场设备的撤离和清场

在从活动现场撤出有形设备的过程中,要基于活动创立时所制订的工作分解时间表来进行,而且在撤出过程中需要注意各种设备撤出的时间顺序,以免出现安全问题。在撤离物资时一般要遵循从小到大的原则,同时要注意哪些物资仍然可以再利用,哪些物资是要废弃的,进行分类处理。此外,货物、设备及材料的撤出路线应该和公众的撤出路线分开。在最后清理现场的时候,一定要提前充分地准备好各种清洁工具。

12.1.2 活动遗产的交付和再利用

有些活动仅仅是为了娱乐而举办,其除了留下愉快的感觉之外,不会有其他的资产遗留。而有些活动,特别是大型活动则遗产丰富,不仅包括其所带来的经济效益,还包括有形建筑和设施以及社会的、文化的、社区的无形遗产。尤其是对活动有形遗产的交付和使用需要在设计活动之初就加以考虑。有形资产的交付应该在截止日期之前,其所附带的财务报告、历史资料等所有原始资料也需要一起交接。在活动遗产交付的时候,有的时候会举行一个交接仪式,吸引大批媒体到场报道,对场馆、设施等活动遗产归属权的变更广而告之。

像奥运会这类特大活动,其遗留的有形资产非常丰富,需要考虑如何加以善用。2008 年北京奥运会的比赛场馆包括主要场馆、扩建场馆、临时场馆、京外场地四大类。其中,主要场馆以新建场馆为主。众所周知的国家体育场(鸟巢)和国家游泳中心(水立方)都是 2008 年北京奥运会的新建场馆,作为有形的活动遗产,其后续利用引发关注。当前,国家体育场(鸟巢)的主要功能一是用于参观;二是用于举办各种大型演唱会、舞台剧和国内外的高端体育赛事等大型活动,其场馆的主体功能得以延续。在国家游泳中心(水立方)也经常举办大型商业演出活动。而反过来说,举办大型活动时,也会考虑利用老场馆,对其翻新、改造并加以使用。2008 年北京奥运会的扩建场馆、临时场馆、京外场地都是对既有场馆的利用。

12.1.3 获得活动的反馈信息

活动负责人应该和即将离开的参会者和贵宾进行交流和沟通,得到他们对活动安排的意见和建议、对活动细节的喜好,以及与会者、参展商、发言人等人的联系信息。而这些建议和信息也是活动质量控制的组成部分,可以作为历史活动相关信息记录下来,为下一次活动提供参考。

12.1.4 致 谢

活动结束后,要对工作人员、志愿者、赞助商、媒体等表达感谢。致谢不仅是对工作人员和志愿者以及各方支持的感谢,同时也是一个关系营销的过程,更是素养和礼节的展现,这无疑对下一次活动的举办也有很大的帮助。

12.1.5 活动终结

有些活动在计划之初便被设计为是一次性举办的,而很多具有传统意义的节庆活动则是多次举办的。但是,即使是多次举办的活动,也可能面临终结的命运。有些多次举办的活动仅仅因为一些显而易见的、偶然性的原因而终结,比如活动的主要发起人或关键人物退出、退休或去世,或者主办方由于畏惧发生意外风险而停办活动。当然还可能是一系列复杂原因交织在一起的结果,比如缺乏赞助商和资源、活动组织或宣传失败、巨大的财务损失、竞争优势消失等。即使有些活动有着极深的传统,也不能保证会一直存在下去,活动也有生命周期,会随着环境变迁以及人们兴趣点的改变而更新或消亡。

12.2 活动评估

12.2.1 活动评估的含义

大型活动评估是指外聘的评估机构或企业内部的评估委员会对大型活动项目的运营状况、实际效果以及参与各方的反应进行调查,搜集相关数据信息进行分析,以期对活动的效果进行一个总体的把握,为以后的活动提供经验教训,减少浪费,实现效益最大化。受活动规模的影响,活动评估包括从小规模活动项目的评估到地方性活动、地区性活动乃至全国性活动的评估。活动评估工作涉及的主体包括受聘的专业评估公司或公司内部的评估委员会,活动的策划小组,活动的观众、赞助商、供应商等。

12.2.2 活动评估的意义

大型活动的评估是十分有必要的,它贯穿于活动的全过程,是既有过程性,又有结果性,活动评估具有重大意义。对活动进行预评估为是否开启活动以及设计活动各个工作环节提供了重要参考,而精准地对活动进行总结评估对下一次举办活动有很大帮助。总结评估的目的就是为了让活动主办方更加了解活动的举办情况,以便作总结、交代和改进。现实中,很多活动主办方和组织者却恰恰没有对活动进行及时、仔细而全面地评估,因此,需要加强对活动评估意义的认知。

第一,活动评估能为活动主办方提供活动的相关信息,及时发现问题并不断加以改进,提高决策的科学性。汕头国际渡海节停办便是这样的例子。汕头国际渡海节于 2001 年起连续举办了 9 届,积累了一定经验,但由于在公开海域进行渡海,横渡海域长达 1 200 米,参加人员近2 000人,组织过程中暴露了不少安全隐患。2011年,为慎重起见,汕头市体育局就该项活动方案委托有资质的评估机构——汕头市楠洋职业安全事务有限公司进行了安全评估。楠洋职业安全事务有限公司最终出具的《安全评估报告》中明确指出,汕头渡海节的活动场所及其设施安全要求不合格,查明隐患包括:①下水通道狭窄且缺乏安全措施,不适宜作为下水点;②水下有尖锐杂物,可能对参加者造成损伤;③管理不封闭,上下水隔离设施不完备,时有未通过体能测试的人员加入活动;④上水点人员上岸核对不准确、不及时。该评估报告还指出,活动存在淹溺、船舶碰撞、踩踏等危险危害因素,而淹溺在活动的危险性等级划分中高达Ⅲ级,仅次于最高灾难性的Ⅳ级。汕头市体育局根据评估报告作出暂停渡海节的决定。从评估报告可以看出,举办渡海节存在的隐患分为两种:一种是由于自然因素制约而难以排除的,比如下水通道狭窄、水下有尖锐杂物等;另一种则是可以通过提高组织管理水平来加以排除的,比如,上下水隔离设施不完备、上水点人员上岸核对不准确且不及时等。停办渡海节遭到汕头市部分人大代表、游泳爱好者、赞助商及汕头市游泳协会的反对,好在汕头市体育局表示目前正在认真研究解决方案,如果解决了重点安全隐患问题,渡海活动则可继续举办。可见,大型活动评估有利于活动主办方作出科学决策,也为活动参加者的生命安全提供了保障。

第二,活动评估能够为规范和完善大型活动提供参考。活动评估能为活动举办后的考核提供相关信息,为今后的发展提供依据,并且能够为类似的活动提供经验、教训。通过对历次举行的大型活动进行梳理和评估可以为逐步规范和完善该项活动或类似活动提供参考,逐步推进活动的品牌化,使有限的资源发挥最大的效用。

第三,活动评估能够考核活动的目标是否完成。活动举办的目标是多种多样的,比如有的活动是为了提高企业的知名度,有的是为了完成一定的销售额,有的是为了新产品发布,有的是为了实现经济效益,有的是为了文化交流。活动评估可以根据举办活动的主要目标来进行考核。

第四,活动评估能够为赞助商、供应商、政府及其他社会组织评价活动提供依据。积极肯定的活动评估报告给予活动的众多利益相关者以信心,有利于增加活动的资金来源,保障资金供给,促进利益相关者的支持和再次合作。

12.2.3 活动评估的类型

第一,活动过程评估。活动过程评估是指对活动的策划、宣传、实施以及活动结束等各个阶段的具体执行效果进行评估,与早期的活动策划方案和同类活动进行比较,从而发现问题,找出原因,并且提出改进的建议,使活动越办越好。

①活动策划评估。关于活动策划的评估包括活动举办的时间、地点、预算、活动的形象策划、活动前期赞助和供应商数据库的建立和维护、应急措施等各个方面,主要评估活动策划是否合理。

②活动的宣传和推广评估。活动的宣传和推广评估包括活动参与者数据库的建立与维护、宣传力度、进度安排、宣传方式、宣传效果等,主要评估宣传是否到位,宣传效果以及成本费用与预期的比较等。

③活动现场管理评估。活动现场管理评估包括现场布置、现场服务、秩序维护等,主要评估的是现场是否井然有序,人员分工是否合理,现场各类活动是否都有人员负责,布台撤台、物

资运输是否方便，现场器械设备是否充分利用，突发事件是否得到及时有效处理、现场指引标志是否醒目等。

④活动结束之后的评估。这方面的评估包括活动效果、成本收益比、市场占有率等，它也是对活动影响力和知名度的评估。对活动效果的评估是评估中最重要的一部分，是利益相关者最关心的问题，评估的结论关系到下次是否举办同类活动。评估活动的成本收益是将活动产生的实际成本和收益与预期进行比较，计算活动的实际盈利能力、偿债能力、投资收益率、投资回收期等相关指标。

第二，活动预评估。在竞标活动举办权时，竞标者经常对活动进行综合预评估。一般来说，竞标奥运会等国际性的大型活动都要进行综合评估，综合考虑活动带来的政治、经济、文化、社会、生态等影响以及活动的成本收益比率。评估结果可以作为决定是否承办活动的重要参考，并针对活动可能出现的负面影响寻求克服之道，实现效益最大化。

第三，活动的影响评估。活动的影响评估是从举办活动带来的政治、经济、社会、环境、文化影响的角度来说的。举办一次大型活动带来的影响是不可忽视的，可以从宏观上给国家带来较大的利益，也可以从微观上促进活动举办主体的日益完善，提高知名度，创造活动品牌。

①政治影响。大型活动如奥运会、APEC 会议等，密切了主办国（承办国）与世界各国的友好往来，为各国政界加强对话和理解提供了较好的平台，期间各国领导人会见，增进了与各国的互信和了解，增强活动主办国的国际威望，增强社会凝聚力和民族自豪感。

②经济影响。大型活动的举行有利于调整产业结构，促进第三产业的发展，带动相关行业的发展，促进购物、住宿、餐饮、商贸、物流、高新技术等行业的发展；大型活动为政府与企业，企业与企业之间的交流提供了平台，吸引投资；树立城市形象，增加游客数量，活动主办地的旅游目的地形象得到提升，推动开发新的旅游产品，促进旅游业的发展；大型活动给活动举办地带来长期效益，带动新建基础设施和相关设备，增加新的就业岗位，创造新的就业机会；增加财政收入，拉动经济增长。这是大型活动带来的间接作用，也是宏观方面的作用。大型活动还会给活动主办方和承办方带来经济收入，提高资本积累，增强企业的经济实力和抵御风险的能力。活动还会使参与者了解市场信息，且每次大型活动会蕴含大量的商业信息，给企业带来发展机会，增强企业的影响力，这是活动带来的直接影响。兰州举办的金鸡百花电影节，促进兰州影视文化产业的发展。在举办釜山国际电影节之前，釜山电影业的基础很薄弱，但由于这个节日的带动，釜山演变成了一个电影城市，产业链上的各个环节都联动起来了。这些节庆活动促进了文化产业的发展，促进了当地产业结构的调整，对当地的经济发展作出了突出的贡献。

③社会影响。一些大型活动（如奥运会）的举办，会给举办地带来巨大的社会影响，完善当地交通等硬件设施建设，增强活动举办地居民的自豪感。历史悠久的香港艺术节在每年 2—3 月举办，每年都可以出售 10 万张门票。这些文化活动的目标不仅仅是进行一些艺术表演，更重要的是打造一个平台，为儿童、青少年及家庭观众提供健康而富有教育意义的表演节目和活动，扩展市民的文化艺术视野，提高市民对国际及本土表演艺术发展的认识及关注。戛纳国际电影节对戛纳的社会经济影响非常大，戛纳国际电影节与当地的社会和文化发展融为一体，整个城市到处洋溢着电影的气氛。

④环境影响。一些大型活动举办时,当地政府会对举办地的环境进行美化,集中处理垃圾,进行城市绿化,这样有利于改善城市环境,提高城市的美誉度。2014 年 11 月在北京举办的 APEC 会议,北京的城市形象、应急能力、服务水平、精神风貌在此次会议中得到充分的体现,向世界呈现最美北京,会议场所、住地、主要景区、机场、火车站等“面子”地区的环境好了,天安门广场地区、奥林匹克中心区、雁栖湖生态发展示范区的环境景观提升了,京承高速、机场高速、城市环路等 8 条途经路线两侧的近 300 处脏乱点也得到了整治,违建和垃圾也不见了。作为城市“里子”的 6 000 多条背街小巷,也通过维修增加公共设施、整顿街巷秩序、美化街巷容貌、建设特色胡同、完善道路照明设施、增加清扫保洁频次、清洁粉饰外立面等措施,扔掉了“脏乱差”的帽子,再现厚重大气的古都神韵。经过整治,后海北沿等 13 条位于文物保护区的胡同,亮出了“中轴线”和“文道”的文化特色,前门等几十条胡同则透出浓浓的京味风情。APEC 会议期间,“APEC 蓝”成为热词,环境质量得到很大程度的改善,这是大型活动给我们带来的。然而我们也不能忽视在大型活动后一些环境遭到破坏的问题,如四川康定跑马山万人转山会后的一组照片在网上引起嘘声一片。照片上,垃圾遍野,各种宣传单、吃过的泡面盒子和塑料袋扔得到处都是。而同样的情形也曾发生在五一小长假期间的草莓和迷笛两大音乐节现场。当乐迷们狂欢结束之后,由不文明行为导致的垃圾清运和草坪修复两大问题成了遗留给举办场地的沉重包袱。大型活动带来的环境污染问题也是不容忽视的,这就要求活动举办单位尽量把环境污染程度降到最低,并且实行“谁污染谁治理”的原则。

⑤文化影响。大型活动的举办有利于文化交流,尤其是大型体育赛事和世界级的大型活动,有利于促进各国文化交流;地区性的活动有利于不同地区间的文化交流,增强活动举办地居民的文化素养,扩大文化视野。一些大型文化活动诸如深圳文博会、上海国际电影节、北京国际书展、洛阳牡丹文化节等都具有较大的文化影响力。但是,大型活动也可能带来文化方面的负面影响。一些活动趋向于商业化,与活动相关的很多传统工艺、古建筑等文化遗产被改造得面目全非,导致许多传统文化被忽略。为了对活动进行全面的评价,需要从政治、经济、社会、文化、环境 5 个方面进行全方位的评估。

12.2.4 活动的经济效益评估

大型活动的效益具有层次性和多样性。层次性是指大型活动不仅能给活动主办方带来经济效益和知名度,而且能够带动举办城市的经济发展并提高城市形象。从国家层面来说,有利于促进经济结构的调整,从而促进国民经济的快速健康发展。多样性是指大型活动带来的政治效益、经济效益、社会效益、文化效益和生态效益等多重结果。然而活动主办方作为一个以营利为目的的经济组织,最关注的仍然是活动带来的经济效益。在这里,我们将首先探讨影响活动经济效益大小的因素,其次再介绍活动经济效益评估的指标。

1)影响活动经济效益的因素

大型活动带来的经济效益是活动举办主体最关心的问题。影响活动经济效益的因素是多样的,包括活动的参与者数量、员工素质与服务质量、活动的实施情况以及活动成本的高低。

(1)活动参与者数量

活动的参与者直接影响活动效益的大小,参与活动的人越多,相关收入就越多,比如门票收入,相关的基础设施利用效率也越高。由于固定资产的折旧费、管理费用等固定成本所发生的费用是既定的,因此参与活动的人越多,每个人分摊的固定成本越少,即单位固定成本越少,活动的效益越高。

(2)工作人员素质与服务质量

大型活动经济效益大小的影响因素之一是活动工作人员的专业素质和服务质量。有些活动对工作人员的专业素质要求较高,需在活动之前进行专业培训,提高员工的工作能力和突发事件的应对能力;有些大型活动需要大量的志愿者或临时工,这些人一般是没有专业基础或工作经验较少的,应该对其进行各方面的紧急培训,提高工作人员的服务质量,这样有利于活动的顺利举行,提高活动的知名度和效益。

(3)活动的各个实施环节

大型活动从最初的活动策划、宣传、实施,直到活动结束,各个环节的实施效果都会影响活动的收益。这方面的评估主要受工作人员职业素质和道德素质以及活动管理者在活动实施过程中的控制能力的影响。

(4)活动成本费用的大小

举办一项大型活动前期需要花费的成本是很大的,包括场地租赁、基础设施建设、灯光、照明设备,宣传过程中大量的宣传费用,活动实施过程中大量的人工费、材料费,活动期间花费的管理费用,后期的活动处理费用,等等。以上是显性成本,此外还存在一些隐性成本,包括:活动在举行过程中产生的环境污染治理成本,损坏文化遗产和自然资源现实和潜在的影响,活动举办期间交通拥挤、住宿紧张,活动配套建筑设施在活动举办完后的闲置及其资源浪费等,这些是举办活动带来的社会成本。

2)活动经济效益评估的指标

评估活动主办方的经济效益可以以公司的整个年度为周期来计算,也可以以一项活动的策划到结束为一个周期来计算。经济效益的评估方法归结起来就是比较法,与竞争对手的横向比较、与公司以往举办活动的效益进行纵向比较、实际效益与预期效益的比较。大型活动的经济效率评估指标主要包括以下几个方面。

(1)活动流动比率

活动流动比率是指流动资产与流动负债的比值。流动资产是指企业可以在一年或者超过一年的一个营业周期内变现或者运用的资产,它包括货币资金、短期投资、应收票据、应收账款和存货等。流动负债是指将在一年或者超过一年的一个营业周期内偿还的债务,它包括短期借款、应付票据、应付账款、预收账款、应付工资、应付福利费、应付股利、应交税费等。流动比率越大,表明活动主办方偿还流动负债的能力越强,流动负债得到偿还的保障越大。但是过高的流动比率也并非好现象,这种情况表明企业滞留在流动资产上的资金过多。比如,企业的银行存款、现金及现金等价物过多,则表明公司的资本未被充分利用。一般认为流动比率保持在

2∶1左右比较适宜,即每拥有1元的流动负债,应该保证有2元的流动资产用于还债。大型活动主办方必须重视流动比率的计算,这样能保证活动举办期间不会因资金周转不灵而导致活动失败。下面是计算流动比率的公式:

$$流动比率 = \frac{流动资产}{流动负债}$$

(2)现金比率

现金比率是指企业的现金类资产与流动负债的比值,它包括库存现金、随时可用于支付的存款和现金等价物。现金比率的大小可以反映企业的直接偿付能力,因为现金是企业偿还债务的最终手段,如果企业现金缺乏,就可能发生支付困难,面临财务危机。因而现金比率高,说明企业有较好的支付能力,对偿还债务是有保障的,当然也不能留太多,过多的话则表明企业留有过多闲置资金,造成资金浪费。下面是计算现金比率的公式:

$$现金比率 = \frac{现金 + 现金等价物}{流动负债}$$

(3)资产负债率

资产负债率是指企业负债总额与资产总额的比率,它反映的是企业的资产总额中有多大比例是通过举债而得到的。资产负债率是企业偿还债务的综合能力,这个比率越高,表明企业偿还债务的能力越差,财务风险越大;反之偿还债务的能力越强。下面是计算资产负债率的公式:

$$资产负债率 = \frac{负债总额}{资产总额}$$

上述三个指标均是反映企业偿债能力大小的指标,大型活动的投入是巨大的,且收入在活动举行不久前才会收到,因此大型活动主承办方必须评估企业的偿债能力,以防发生财务危机。

(4)成本费用利润率

成本费用利润率反映的是企业的净利润与成本费用总额的比率,反映企业在生产经营过程中发生的耗费与获得的收益之间的关系。

这里的成本费用是指大型活动在举办时的场地租赁费、设备、人工、材料、灯光、照明等费用,还包括应当缴纳的税费,活动期间的管理费用、财务费用、销售费用等。成本费用利润率越高,说明企业为获取收益所付出的代价越小,企业的盈利能力越强。成本费用利润率这个指标不仅可以反映企业的盈利能力,还可以反映企业的成本控制能力和经营管理能力。下面是成本费用利润率的公式:

$$成本费用利润率 = \frac{净利润}{成本费用总额} \times 100\%$$

大型活动评估是一项十分复杂全面的工作,所以在与评估方协商好后,评估方应了解活动的大体情况,分析评估活动的重点和难点,与相关的人员建立联系,并且制订一份详细的评估计划。

12.2.5 活动评估的流程

活动评估内容各异,但评估流程是基本一致的,首先应当明确评估目的、内容和评估范围,然后成立评估小组,制订详细的评估计划,收集信息,分析数据信息,得出结论和建议,撰写评估报告,将报告归档。

第一,明确评估目的、内容和评估范围。评估可以在活动期间进行,也可以在活动结束后进行。前者的评估目的是指出活动进行过程中存在的问题,然后进行有针对性的改进;后者是为绩效评定提供参考并为下次举办类似的活动提供经验。明确评估的内容和范围就是要确定是对活动的效果进行评估还是对活动的成本收益进行评估等。

第二,成立评估小组。大型活动评估是十分复杂、专业的活动,因此,活动评估人员的结构应当是全面的,包括市场调研人员、销售部、财务部负责人等,此外还应当包括第三方评估机构,这样可以增加评估的可信度。第三方评估机构是指外聘的专业评估机构。第三方评估是现在评估的一个趋势,因为第三方评估处于中立方,具有公平性,这样才能提高活动评估的可信度,为活动的参与者和利益相关者提供具有信度的评估报告。

第三,制订详细的评估计划。首先,应当明确活动举行的性质、特点以及相关背景,了解活动的大致情况。其次,明确评估过程中需要的相关资料,这些资料包括前期市场调研所获取的资料,活动举办过程中的销售清单、问卷调查报告、财务分析报告等。最后明确评估的时间、经费等客观条件。

第四,收集信息。对大型活动的预评估要对活动举办的战略环境进行了解,主要包括国家的政策、法规,活动举办地的市场供求状况,活动的社会评价,相关的财务数据等。评估资料的收集应该从活动筹备时就开始进行。对活动的总结评估要关注和收集活动参加者以及相关组织和机构对活动的看法,因此,活动评估的信息可以来自以下诸多主体:活动赞助商、员工和志愿者、活动体验者或神秘嘉宾、安保和警察人员、专家和部门领导、顾问等。在信息收集上,既要收集定量信息,也要收集定性信息。定量信息包括:观众人数、交易量,目标市场及观众的描述,财务报告和账单,收支平衡表,经济影响分析,常规的统计信息等。定性信息包括:观众感受,回收的问卷和民意调查,访谈记录,员工和志愿者的反馈,管理记录和评论,社会反响等。对活动参加者进行问卷调查和对相关组织及机构进行访谈是收集这类信息的主要方式。无形因素和有形因素都会影响活动参加者对活动的评价。无形因素包括活动的环境、亮点、社会参与度、娱乐机会、服务态度等。有形因素包括停车的便利程度、卫生间的数量和位置、有效信息获取的便利性、排队秩序等。因此,在进行问卷设计以及访谈问题设计时,要涵盖无形因素和有形因素两大方面。

第五,数据信息分析。在收集完数据后要对数据进行分析,采用定性分析和定量分析相结合的方法,定量分析方法包括比率分析法、趋势分析法、结构分析法等。定性分析法主要是评估人员依据实践经验和主观判断对事物进行分析和预测的方法。进行信息分析时要将收集到的信息进行分类整理,收集到的单一信息并不能说明问题,并且收集到的有些信息是无效的,评估人员应当进行筛选,剔除无效信息,在分析过程中要注意信息数据的准确性,尽量减少评估偏差。

第六,撰写评估报告。活动评估报告是指评估人员用特定的格式将评估结果记录下来的文字报告,反映评估的结果和建议。撰写评估报告的时候应该遵循客观、准确、可靠的原则。

第七,建立评估档案。评估的目的之一是为下次活动提供经验,所以当评估完成后要把评估报告归档保存,这样下次活动举行时遇到类似问题就有案可查,有利于提高活动举办的效率。

12.2.6 活动评估报告的撰写

大型活动评估报告的内容大致包括以下几个方面:

1)评估背景和目的

评估报告的撰写首先要明确指出评估的目的和评估重点,对活动的背景进行大体描述,使报告的使用者能够了解此次评估的背景。

2)评估方法与工具

评估方法有定性分析法和定量分析法,进行活动评估时可以两者择一,也可以两者相结合。此外,抽取的样本应该具有代表性,样本大小适中,指出调查收集数据信息的方法、信息来源,即评估过程中使用的工具。这些工具包括销售清单、问卷调查报告、财务分析报告、媒体资料、报纸、会议记录、活动过程中的相关数据信息等。

3)评估内容

大型活动评估不仅仅是对活动效果进行评估,广义的评估还包括活动策划评估、活动宣传评估、活动运行评估。评估内容应指明此次活动评估的侧重点,是局部评估还是总体评估。

4)评估完成情况

大型活动在评估过程中会遇到一些难以解决的问题,比如由于时间、经费的限制而出现评估中断或跳过,所以在评估过程中应该就评估完成情况进行说明。

5)评估结果和建议

评估结果是将评估过程中获得的资料进行整理,运用图表或文字形式反映出评估的结论。评估结论应该具有针对性,充分反映评估的重点,实现评估的目的,并给出相应的建议。

评估报告的主要阅读者是活动举办的利益相关各方。缺乏第三方评估机构参加的、封闭式的活动评估有流于形式之虞,很多真实数据得不到披露,而是倾向于夸大活动的效果,对于活动举办过程中产生的问题则一般会选择隐瞒,这是基于主办者自身利益的考虑,缺少对利益相关者以及活动参与者的尊重。因此,应着重发展第三方评估,增加评估的中立性和可信度。

大型活动主办方拿到评估报告后,可提交给合作的供应商和政府部门,让他们了解此次活动举办的效果,也可将评估报告作为自身日后完善活动的参考。

【要点和进一步的思考】

1.活动收尾包括哪几个方面的重要工作?

2.什么是活动评估?

3.活动评估的意义是什么?

4.现实中存在哪些类型的活动评估?

5.活动评估的流程是什么?

6.如何撰写活动评估报告?

参考文献

[1] 约翰·艾伦，等.大型活动项目管理[M]. 王增东，杨磊，译. 北京：机械工业出版社，2002.

[2] Anton Shone，Bryn Parry. Successful Event Management：A Practical Handbook[M]. London：Cengage learning Business Press，2010.

[3] 瓦根. 活动项目策划与管理：旅游、文化、商务及体育活动[M]. 宿荣江，等译. 北京：旅游教育出版社，2004.

[4] 艾伦. 活动策划完全手册[M]. 王向宁，等译. 北京：旅游教育出版社，2006.

[5] 艾伦. 活动策划全攻略[M]. 卢涤非，译. 北京：旅游教育出版社，2010.

[6] 德鲁克. 卓有成效的管理者：珍藏版[M]. 许是祥，译. 北京：机械工业出版社，2009.

[7] 霍伊尔. 会展与节事营销[M]. 陈怡宁，译. 北京：电子工业出版社，2003.

[8] 王春雷，陈小连. 活动管理原理、方法与案例[M]. 北京：清华大学出版社，2013.

[9] 欧阳国忠. 活动策划实战全攻略[M]. 北京：清华大学出版社，2013.

[10] 欧阳国忠. 大活动　大营销[M]. 南京：凤凰出版社，2011.

[11] 陈一收. 大型活动公关[M]. 北京：北京大学出版社，2010.

[12] 卢晓. 节事活动策划与管理[M]. 上海：上海人民出版社，2006.

[13] 小罗. 奇妙的城市——里约热内卢[J]. 山西老年，2010(05).

[14] 卡斯特罗. 里约热内卢：狂欢者的都市[M]. 北京：新星出版社，2007.

[15] 天津今年举办 16 个大型会展论坛　东亚运 10 月举行[N]. 每日新报, 2013-03-22.
[16] 2014 美丽天津“十一”黄金周系列旅游活动[N]. 天津日报, 2014-09-30.
[17] 刘春章. 活动管理的课程设置与定位[EB/OL]. 活动策划家微信公众号, 2015-07-24.
[18] 刘春章. 事件产业、活动产业与会展产业有何不同? [EB/OL]. 活动策划家微信公众号, 2015-12-30.
[19] 东亚运展示天津办赛实力[N]. 今晚报, 2013-11-12.
[20] 国务院办公厅关于成立第 29 届奥林匹克运动会组织委员会的通知[EB/OL]. 中央政府门户网站, 2001-12-12.
[21] 上海世博会组织机构[EB/OL]. 中央政府门户网站, 2008-05-05.
[22] 喜九. 家具经典营销事件深解析　让别人照亮自己的路[EB/OL]. 搜房网, 2011-05-10.
[23] 高爽. 京津观众周末尽享户外狂欢[N]. 今晚报, 2013-10-14.
[24] 高爽. 独立音乐人黄金周献艺　三大音乐节吸引发烧友[N]. 今晚报, 2013-10-03.
[25] 音乐节, 在大自然中摇滚[N]. 今晚报, 2013-05-02.
[26] 杨利宁. 国际车展之“幸福家庭少儿涂鸦大赛”[EB/OL]. 凤凰网汽车频道, 2013-04-19.
[27] 杨利宁. 五一国际车展免费看 100 张门票热抢中[EB/OL]. 凤凰网汽车频道, 2013-04-16.
[28] 刘静华. 文化中心过“五一”真惬意　各场馆举办丰富多彩活动吸引市民[N]. 今晚报, 2013-05-03.
[29] 刘静华. 天津妈祖文化传承风采独特[N]. 今晚报, 2013-05-03.
[30] 李晓静, 宋翠翠. 体育赛事赞助商风险评估与风险规避的研究——以奥运会为例[J]. 武汉体育学院学报, 2009(9): 25.
[31] 李贤华. 重大体育赛事如何应对突发事件[J]. 人民公安, 2011(15).
[32] 第 12 届啤酒节在天津市和平区闭幕 拉动消费 3 亿元[N/OL]. 天津日报, 2013-8-14.
[33] 谢振华, 孙超, 杨琳. 大型活动密集人群的风险分析与管理[J]. 中国公共安全(学术版), 2006(4): 41-43.
[34] 对我国展会知识产权保护问题的分析及建议[EB/OL]. 国际商报网, 2011-06-14.
[35] 天津市第六届东亚运动会知识产权保护办法[EB/OL]. 天津市政府网, 2012-6-13.
[36] 展会知识产权保护研究[EB/OL]. 中国政府法制信息网, 2012-06-07.
[37] 张晓辉. 难以复制的“达沃斯模式”[EB/OL]. 新华网, 2008-09-26.
[38] 中国 2010 年上海世博会跟踪审计结果公告 [EB/OL]. 中国政府网, 2011-09-30.
[39] 志愿者部部长: 志愿者的微笑是北京最好的名片[EB/OL]. 中国奥委会官方网站, 2008-07-16.